大 学 问

始 于 问 而 终 于 明

守望学术的视界

中国的现代化

1850年以来的历史轨迹

李怀印 著

MODERNIZING CHINA

Historical Trajectories Since 1850

GUANGXI NORMAL UNIVERSITY PRESS

广西师范大学出版社

·桂林·

中国的现代化：1850 年以来的历史轨迹

ZHONGGUO DE XIANDAIHUA：1850 NIAN YILAI DE LISHI GUIJI

图书在版编目（CIP）数据

中国的现代化：1850 年以来的历史轨迹 / 李怀印著.
桂林：广西师范大学出版社，2025.1（2025.2 重印）.
ISBN 978-7-5598-7413-9

Ⅰ. K250.7

中国国家版本馆 CIP 数据核字第 20240F9T25 号

广西师范大学出版社出版发行

（广西桂林市五里店路 9 号　邮政编码：541004）
网址：http://www.bbtpress.com
出版人：黄轩庄
全国新华书店经销
广西广大印务有限责任公司印刷
（桂林市临桂区秧塘工业园西城大道北侧广西师范大学出版社
集团有限公司创意产业园内　邮政编码：541199）
开本：880 mm ×1 240 mm　1/32
印张：13.125　　　字数：290 千
2025 年 1 月第 1 版　　2025 年 2 月第 2 次印刷
印数：10 001~14 000 册　定价：89.00 元

如发现印装质量问题，影响阅读，请与出版社发行部门联系调换。

序

　　中国的现代化,是在现代科学技术不断进步并且对全人类构成前所未有的挑战和机会的条件下,古老的中华文明所经历的一场前所未有的巨大转型过程。

　　这种文明转型,在此前的中国历史上,仅有过两次。

　　头一次是在四千多年前,华夏先民经历了一场从石器时代到青铜器时代的伟大变革,其结果便是告别了远古时代如满天星斗般分布于华夏大地的林林总总的小型酋邦,进入具有强大辐射力和持续能力的夏、商、周这样一些大型王国时代,其范围从黄河中下游不断地向外拓展,逐渐延伸到长江中下游流域,形成统一的文明体。

　　第二次是在两千多年前,华夏文明经历了一次铁器革命。其结果是农业、军事和政治转型的三合一过程。农业上中国从此告别刀耕火种,进入精细化农耕时代;军事上告别以战车为主力的有限冲突,进入以步兵为主的大型战争时代;政治上结束了列国竞争，进入秦王朝所开启的大一统时代。

从 19 世纪开启的中国现代化，本质上是世界范围的现代化运动的一部分。这场运动源自欧洲的工业革命，既给最早卷入其中的西方各国创造巨大物质财富和赋予其自我摧毁能力，也带来吞噬整个非西方世界及其传统文明的殖民主义和帝国主义恶浪。中国是亚洲和非洲大陆少数几个成功避免被欧洲列强所征服和殖民的国家，并且在经历 19 世纪的艰难图存和 20 世纪的伟大转型之后，正在以复兴的姿态和无限的潜力，重新走在世界各大文明体的前列。

中国的现代化，还是国人有意识地探寻最适合自身国情的生存、发展道路的过程。因此，谈中国现代化的历史轨迹，不得不追溯到魏源的《海国图志》一书。正是在这本书中，魏源带领国人，第一次全面地认识中国之外的世界大势，提出"师夷长技"的应对之道。这本书从初刻到修订完成，前后历时十年；可以说，魏源的思想认识基本定形，差不多是在 1850 年前后。

从那时开始，几乎每过半个世纪，中国的现代化都要经历一个关键的转折。

最初的半个世纪，从 1850 年前后到 19 世纪 90 年代晚期，国人面临的最大难题，是如何在外来现代文明的强烈冲击下，避免被列强肢解、瓜分的命运。过去，从梁启超开始，再经过胡适和蒋廷黻等人的诠释，人们对这段历史的认识，基本上持否定态度，把 19 世纪的清朝中国等同于一个固步自封、因循守旧的"老大帝国"，把晚清这段历史等同于丧权辱国。人们还认为，如果说同治、光绪年间的中国有什么变化的话，也仅仅局限在"器物"层面，即所谓"洋务"

运动;并且正是因为没有触及"制度"层面,所以这场运动失败了。

其实,在19世纪六七十年代,摆在当政者面前的,有两大任务,即东部各省的"海防"和西北内陆的"塞防"。如果说海防是失败的——在甲午战争中输给日本并割让台湾,那么,至少另外一半,即把入侵并控制新疆大部的外来势力驱逐出去,则取得圆满成功。而西北内陆对中国地缘战略和民族生存的重要性,无论在18和19世纪的清朝,还是在21世纪的今天,都不可低估。

进一步而言,晚清这段历史,如果不是仅仅跟明治时期的日本做对比,而是放在近代以来整个非西方世界的大视野下加以考察,那么,它最为突出的地方,其实并不是过去人们通常认为的丧权辱国,而是中国在帝国主义汹涌浪潮的反复冲击下,居然成功避免了四分五裂的命运;在丧失部分主权和领土的同时,中国相对完整地从一个传统的王朝国家转型为一个近代主权国家,大体上维持住清朝在18世纪中叶鼎盛时期所奠定的疆域格局,即内地各省加上东北、内外蒙古、新疆和西藏等边疆地区。放眼近三百来的整个世界,所有其他的庞大帝国或王朝国家都早已支离破碎,只有中国能够做到维持疆域格局的大体完整和长期延续,这不能不说是一个奇迹。

如果说,从梁启超到蒋廷黻这两代人,出于救亡图存的情怀,有必要突出晚清"丧权辱国"的历史叙事的话,那么,在21世纪大国之间地缘竞争加剧和中国走向现代化最后冲刺阶段的大背景下,有必要重新认识这段历史。过去人们只看到晚清统治精英"腐败无能",却有意无意低估了从秦汉到明清一脉相承又不断演进的华夏王朝传统体制的强大韧性。这种韧性不仅来自建立在择优录用的科举制基础之上的中央集权官僚国家所展现的动员、调适能力，而且也源自中华文明本身经过千百年来的发育成长所享有的大国红利，即庞大的人口规模和资源优势。正是国家能力之"强"与规模之"大"的奇特结合，支撑了中国作为一个文明体在 19 世纪的整个非西方世界所展现的超乎寻常的抗压能力和应变能力。

概言之，在头半个世纪，中国在现代化道路上完成了两个必要步骤。一是顶住了外来现代文明的反复冲击，避免了既有疆域的分解和整个文明的衰亡，从而为中国在 20 世纪转型为一个现代国家提供了牢固的物理空间，这是中国相对于其他非西方国家做得最出色的地方。二是在反复试错的过程中，终于摆脱了原有的"上国"心态，认识到中国要应对"数千年未有之变局"，不仅要"师夷长技"——也就是学习外国的洋枪洋炮和先进的制造工艺，还要变更整个的国家制度，把国家转型的任务提上议事日程。

因此，从 19 世纪 90 年代晚期开始的第二个半个世纪，中国现代化的主要任务，便是如何将中国从一个传统的疆域国家，打造为高度集中统一的现代主权国家。具体而言，这项任务分为对外和对内两个部分。对外要使中国成为一个主权独立和领土完整并且在国际上得到承认的国家；对内要形成一个高度统一和集中的国家组织。

到第二次世界大战结束之际，这项任务完成了一半，也就是对外的部分。通过国民革命和抗日战争，中国逐步恢复了关税自主，取消了列强在华领事裁判权和设立在中国各口岸的大大小小的租界，恢复了对台湾和澎湖列岛的主权，确认了对南海诸岛的主权，并且在 1945 年成为联合国创始成员国和安理会五大常任理事国之一,从而在政治上奠定了中国的大国地位。任务的另一半,也就是打造一个在内部组织上高度统一集中的现代国家,到1949年随着中国共产党所领导的解放战争的结束,也得以完成。

由此所形成的现代中国,有一个鲜明的特征,即"既大且强"。

"大"是指其领土面积、国土资源和人口规模。这既得益于秦汉以来华夏民族所展现的强大生命力、涵化力和向心力,更直接受惠于清朝在其前期的疆域开拓和整合,中后期的勉力维持,以及终结之际通过清帝逊位诏书,由新生的中华民国以"五族共和"的形式,完整地继承其全部疆域。同样至关重要的是,在国难最为严重的日本全面侵华战争时期,中华民族作为一个整体,展现了强大的团结力和组织上的巨大韧性,使中国在经历八年全民族抗战之后,成功地上升为一个主权基本完整的大国。

"强"是指其内部组织结构。从远处说,这种高度统一集中的组织结构,可以追溯到秦汉时期所形成的中央集权官僚制国家;它排除了如同欧洲中世纪历史上所出现的强大宗教组织、地方贵族和城市自治组织对封建王权的制约,使"大一统"成为中国历史的主流。从近处说,它是对晚清以来权力从中央向地方转移、再到民国初年政治上走向四分五裂的一种回应或反动。应对的方式,是打造一个高度统一集中的政权组织,并且使这种组织从区域逐步推向全国。在相互角逐的各支政治势力中间,只有组织和权力最为统一集中的一方,才能有效地动员和使用人力物力资源,从激烈的对抗和竞争中胜出。在20世纪前半期的中国,现代国家的建造过程因此呈波浪式地向前推进,并且环环相扣,最终产生的必然是一个比此前的任何政权都更为统一集中的国家组织。

正是在这种"既大且强"的体制之下，中国的现代化进入了第三个半个世纪，它包含了中华人民共和国成立后的最初三十年，以及改革开放的头二十年。这半个世纪的最大特征，是中国的经济建设全面发力，完成了几代人的梦想，即中国的工业化。

工业化的快速推进，得益于背后的两种相互迥异但又相辅相成的经济体制。前30年的计划经济，使中国得以有效地动员和利用全国的人力物力资源，以调控全社会的消费需求为代价，全力从事由国家主导的工业化建设。其目的是在两个超级大国主导世界地缘政治格局的条件下，确保中国的自主生存和发展能力。通过一整代人的奋斗，中国成功地建立了一个门类齐全的现代工业体系，并且具备了足以确保自身安全的国防能力。

从20世纪70年代末开始，中国进入改革开放阶段，国家的经济发展战略发生根本变化，即利用相对宽松、有利的国际环境和前30年所奠定的工业化基础，致力于改变宏观经济调控机制，改造微观经济组织，目标是完成从计划经济到市场经济的转型，并且通过吸引外资和扩大外贸，加入国际经济大循环，从而带动国民经济快速增长。

到20世纪90年代末和21世纪初，这两个目标均已实现。随着国有企业改制的完成，中国初步形成了一个现代市场经济的制度架构；随着2001年加入世界贸易组织（WTO），中国加快了融入世界经济的速度。中国的经济总量和人均GDP也在此过程中突飞猛进，维持了长达二十几年的加速增长状态。到1999年，第二、三产业在国内生产总值中的比重，已经从改革之初（1979年）的69%上升到82%。如果我们把第二、三产业在国内生产总值中占比

80%以上,视作工业化的一个基本尺度的话,那么,中国经济的工业化目标,到 90 年代的最后两三年,已经基本实现。

从 21 世纪初开始,中国进入全新的发展阶段。这一阶段的最大挑战,是如何在大国竞争的条件下,花半个世纪的时间,实现中国的高度现代化。所谓高度现代化,有一个标准,就是人均 GDP 按当下不变价计算,到 2050 年前后,达到 5 万美元上下,接近目前排名靠前的西方发达国家的水平。

在 21 世纪头十多年,中国的经济增长势头举世瞩目。以 2001 年加入 WTO 为起点,外来投资和对外贸易迅猛增长;与此同时,在企业改制完成之后,以民营企业为主导的地方经济迸发出前所未有的活力;房地产业也取代了过去的乡镇企业,成为拉动需求的新增长点。这几股力量合在一起,驱动中国国内制造业的急剧扩张,带来农民进城的汹涌大潮和城市化的加速推进。中国的经济增长和社会变迁,由此进入"走向成熟"阶段。中国的经济规模也因此迅速扩大,世界排名逐年攀升。2008 年在北京举办的第 29 届奥林匹克运动会,成为中国向全世界展示国力和对外开放形象的一场盛典。到 2021 年,中国的人均 GDP 已经达到 12,500 多美元,位居中等收入国家的前列。

中国的快速崛起,特别是中国地缘政治影响力的扩大和中国制造业从低端向中高端的升级势头,引起世界上唯一的超级大国美国的防范和阻拦。美国除了在地缘政治上联手所谓印太地区的盟国及其伙伴,试图对中国进行战略围堵,还在 2017 年特朗普就任总统之后,发起持续多年的对华贸易战,并且在高科技产品对华出口方面实行限制、断供,试图将中国的制造业限制在全球产业链的中低端。中国是否会因此掉入所谓"中等收入陷阱"，成为世人关心的问题。

但中国具备普通发展中国家所欠缺的一系列大国竞争优势。其中既有数千年来华夏文明的历史演进所带来的内在优势，包括辽阔的疆域及其所蕴含的丰富自然资源，民众对教育的高度重视及其所带来的高质量人力资本，儒家文化影响下所形成的入世精神及其所孕育的勤劳、节俭的价值观，以汉族为主体的庞大人口及其在语言文化上的高度同质性，以及由此所产生的一个规模庞大且高度整合的国内市场，等等；又有 20 世纪前半期的历次革命运动所造就的高度统一集中的政权体系，及其所展现的巨大动员和调控能力。这些优势汇聚在一起，构成中国所独有的"元实力"，即一种源自文明底层且契合现代发展要求的力量，将对中国经济的稳定增长起到强有力的支撑作用。

不过，现代化过程充满变数。从当下到 2035 年前后，这十来年将是中国现代化最后半个世纪里面，最为关键的一个时段。大国之间的地缘竞争将进一步加剧，来自外部的风险日益增高；与此同时，在现代化后期，民众对改善生活水平的期待急剧上升，对现实生活中存在的落差也越来越敏感。所有这些，都带来经济增长和社会稳定的不确定性。如果这十来年能够平稳度过，不出大乱，经济上维持 5% 左右的年均增长率，那么，到 2030 年前后，最迟至 2035 年，中国的人均 GDP 按当下不变价计算，将达到 20,000 美元左右。中国将告别中等收入国家的行列，稳步迈入发达国家的门槛。同时，在科技研发上，中国的科技产业将能够摆脱目前的瓶颈，全面进入全球产业链的上游，与西方科技大国并驾齐驱。中国经济将跃上高质量发展的新台阶,中国社会也将基本完成城市化过程,实现整个社会的现代转型和全面整合。

迈过了这道坎儿,一切将柳暗花明,水到渠成。2035 年以后,再花 15 年左右的时间,实现全方位的现代化,不仅在物质文明上,而且在政治文明上,走在世界上先进国家的前列,最终完成发轫于 1850 年代的中国现代化 200 年历程。

是为序。

李怀印

2024 年 3 月 5 日

目　录

导论

在当今世界,发达国家与发展中国家之间存在一个巨大的鸿沟。如果用人均 GDP 来表述,在 21 世纪 20 年代初,这个鸿沟大致就是 20,000 美元以上与 13,000 美元以下之间的差距。这里不妨把这条鸿沟称作"中希大峡谷"(Sino-Greek Canyon),因为希腊的人均 GDP 刚好是 2 万美元,在中等规模以上的发达国家中垫底。中国的人均 GDP 已经接近 13,000 美元,在发展中国家中遥居前列,且最具继续攀升的势头。

对于绝大多数发展中国家来说,要摆脱"低收入"(人均 GDP 在 800 美元以下)和"低中收入"(人均 800 至 2,600 美元以下)的状态,加入"中等收入"国家的行列(人均 2,600 至 6,000 美元)并不难,至 2021 年已经有 41 个国家达到中等收入国家的标准(其中最低的是巴布亚新几内亚,人均为 2,672 美元;最高的是厄瓜多尔,人均5,965美元)。从中等收入国家进一步上升到"上中收入"国家(人均在 6,000 至 13,000 美元之间)虽然困难些,但也不是不可能，到 2021 年已经有 38 个这样的国家，其中，人均 GDP 最低的是哥伦比亚，为 6,104 美元，最高的是中国，为 12,556 美元。

再往上就是 13,000 美元至 20,000 美元的区间，也就是上面所说的"中希大峡谷"。位于这一区间的国家少之又少，如果剔除人口不到 500 万甚至只有十几万的小国（如塞舌尔、巴巴多斯、乌拉圭、库拉索等 12 个国家），剩下的只有 4 个人口在 500 万以上的国家，即匈牙利（18,728 美元）、波兰（17,999 美元）、罗马尼亚（14,858美元）和智利（16,265 美元）（见下图）。①

要穿越"中希大峡谷"，从 13,000 美元跃升到 20,000 美元，从而加入发达国家的行列，非常之难。除非有特定的外围环境和内在条件，普通发展中国家已经很难逾越这条鸿沟。自从 20 世纪 70 年代以来，成功跨过这一"峡谷"、实现全社会现代化的，只有两类国家和地区。一是 20 世纪 70 年代的日本和八九十年代的"亚洲四小龙"（韩国、新加坡，以及中国的香港和台湾地区），它们靠的是主打外向型经济，全面融入美国所主导的西方资本主义世界经济体系。二是 21 世纪头二十年的东欧六小国（爱沙尼亚、拉脱维亚、立陶宛、捷克、斯洛伐克、斯洛文尼亚），借助加入欧盟的东风，全面融入欧盟经济，成为入门级的发达国家。

放眼整个第三世界，几乎所有国家，不分规模大小和人口多寡，至今依然在"发展中"的深水区挣扎；已经进入 13,000 至 20,000美元这一区间的少数几个东欧和拉美国家，短期内能否穿越这一"峡谷"，加入发达国家的行列，尚有待观察。

---

① 以上数据（包括图表中的数据）均来自世界银行数据库（https://data.worldbank.org/indicator），以截至 2023 年 6 月、更新至 2021 年的最新数据为准。

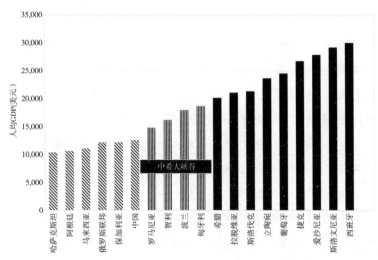

上中收入国家至高收入国家的过渡分布（2021年）

中国作为一个大国，将是当今世界上所有中等规模以上国家当中，最具跨越这一"峡谷"，从而全面实现现代化的潜力的国度。这是这本书里将要展开的核心观点。

一、"现代化"视野下的世界地图

这里，首先要确定究竟什么是"现代化"（modernization）。

所谓"现代化"，可以分两层意义来谈。一是人们日常话语和大众传媒中常说的"现代化"。按照一般的理解，现代化就是让相关的事物赶上世界先进水平，或者说使之达到"现代"的水准。因此，"现代化"这个词几乎可以用到各行各业。过去讲"四个现代化"，也就是要在工业、农业、国防和科学技术这四个领域，达到世界的先进水平。

但现代化还有另一层意义。作为一个学术用语，它不是指某个领域、某一层面或某个时期的现代化，而是指一个国家或社会在空间维度上囊括各领域的总体的现代化过程，同时也是在时间维度上涵盖不同阶段的整个的现代化过程。本书所要探讨的中国的现代化，正是宏观历史视角下的全面意义上的现代化。

这里，我把现代化初步定义为一个社会从依靠体力和手工劳动并且以地方内生技能为基础的传统经济，过渡到以非体力的能源结构为基础，以机器生产及信息处理为主的现代经济，以及由此带来的整个社会、文化和政治层面的全面变革过程。工业化是现代化的核心。工业化带来人口就业结构的转型，也就是从以传统的农耕、渔猎或采集为主的就业形态，过渡到以制造和服务业为主，进而带来社会结构的转型，也就是从原先主要居住于乡村自然群落，到逐步向城镇集中，最终使城镇人口在总人口中占绝大多数。工业化和城镇化的过程，不仅改变了人们的生产和生活形态，带来了更好的医疗和教育等公共服务，而且提高了全社会的知识水平和延长了平均寿命，重塑了人们的行为准则和价值观念，使原来乡村社会中以家族和村社的整体利益及其精神诉求为中心的价值体系，逐步过渡到都市社会中以个人和核心家庭为中心、以个人成就和物质报酬为主要追求的价值观。最后，经济、社会和文化领域的变革，还不可避免地驱动整个社会的治理体系发生转型，使国家的权力结构和政策制定过程更能有效地体现日益多样的社会群体的不同要求，将越来越多的人群吸纳到政府决策的制定和执行过程中，也就是走向政治的民主化。一句话，现代化是工业化、城市化、世俗化、民主化等一系列侧面所构成的全社会的转型过程。

对现代化做这样一个面面俱到的界定,在过去的研究中已经屡见不鲜(详见本书第一章)。必须承认,这样的界定带有一定的主观性,在很大程度上只是人们的一种愿景,或者至多是一种建立在有限的(主要是西方发达国家)历史经验基础上的理论概括、推导和预设。这个概念在多大程度上具有可操作性,最终还是要回到世界各国的历史和现实。

首先,第二次世界大战结束以来近 80 年的历史表明,现代化是可能的,但绝不是普遍可以实现的。到目前为止,已经完成这一转型过程的国家和地区,大体可分为两种。一是现代化的"先行者"(first-comers),即较早实现现代化的欧洲国家,例如荷兰、英国、法国、德国、意大利等,以及欧洲人在海外的移民和殖民所形成的国家,例如美国、加拿大、澳大利亚和新西兰。这些国家经过数百年的缓慢发展,到 20 世纪 50 和 60 年代,基本完成了全社会的现代化。二是现代化的"后来者"(late-comers),即前面所说的日本、"亚洲四小龙",以及东欧六国,其人口规模相对有限。

还必须看到,业已实现现代化的国家,如果没有有利的国际环境和国内基础产业的支撑,也有可能退出现代化国家的行列,从发达国家跌落到发展中国家的行列中。以苏联为例,其工业生产能力和国防能力在 20 世纪 70 年代曾经达到顶峰,在国际上被广泛接受为发达国家和与美国并驾齐驱的超级大国。东欧各社会主义国家也紧随其后,各项经济和社会发展指标均达到或接近发达国家的水平。但 1991 年苏联解体之后,俄罗斯以及东欧的苏联加盟共和国,乃至波兰、匈牙利、罗马尼亚、保加利亚等原社会主义国家,生产能力和人均收入均出现不同程度的下降，达不到发达国家的标准，只能处在发展中国家的中上水平。

再看亚洲、非洲和拉丁美洲的发展中国家。这里首先去掉中东地区的几个石油输出国。它们虽然人均收入很高，医疗水平和人均寿命也接近发达国家的水平，但是在社会整合、政治参与及文化世俗化程度方面，与发达国家相比还有相当的距离，算不上真正意义上的现代化国家。剩下的发展中国家，以 2021 年的数据做参照，又可以分为三类。

第一类是低收入（low income）国家，人均 GDP 在 800 美元以下，一共 14 个，集中在亚洲和非洲，属于典型的不发达（underdeveloped）国家。

第二类是介于不发达国家与发达（developed）国家之间的所谓发展中（developing）国家，其中又可细分为：(1)人均 GDP 在 800 至 2,600 美元之间的低中收入（lower middle income）国家，共 40 个；(2)2,600 至 6,000 美元之间的中等收入（middle income）国家，计 41 个；(3)6,000 至 13,000 美元之间的上中收入（upper middle income）国家，有 38 个。这些国家的共同特征是，它们都已经有不同程度的工业化，摆脱了不发达状态，但是关键产业部门大多受到西方跨国公司的控制，整个国民经济难以再上一个台阶。①

第三类是进入向发达国家过渡地带的国家（人均 GDP 在 13,000美元至 20,000 美元之间），一共 16 个，其中人口在 500 万以上的，仅有上面图表中的 4 个国家。广义上也可以把它们纳入上

———

① 数据来自世界银行数据库（https://data.worldbank.org/indicator），以截至 2023 年 6 月、更新至 2021 年的最新数据为准。

中收入国家的范围。

为了聚焦于中等规模以上(人口超过 3,000 万)的发展中国家,下面的讨论暂且把诸多人口在 3,000 万以下的小国排除在外。在这些中等规模以上的发展中国家中,我们进一步聚焦其中的中等收入国家。所谓中等收入,在不同年份有不同界定。以 1990 年为例,凡是人均 GDP 达到 900 美元的,即可视为中等收入国家。在人口超过 3,000 万的发展中国家中,只有 18 个国家属于中等收入国家;为了比较,这里把印度也考虑进来,尽管该国的人均 GDP 在 1990 年只有 532 美元。除了中国,所有这些国家有一个共同的特点,就是在最近 31 年间(1990—2021),人均 GDP 一直在 13,000 美元以下的水平徘徊,经济增长的幅度和势头都非常有限。具体而言,这些国家可进一步分成三个类型。

第一种类型,在 1990 年至 2021 年的 31 年间,人均 GDP 几乎没有任何实质性的成长,基本上停留在原有水平,包括阿尔及利亚、阿根廷、巴西、伊拉克、伊朗、南非、俄罗斯和乌克兰。其中阿根廷的人均 GDP 在 2011 年一度冲高到 14,000 美元以上,大有向发达国家转型的势头,但是此后 10 多年一直停滞不前,甚至缓慢回落,到 2021 年仅为 10,636 美元。

第二种类型的国家,在这一时期的头 20 年(1990—2010),经济有所增长,但幅度很小;后 10 年(2011—2021)则停滞不前。

以上这两类国家的经济处境,常被学界描述为"中等收入陷阱"(middle-income trap)。它们有一个共同特征,即经过几十年的工业化,经济已经上了一个台阶,脱离了低收入国家的不发达状态;但一旦登上这个台阶,整个经济便长期停留在既有的水平上,徘徊不前,甚至有所下降,很难再上一个台阶,进入发达社会。

最后只剩两个国家,属于第三种类型,它们在过去 30 年间的经济增长幅度一直比较稳健。其中一个是印度,人均 GDP 从 1990 年的 532 美元增长到 2021 年的 2,256 美元,年均增长 4.8%,已接近中等收入国家的最低门槛,但距离发达国家人均 20,000 美元的最低标准尚遥不可及。另一个是中国,从 1990 年的 905 美元,跃升到 2021 年的 12,556 美元,平均年增 8.8%,上升速度最快、趋势最稳,从起初在中等人口规模以上的中等收入国家当中垫底的地位,跃居到这些国家的第一名。只要中国在今后 5—10 年内能够维持 5% 左右的增长速度,那么在 2030 年前后,最晚至 2035 年,达到人均 20,000 美元以上,从而跨越"中希大峡谷",加入发达国家的行列,便有很大的可能性。

那么,为什么有些国家能够成功地实现现代化,加入发达国家或地区的行列,而更多的国家却依然在现代化的道路上挣扎,甚至根本还没有"化"起来?

如前所述,人均 GDP 从 13,000 到 20,000 美元是区分发展中国家与发达国家的鸿沟,进入这一区间的国家寥寥无几,能够成功跨越的少之又少。一个国家只有迈过人均 20,000 美元的最低门槛之后,才勉强可算"高收入"(high income)国家;如果这些国家不仅在经济上,而且在社会文化和政治发展上,也已经达到"成熟"程度(详见下文讨论),那么,这些高收入国家便可被视为现代化国家。

发展中国家究竟应该选取怎样的发展路径和增长战略,才能缩小与发达国家之间的差距,最终实现全社会的现代化?这是长期以来人们始终关注和纠结的话题。

二、"现代化"在世界各国：成功与失败的背后

先来看看"现代化理论"（modernization theory）是怎样回答这一问题的。这一理论曾经盛行于20世纪50至70年代的西方社会科学界，并且在80年代以后对中国学者的现代化研究产生重大影响。

所谓现代化理论，如果用一种高度概括、简化的方式加以表述的话，那就是认为，当今世界的所有国家不分大小，也无论东方与西方，都会经历一个从传统的前近代社会，向现代工业社会的转型过程。这一转型，在经济领域表现为工业化，亦即一国经济从起飞到成熟的整个阶段；在社会领域表现为乡村人口向城市的迁移，也就是城市化过程；在政治领域表现为伴随着工业化和城市化而来的中产阶级的壮大、公民意识的形成、对个人权利的保障以及公民对政治参与的诉求，也就是民主化过程；在精神文化领域表现为从传统的着眼于来世救赎的宗教生活，向世俗的、功利主义的价值体系的转换，以及从基于个人出身和血缘关系、缺少流动的封闭型社会，向基于个人能力和成就的、高度流动的开放型社会的转变。

依照现代化理论的解释，世界各国都有走向现代化的潜力和前景。一句经常被现代化理论家们引用的名言，就是马克思在《资本论》中所说的："工业较发达的国家向工业较不发达的国家所显

示的,只是后者未来的景象。"①在一些理论家看来,经济落后的国家,无需自下而上的暴力革命,只要通过不断的、渐进的改良,健全基础设施,吸引足够的资本和技术投入生产过程,并且通过提高教育水平,培养一支合格的劳动力大军,就能按部就班地分阶段完成工业化,并完成整个社会的现代化的道路。美国经济学家罗斯托(W. W. Rostow)就此提出有名的经济成长阶段论。② 他在欧美国家历史经验的基础上,把现代经济增长分为五个阶段,认为这五个阶段的增长模式,适用于所有致力于现代化的非西方国家(详见本书第一章)。

至于为什么有的国家经济起步和起飞比较顺利,而另外一些国家步履维艰,早期的现代化研究大多从不发达国家的内部寻找原因,认为是这些国家的文化传统与现代化的要求格格不入,其社会氛围也不利于企业家精神的培养和资本主义企业的发展。对这一种解读不妨谓之现代化的内因论或文化决定论。其源头可以追溯到德国社会学家韦伯(Max Weber)的《新教伦理与资本主义精神》一书。韦伯认为,现代资本主义之所以能够在西欧成长和兴盛,不仅仅是因为它有现代科学技术、完善的法律体系,以及高效的行政机构的支撑,而且因为新教伦理所体现的经济理性主义(包括守时、勤奋、节俭、禁欲、守信用、讲职业道德,等等)。③

相较之下,拉丁美洲国家之所以没有发展起来,在信奉文化决

---

① 中共中央马克思恩格斯列宁斯大林著作编译局编:《马克思恩格斯选集》第二卷,北京:人民出版社,2012 年,第 82 页。

② W. W. Rostow, *The Stages of Economic Growth: A Non-Communist Manifesto*, Cambridge: Cambridge University Press, 1960.

③ Max Weber, *The Protestant Ethic and the Spirit of Capitalism*, London: Routledge, 1992.

定论的美国文化学者哈里森(Lawrence Harrison)看来,正是因为这些国家相信天主教,继承了西班牙文化传统,缺乏新教伦理所带来的理性主义。他认为,拉美国家的文化特征,总的来说具有"反民主、反社会、反进步、反企业精神,以及至少在精英阶层中间反工作"的浓郁色彩。① 拉丁美洲的经济落后和停滞,主要原因不在外部因素,特别是美国的影响,而是这些国家本身的社会文化传统出了问题。

哈里森对拉丁美洲传统文化的批评,很容易让人联想到20世纪50年代美国汉学家对儒家文化的责难。在这些学者看来,晚清中国的洋务事业之所以屡屡失败,不是因为外部环境不利于中国的企业成长,而主要是因为中国的传统文化,特别是儒家的因循守旧、重义轻利,以及由此产生的企业管理上的裙带关系和生产的低效率。这些学者甚至武断地宣称,儒家文明在整体上与现代化格格不入,儒家的非职业化的人文理想与现代化的专业要求背道而驰;现代中国的出路只有一条,就是抛弃传统,迎接外来的现代文明;随着中国走向近代,儒家价值观只能成为历史。②

有趣的是,自从20世纪80年代以来,随着"亚洲四小龙"的崛起,儒家传统的作用再度成为人们关注的焦点。曾经遭到批判和否定的儒家传统,在80年代以来的东亚现代化叙事中,一变而成为有助于当地工业化转型取得成功的法宝。儒家所提倡的节俭、

---

① Lawrence Harrison, *Underdevelopment Is a State of Mind*: *The Latin American Case*, Lanham: Madison Books, 1985, p. 165.

② Mary Wright, *The Last Stand of Chinese Conservatism*: *The T'ung-chih Restoration*, 1862–1874, Stanford: Stanford University Press, 1957; Joseph Levenson, *Confucian China and Its Modern Fate*: *A Trilogy*, Berkeley: University of California Press, 1968.

勤勉、守信、重视教育、尊崇家庭伦理，都被认为带来了经济增长所需要的高储蓄率、优质的劳动力大军和高效率的企业运营模式。东亚社会在儒家文明浸染下所取得的经济上的成功，也被用来反衬拉丁美洲地区的带有西班牙文化传统的制度所造成的经济上的停滞和失败。[①]

与西方学者把第三世界国家的现代化失败或成功归因于这些社会的内部传统相反，非西方国家的学者多倾向把本国的不发达或者现代化的失败归咎于不利的外部环境。其中最具代表性的便是在 20 世纪五六十年代风行一时的"依附论"（dependency theory）。该理论的倡导者多来自拉丁美洲和部分非洲国家。在他们看来，亚非拉国家之所以贫穷落后，是因为它们在历史上长期遭受西方殖民主义和帝国主义的压榨和剥削，变成西方的原料供应地和商品倾销市场。"二战"后，这些国家纷纷独立，但经济上依然受制于欧美国家的跨国公司，对西方的资本、技术和市场形成依附。因此，依附论学者认为，非西方国家走向经济繁荣的唯一道路，是切断与西方国家的联系，走独立自主的民族经济发展道路。但是在实践中，这一方案很难行得通。道理很简单，普通中小国家不可能关起门来搞建设。搞小而全，成本太高，代价太大。除非得到大国的倾力支持，即使搞起来，一时有起色，也难以为继。

这种激进主义方案的改良版，是拉美国家在 20 世纪六七十年

---

① Lawrence Harrison and Samuel Huntington, eds., *Culture Matters*: *How Values Shape Human Progress*, New York: Basic Books, 2000; Ronald Inglehart, *Modernization and Post-modernization*: *Cultural, Economic, and Political Change in 43 Societies*, Princeton: Princeton University Press, 1997, pp. 216–217.

代所践行的"进口替代"工业化战略,也就是通过壮大本国的制造业,减少并最终用其取代对进口商品的依赖。而在这种战略背后起支撑作用的,是美国社会学家沃勒斯坦(Immanuel Wallerstein)的"世界体系论"(world-system theory)。按照这一理论,居于世界体系主导地位的"核心国家"与贫穷落后的"边陲国家"之间的分工和差异并不是绝对的和固定不变的。在这两者之间,存在一个过渡性的"半边陲"地带。发展制造业,可以让边陲国家进入半边陲地带,甚至可以使其随着技术创新、产业升级和市场融入而加入核心国家的行列。① 依附论与世界体系论相辅相成,很大程度上影响了第三世界知识分子对本国历史的认知和对发展道路的选择。

经过二三十年的实践,进口替代战略的确改变了拉美国家的经济面貌,很大程度上推进了这些国家民族工业的发展和国民收入水平的提高。但是到20世纪80年代后期和90年代初,这一战略所带来的问题也日渐暴露。这些国家在工业化起步阶段,缺乏足够的资本积累和人才储备,只有靠举借外债和技术引进及政府的大力提倡乃至直接投入,才能促成其工业化的起步,结果进口替代的项目搞成了,但是在保护主义政策的扶持下,由于缺少外来竞争,本国制造业在生产效率和产品质量方面,远不如进口商品,经

---

① Immanuel Wallerstein, *The Modern World-System: Capitalist Agriculture and the Origins of the European World-Economy in the Sixteenth Century*, New York: Academic Press, 1974; *The Modern World-System II: Mercantilism and the Consolidation of the European World-Economy, 1600–1750*, Berkeley: University of California Press, 2011; *The Modern World System III: The Second Era of Great Expansion of the Capitalist World-Economy 1730–1840s*, Berkeley: University of California Press, 2011; *The Modern World-System IV: Centrist Liberalism Triumphant, 1789–1914*, Berkeley: University of California Press, 2011.

济效益难有起色。市场保护和行业垄断也带来政府部门的寻租和腐败现象。更为严重的是，这些国家因为发展民族企业和基础设施而大肆举债，欠下发达国家及其所主导的国际金融机构的巨额债务。由于长期累积和拖欠而无力偿还，到80年代，席卷整个拉丁美洲的债务危机已经形成。作为减轻债务和缓和还贷的条件，在西方债权国的压力下，拉美国家纷纷放弃原有的进口替代战略，向西方资本敞开国门，导致发达国家的跨国公司重新占领并主导这些国家的制造业和国内市场。

总之，"现代化"这个学术概念，以及与之相伴的各种现代化理论，虽然在20世纪50至70年代的欧美知识界流行一时，但是在非西方世界，尤其是六七十年代拉丁美洲的学术和政治精英中受到强烈的质疑，取而代之的是流行一时的依附论及世界体系论。加上整个西方人文社会科学界经过战后几十年的自身演进，到80年代中后期，已经逐渐转向各种后现代主义的去宏大叙事、去中心、去实证研究，使之成为越来越热的方法。人们对过去那种宏观比较和定量的现代化，再也提不起兴趣；"现代化"这一术语基本上已经从西方人文社会科学领域逐渐淡出。但是到90年代初，现代化理论又回光返照，这主要是因为1991年底苏联解体和东欧剧变，其导致西方知识界的自由派乐观地认为，以欧美国家的自由民主和市场资本主义所体现的现代性，最终在世界范围内获得决定性突破；以弘扬人类理性为主轴的现代历史，也最终达到所追求的目标。这就是日裔美籍政治学家弗朗西斯·福山（Francis Fukuyama）

提出的名噪一时的"历史终点论"。① 但现代化理论的复苏是暂时的,不久便让位给了接下去风光 30 年的全球化理论。

三、"全球化":迷思与现实

从 20 世纪 90 年代开始,全球化思潮席卷西方和非西方各国的经济界和知识界,并且对国际关系和各国的政治经济产生深刻影响。这一思潮的流行,跟当时西方国家精英集团所信奉的新自由主义理念紧密相关。新自由主义所针对的不仅是发达国家自身的政府干预措施和社会福利政策,它还把矛头指向非西方国家的经济增长战略,亦即前面所讲的进口替代,以及与此相关的关税保护、价格控制、投资限制、部门垄断等一系列政策,其背后则往往是具有威权色彩的政府体制。新自由主义对保护主义和威权主义的冲击,加速了 90 年代以来全球化浪潮在世界各国的流行。

全球化的另一种驱动力,来自工业化国家和地区的产业升级与发展中国家的工业化全面启动和加速。其中起到最主要驱动作用的当然要数中国的改革开放。20 世纪 90 年代以后,中国大陆充分利用了"亚洲四小龙"的产业升级和低端制造外移。而 2001 年底,中国正式加入世贸组织,凭借源源不断的廉价劳动力的供应和乡镇企业的快速发展,以及产业转移所带来的巨大的制造能力,中国的出口商品迅速占领世界市场,并且从劳动密集的低端产品,逐

---

① Francis Fukuyama, *The End of History and the Last Man*, New York: Free Press, 1992.

步向资本和技术密集的中高端商品升级。正是中国的加入，以世界工业化历史上前所未有的规模和速度，建构并打通了世界范围的低、中、高端产业链，使全世界的设计、生产、物流、消费连在一起。

现代化与全球化作为两个不同的学术概念，既有联系又有区别。在意识形态层面，两者之间是相通的，都是基于自由主义理念，也就是把经济上的市场资本主义及政治上的个人权利和自由竞争当作终极目标。从这个意义上，全球化只是现代化的翻新和再包装。但全球化概念又与现代化有显著不同。现代化的研究对象是单个的民族国家。谈现代化，总意味着某个特定国家的现代化。人们总是在民族国家的视野下，讨论某国的现代化的各个侧面。这个视野背后不言自明的预设是，每个国家和社会都可以走向现代化，或迟或早，分阶段经历从传统到现代社会的转变过程。

全球化则超越了民族国家的视野，把每个国家都当成世界范围的物质和信息流通网络及流通过程的一部分，认为每个国家都可以通过加入全球经济的产业链分工和世界一体化贸易体系，获得增长和发展的机会；在全球产业链分工中，每个国家可根据自身的资源禀赋特征，发挥自己的比较优势，并且通过投资和创新，使自身的产业结构不断升级，使自身定位从全球产业链的低端不断向中高端迈进。国内流行一时的新结构经济学，便是这种全球化思潮在中国经济学界最典型的体现。

但是在实践中，新结构经济学所预设的比较优势和产业升级很难实现。一个基本的现实是，20 世纪 80 年代债务危机发生之后，各国在西方金融机构的压力下，次第放弃保护主义，导致西方跨国公司纷纷进入这些国家原先受到保护的产业部门,并迅速占领其市场,这些国家的制造业被锁定在跨国公司所控制的产业链的低端,所产生的大部分利润也被跨国公司转移到西方,当地社会的民生无法得到显著改善,所谓产业升级更无从谈起。这便是最近二十几年来绝大多数发展中国家的基本现实和陷入中等收入陷阱的最根本原因。难怪某些发展中国家的知识分子在失望之余,把全球化视作发达国家用来遏制第三世界国家的"经济恐怖主义"[1]。

如果说在 1980 年代到 2010 年代中国产业的定位依然是全球产业链的低端和中端,对西方主导的全球产业链形成最有力的支撑和最重要的补充,那么,从 2010 年代开始,中国在高端产业的冲刺和快速升级,对西方长期占据的产业链上游以及由此产生的巨额垄断利润形成强大的威胁;限制中国向高端升级,阻断中国制造业向上游产业链转移,确保西方继续控制,便成为以美国为首的西方国家的新的对华战略。对中国高端产业的断供、去链,对世界范围的全球化形成巨大冲击,乃至有人发出"全球化已经终结"的感叹(详见本书第八章)。因此,到 2020 年代,无论是经典的现代化及全球化理论,还是与之对立的依附论和世界体系论,都已经成为明日黄花。

从方法论上讲,无论现代化还是全球化,作为近几十年来对世界各国的经济发展战略影响最大的认知架构,存在两种根本性的缺陷。首先是他们都着眼于经济增长议题本身,有意无意地忽视

---

[1] Kema Irogbe, "Globalization and the Development of Underdevelopment of the Third World," *Journal of Third World Studies*, 2005, vol. 22, no. 1.

了这样一个基本事实，即经济增长需要一定的前提条件。过去曾有个别历史学出身的现代化理论家注意到这个问题，把"现代化领导权的巩固"视为现代化过程中必不可缺的一个环节。① 但绝大多数研究者在讨论现代化问题时，焦点都放在经济领域，以为只要把经济增长问题解决了，现代化自然会到来。这种经济学视野下的现代化，也不是没有注意到现代经济增长的前提条件，但关注点通常仅仅限于经济因素本身，例如把足够高的储蓄率、企业家精神的培养、对国内市场的关税保护、基础设施建设等等，视为经济增长的若干技术性的先决条件，认为这些条件都可以通过政府的规划和投入逐步实现，而很少触及经济增长背后的政治议题。

四、现代国家的形成：现代化的关键环节

绝大多数第三世界国家在"不发达"的境地中挣扎的现实，拉丁美洲进口替代工业化的夭折，以及这些国家在全球化浪潮中所面临的困境，所有这些事实，在在提醒人们，一个国家或社会的现代化能否实现，取决于它是否具备一系列的先决条件，而这些条件又都与"现代国家的形成"这一课题密切相连。

现代国家的形成，亦即在族群认同或文化认同的基础上，建立一个疆域明确和主权独立的国家，这是一个社会走向现代化的起点和基石。主权国家与以往各种形式的政治体之间最大的不同，

---

① C. E. Black, *The Dynamics of Modernization: A Study in Comparative History*, New York: Harper & Row, 1966, pp. 62-67, 71-75.

在于国家的领土主权属于整个国家或民族。国家的领土及其边界,不因为王室之间的婚姻或君主的生死而发生改变。国与国之间的主权,通过国际条约、国际准则得到合法的确认和各国的公认。其转折点便是 1648 年《威斯特伐利亚和约》的签订。此后,遵循主权国家相互平等原则,在国际法框架下,以对等伙伴关系相处,国与国之间的平等竞争,构成国内国际关系的基础。一句话,一个稳定、完整的主权国家的形成,是本国社会现代化的最基本的、必不可缺的起始条件。

现代国家的形成,是一个非常复杂的问题,也是政治现代化的最主要内容。其中最重要的是以下几个步骤。

其一是疆域的整合和国家主权的确认。无论在西方还是非西方世界的前现代阶段,都不存在真正意义上的具有稳定领土和明确边界的主权国家,只有各种大小不一的军事帝国、殖民帝国、王朝国家和各式各样的高度自主的地域性政治体(公国、爵地、城邦等)。它们大都没有固定的疆域和明确的边界,其地盘随着帝国或王朝军事能力的消长或王室之间的婚姻关系而变动。国与国之间也不具有像现代主权国家之间那样的平等关系;帝国或王朝与所辖的殖民地、附属国或封地之间的关系,是以上临下的不平等关系。但是在 15 世纪以后的早期近代阶段,欧洲各地的原初型民族国家逐渐在早先各个帝国瓦解和裂变的基础上,次第形成和定型;经过国与国之间长期的竞争和兼并,其数量也在不断减少,从当初的数百个不同形态的政治体,下降到 19 世纪 90 年代初的约 30 个主权国家。① 在拉丁美洲，19 世纪的独立战争在结束了欧洲殖民帝国的统治之后，也产生了一系列的新兴国家。整个非洲大陆及东南亚和南亚地区，则长期沦为欧洲列强的殖民地。而在欧亚大陆的中部和东部，既有古老的王朝国家，如地跨亚欧非三洲的奥斯曼帝国，伊朗的萨法维王朝，1368 年以后的明朝和 1644 年以后的清朝，也有诸多小规模的国家，它们要么在一个有名无实的共主之下分裂为诸多藩地，如德川时期的日本，要么作为大型王朝国家的附属国或朝贡国而存在，诸如朝鲜、安南、暹罗、琉球等。但是在"二战"以后，亚洲和非洲的殖民帝国纷纷解体，新兴国家如雨后春笋般建立起来，并且加入联合国，成为受国际法保护的主权国家。1991 年苏联的解体，进一步导致苏联的诸多加盟共和国成为主权独立的新兴国家。

然而，这些新兴国家的疆域的确定和边界的划分，大多具有临时的、任意的人为性质，而不是经过漫长的国家形成和历史沉淀过程而产生的；个别宗主国在其殖民地解体之前，刻意介入其殖民地与周边国家之间或者各殖民地之间的分界过程，通过制造人为纠纷，为其在殖民帝国瓦解之后继续在这些新兴国家发挥影响力预作准备。因此，很多新兴国家自独立之日起，便面临非常棘手的领土和主权纠纷，由此形成国与国之间的对抗、冲突和战争，为此耗费大量本可用于经济建设的资源，拖慢了这些国家的现代化进程。

其二是民族认同的形成。一个现代国家之所以常常被称作民族国家（nation-state），是因为它通常是在境内所有居民共同秉持的

---

① Charles Tilly, *Coercion, Capital, and European States, A.D. 990-1992*, Malden: Blackwell Publishing, 1993, pp. 42, 45-46.

民族认同的基础上形成的。这种认同要么基于共同的语言和血缘，也就是在单一的族群基础上建立民族国家；要么基于共同的历史文化传统，使不同语言和族群的居民在集体记忆的传承中形成命运共同体的认知。但这种共同的认知所带来的民族认同，往往不及共同的语言和血缘所产生的纽带作用和民族凝聚力。在欧美国家的早期近代和近代历史上，既有基于语言和血缘而形成的单一民族国家，如德国、波兰、丹麦、瑞典、挪威等国，其主体族群占国内人口的 80% 乃至 90% 以上；也有基于共同的历史认知和不同族群的融合所形成的跨种族的民族国家，如英、法等欧洲国家和美国、加拿大等主要由欧洲移民后裔组成的新大陆国家。亚洲和非洲也有很多单一族群国家，主体民族占国内总人口的 90% 以上，如北非的埃及和摩洛哥，亚洲的日本、朝鲜等。但是在亚洲和非洲，也有很多国家是在"二战"之后、西方殖民主义统治崩塌之际匆忙成立的。由于人为的、临时的国境划分，境内不同族群之间谈不上存在共同体意识或民族认同；相反，各族群之间在语言和宗教信仰上的差异，彼此之间根深蒂固的歧视和仇恨，对政权和法律权益及土地、河流等自然资源的相互争夺，导致不同族群之间的暴力冲突此起彼伏，乃至出现强势族群对弱势族群的大规模屠杀。因为民族整合的欠缺而产生的频繁内部冲突，严重拖累了这些国家的经济建设和社会发展。

其三是一个统一的、覆盖全国的行政、司法和国防体系的形成。从分裂、割据走向统一、整合，是现代国家形成的关键环节。在这样一个全国范围的、标准化的治理体系形成之前，不同地域之间的地方行政管理千差万别，行政职位往往被少数精英集团垄断甚至世袭；作为政府最主要财源的各种赋税，往往外包给私人加以征收。因此，现代国家形成过程中的一个重要步骤，便是建立一个按规章办事、合理分工、不受人为因素影响的行政体制。这样一个科层化的官僚体系，在英法等国要晚至 19 世纪后期才基本完成。在科层化体系下，中央与地方之间可以在行政事务的管辖、法律法规的制定、税费的征收、财政收入的分配等问题上有所分工，并且因为各国的国情不同，彼此之间差异较大，有的倾向中央集权，有的偏于地方分权。但是全国性法规和政令在地方上的有效遵守和执行，尤其是国防力量和司法体制的全国统一，是一个现代国家的核心要求。现代化起步较早的国家，往往倾向在中央集权与地方分权之间取得平衡，而起步较晚的国家在现代化的早期阶段倾向中央集权，以便在全国范围内协调和动员资源，将全国的人力物力投放在对国民经济发展最为关键的部门和项目上，从而在短时间内缩小与发达国家之间的距离，实现现代化的赶超目标。

其四是国家权力结构和决策体系对全民利益的表达和维护，也就是在最大程度上体现国家的主权在民原则，亦即民主化过程。在国家治理体系和权力运行过程中最容易出现的问题是各种利益集团对政府决策过程的影响乃至绑架。在现代化起步较早的欧美发达国家，主导经济部门运营过程的精英集团往往通过制定行业规则、组成同业联盟和游说立法机构，最大程度地将公司收益化为己有，加剧贫富分化和社会不公。而在现代化起步较晚的国家，尤其是"二战"后取得独立的第三世界新兴国家，政府权力往往被军事强人、豪强世家、垄断财阀控制，国家战略目标和政府政策的制定，往往仅仅体现这些特权阶层的利益，政府部门的裙带风和贪污腐败根深蒂固。普选制的实施，在一定程度上能够抑制特权阶层对国家权力和国家利益的操弄，把更多的利益集团尤其是底层民众吸纳到政治过程中。但这一过程在整个政治现代化过程中出现得较晚；就算是在通常被当作政治现代化"样板国"的美国，普选制也是晚至20世纪前半期才真正实现。而比一人一票的形式民主或程序民主化（formative or procedural democracy）更为重要的，是实质民主（substantive democracy），也就是惠及全民的施政纲领的实际执行。一人一票的形式民主，在实际操作中可能会变成以牺牲少数人利益为代价的"多数人的暴政"，或者沦为"一元一票"的有钱人游戏。在政治竞争恶质化的今天，形式民主更容易流于民粹主义和种族主义，加剧族群对抗和党派对立。相比之下，实质性民主所强调的是如何让政府决策与特殊利益集团切割，从而使其有助于实现全民利益和国家长远利益。但实质民主的最大困难在于它的制度设计和可操作性，人类社会至今还没有形成一个获得普遍认同的可行方案；如何在信息技术已经成熟并且获得全社会普遍运用的条件下，使之从一种理念变成现实，并具有制度的保障和监督，值得人们进一步探索。

总之，现代国家的形成，或政治体系的现代化，是一个长期的、渐进的历史过程，至少包含以上四个步骤：国家的统一和主权的完整；共同的民族意识的形成；行政体系的科层化、制度化和集中化；政治参与过程的逐步开放和决策的科学化。过去常把国家建设等同于民族国家的形成，把主权在民等同于三权分立和政党政治，把政治现代化简单地等同于民主化，又把民主化简单地等同于一人一票的普选和代议制民主。实际上政治的现代化并没有一个千篇一律的标准。如果一定要有的话，那只能是一个，也就是透过有效治理，最大程度上为民族国家的长远利益考虑，增进全民族的福祉，而不只是谋求少数群体的利益或一党一派的眼前利益。

需要强调的是，在一个社会的现代化全过程中，并没有一蹴而就、一步到位的所谓政治现代化，更谈不上一个能够适用于各国历史实际的、千篇一律的所谓政治发展道路。过去人们讲政治现代化的一个最大误区，是把欧美国家的政治制度，当作是已实现现代化的政治体的样板，以为讲政治现代化，就是仿效欧美的政府体制，而且最好一步到位。从晚清到民国时期，所有向往欧美民主政治的中国知识分子，几乎无一不是这样启蒙国人的。

其实，政治层面的现代化是一个漫长曲折并且反反复复的过程。代议制民主本身并不能等同于政治现代化的结晶。事实上，它是欧洲中世纪晚期特定历史背景下出现的一种奇特的政治安排。欧洲各国的王权从产生之日起就是不完整的，受到各种有组织的制度化的限制和约束，与中国历朝历代的帝制不可同日而语。中国的皇帝，作为天子，拥有对王朝统治所覆盖的地域无可争议的最高权力。大臣的劝谏，儒家道德准则的约束，以及一整套官僚体制规章制度按部就班的自行运转，都对帝王起到约束作用，使其不能滥用权力，但是在理论上，皇帝的权力不受任何控制。相比之下，欧洲各国的君主在施展自己的权力方面，存在先天不足；尤其是中世纪的欧洲存在一个覆盖各国的基督教教会体系，高高在上的罗马教皇构成了整个基督教世界的权力中心。公元 800 年教皇利奥三世为法兰克国王查理曼加冕之后，罗马教皇获得了对各国君主的加冕权力，始终构成对世俗王权的强有力的竞争和约束。

教权之外，王权的运作还受到来自拥有自治权的各地贵族的制约，以及来自由新兴工商巨贾控制的同样享有自治权的城市议会的限制和阻挠。正是土地贵族、君主、教士之间的利益冲突和讨价还价，孕育了中世纪晚期各国的议会制度和司法独立传统。可以说，如果没有欧洲各国的基督教化，如果没有日耳曼入侵所带来的土地贵族的兴盛，中世纪晚期的议会制及其对王权的限制是无从谈起的，当然更不会出现被视为议会民主"摇篮"的《大宪章》之类的协议。这种源自中世纪分裂割据、以分权为特色的政治传统，与日后欧美各国的政治现代化，完全是两回事。

五、全球竞争优势与大国的现代化

现代化和全球化理论的另一个根本缺陷，是它们所共享的西方中心主义视角。这种西方中心主义具有两个基本特征。首先是欧美市场资本主义模式的话语霸权。它把当今欧美国家的经济、政治和文化模式，等同于唯一的现代文明体系和唯一正确的发展路径。具体来说，这种话语在经济领域崇尚以私有产权为基础的市场资本主义；政治上把英美等国近几百年来践行的代议制民主，以及近一个世纪以来推行的普选制视为唯一正确的政治制度；文化上把建立在个人权利和自我利益基础之上的理性选择，视为一切社会正义和道德原则的出发点，并且把不同于上述模式特征的其他一切制度和价值体系，视为文化上的异端和政治上的不正确。这种高度以自我为中心的思维方式和对所有其他文明形态的排斥与妖魔化，跟西方文明在犹太—基督教的一神论长期熏染下所形成的排他式思维是一脉相承的。

现代化和全球化的理论预设都起到强化这种话语霸权的作用。现代化理论视 20 世纪美国的各项制度为现代化在各个领域的样板；全球化在经济、政治和文化领域所追逐的目标与现代化理论完全一致，只不过把视野从一国之内扩展到欧美国家所主导的整个国际体系。由此形成西方中心主义的另一个基本特征，即美国及其盟国在这一体系内所拥有的政治、经济、科技和军事上的霸权地位，以及为了维持这种霸权地位而对所有其他试图在西方体系之外崛起的地缘政治中心和国际体系的全力打压。

从历史上看，这种西方中心的霸权体系，始于 15—16 世纪的欧洲，其中的霸权国家也在不断兴替。先有葡萄牙在 15 世纪的海上霸权，到 16 世纪中后期西班牙帝国继之而起，称霸欧洲乃至整个跨大西洋地区。17 世纪荷兰的海上霸权如日中天，但随后遇到来自英国的挑战，后者在 18 世纪晚期和 19 世纪早期率先完成工业革命，从此称霸全球一个多世纪，直至 20 世纪前半期美国崛起并且在"二战"以后最终取代英国，称霸西方。自从 20 世纪以来，西方资本主义世界体系的最大特征，始终是英、美两国结成联盟，辅以加拿大、澳大利亚、新西兰等英语国家，构成盎格鲁国家体系（Anglosphere），长期在整个西方国家体系中居于核心地位，并且在很大程度上左右了 19 世纪和 20 世纪上半期的世界秩序。

20 世纪 30—40 年代法西斯德国和军国主义日本快速崛起，对以英美联盟为中心的西方霸权体系构成重大挑战，由此引发第二次世界大战。借助中国的对日持久抗战和苏联的加入，美英霸权体系成功地战胜了德、日两大对手,并且通过对这两个战败国的长期军事占领,使之服务于美英霸权体系的全球战略。美国更在战后取代英国上升到西方集团的霸主地位。而在"二战"中曾经对打败德、日两国起到关键作用的苏联,则从英美的盟国变成其新的战略对手,由此形成以美国为首的西方资本主义国家阵营与以苏联为首的社会主义国家阵营之间的长期对峙和冷战的局面。

冷战最终以 1991 年苏联的解体和东欧剧变收场。这一结果,给本已衰落并且快被人遗忘的现代化理论,如同注入了一针强心剂。以福山为代表的美国保守派知识分子,继承现代化理论的余绪,欢呼人类现代化的目标已经实现;在他们看来,美英霸权体系所代表的自由民主和市场资本主义,最终战胜了自己的对手,有望成为全世界的普遍价值和制度。从 20 世纪 90 年代初开始,整个世界也从过去冷战时期的两极对抗变成以美国为首的西方资本主义国家体系所主导的单极秩序。从英国撒切尔首相和美国里根总统任内开始,在美英两国的主导下,"新自由主义"大行其道,不仅要在西方之外的其他各国推广西式民主制度,提倡所谓保护人权和言论自由,更要在这些国家推行经济私有化、保护知识产权、破除贸易壁垒、推动市场开放和自由竞争,最终目的则是在世界范围内对各国产业链进行重新分工,以追求西方资本集团的利润最大化。制造业和国际贸易领域的所谓"全球化"浪潮,因此席卷世界各国。

但是单极秩序下的西方国家体系并非从此高枕无忧。2001 年的"9·11"事件惊醒了美国精英阶层,也震撼了整个世界。美国及其盟友从此开启长达 20 年的反恐战争。在反恐、反对大规模杀伤武器、保护人权之类的旗号下——更主要是为了控制中东的石油和捍卫美元霸权，美国及其伙伴国先后入侵阿富汗（2001—2021）、伊拉克（2003—2011）和利比亚（2011），并袭击也门、叙利亚和巴基斯坦西北部塔利班基地。美国及西方集团为此投入大量人力物力，结果并没有在地缘战略上给西方集团带来实质性好处，仅仅满足了美国军火商的牟利需求，维持住美国石油和金融巨头的既得利益。

但是，当美国及其盟国竭尽全力进行反恐战争和介入中东冲突的时候，中国经济却借助全球化的东风，发展势头如火如荼，在全世界各大经济体中长期一枝独秀。中国经济总量的世界排名不断攀升，从 2001 年的世界第六位（排在美、日、德、英、法之后），到 2005 年超过法国，位居第五；2006 年超过英国，位居第四；2007 年超过德国，位居第三；2010 年进一步把久居世界老二位置的日本赶下来。从此以后，中国一直紧追美国，成为世界第二大经济体。

中国的迅速崛起，引起美国战略家的群体警觉。自从中国在 2001 年底加入世界贸易组织之后，大量中国廉价商品的涌入，给美国中下层消费者带来巨大实惠，也与制造业空心化之后的美国经济形成互补；与此同时，中国用贸易盈余所产生的巨额外汇大量购买美国国债，也有助于美国平稳度过从 2008 年开始的经济大衰退。但中国经济总量的迅速增长，特别是由此带来的国防实力的快速提升，也让美国战略家对美军能否在西太平洋继续保持战略优势产生忧虑。因此，从 2011 年起，美国提出"转向亚洲"战略。但由于当时的美国及其盟友仍然忙于军事介入阿富汗、利比亚、伊拉克、叙利亚等地区，这一战略在奥巴马总统任内（2009—2017）一直没有得到全面落实。

在特朗普 2017 年上台之后，美国终于着手大幅调整其全球战略，减少在中东地区的军事投入，并由拜登政府于 2021 年从阿富汗撤军。与此同时，美国把全球战略的重心逐渐向所谓"印太地区"倾斜，把中国当作其最重要的战略对手。从特朗普时期的对华贸易战，到拜登 2021 年上台后对中国高科技产业的"围剿"和断供，中美关系发生了根本性变化，从过去的以合作、互补为主，转换为以竞争乃至对抗为主的新格局。

面对不同的地缘政治环境，需要有不同的发展战略和现代化模式。改革开放早期，尤其是 1979 年中美建交之后，中国的地缘战略定位十分明确，那就是与美国、西欧、日本一道，结成针对苏联霸权主义的战略合作关系；尽管在 1989 年之后一度遭到西方国家的经济制裁，但在整个 90 年代，在"韬光养晦"理念指导下，战略合作的基调没有改变。2001 年中国加入 WTO 之后，借助对反恐战争的支持立场，中国与美国之间依然维持过去的战略合作关系。总之，从 20 世纪 70 年代末到 21 世纪头十多年，前后三十多年的时光，是中国的地缘政治环境最为有利的时期。正是这种有利的地缘环境，使中国得以推行改革开放的国策，总目标是通过吸引外资，扩大外贸，引入市场机制，改变产权结构，使中国经济全面融入美、欧、日所主导的世界经济体系，在接受和消化来自发达国家的中低端产能的同时，向海外市场大量输出中低端商品，与西方发达经济体形成全球产业链互补格局，借此驱动整个国民经济的持续增长。

但是经过几十年与世界经济体系的接轨和融入之后，中国经济向全球产业链高端进发的势头日益明显，对美、欧、日在高端产业领域的主导地位形成威胁，导致美、欧、日联手对中国在尖端科技领域进行封锁和遏制。过去几十年来一直行之有效的增长模式，即依靠自身的资源禀赋优势发展国内产业和依靠发达国家的技术转让实现产业转型升级，终于走到了尽头。

中国的现代化已经到了模式转换的关键时刻。纵观"二战"以后，能够成功实现现代化的为数不多的后发国家，其路径只有一条，就是完全融入现存的由美国和西欧国家主导的西方资本主义世界体系。20 世纪 70 年代的日本是如此，80—90 年代的"亚洲四小龙"是如此，2000 年以后的东欧六国还是如此。更早之前，在 20 世纪 30—40 年代，德国、日本和苏联作为崛起中的新兴强国，试图在英美主导的国际体系之外，走出一条不同的模式。其中德国和日本因为走法西斯主义和军国主义的对外扩张道路，最后以惨败告终，并且在战后完全加入美英主导的国际体系，借此迅速完成体制转换和全社会的现代化过程。苏联/俄罗斯是一个例外。20 世纪 30 年代的斯大林模式，使苏联以人类现代史上最快的速度完成了大规模工业化，并且在"二战"之后继续维持这一模式达半个多世纪，使之长期作为工业和军事超级强国与美国抗衡。但高度统一集中的计划经济体制所带来的低效率生产，加上过度的军工和国防投入，以及大量对外用兵，最终耗竭了苏联的国力。苏联解体后的俄罗斯，在经济和社会发展各项重要指标上，从发达国家跌回发展中国家的水平。今后的俄罗斯能否重新加入发达国家行列，尚有很大不确定性。

事实证明，苏联式的现代化道路，在中国走不通。中国在 20世纪 50 年代初一度试图照搬斯大林模式，但中苏国情不同，斯大林模式在中国也仅仅浅尝辄止，中国在 50 年代中期以后便与之渐行渐远。80年代的经济改革,是60—70年代断断续续的去斯大林化(工业领域的管理权下放和农业领域的经营承包)的必然结果。而80年代以后的改革开放证明,拥抱市场机制,融入世界经济,是加速经济增长的一条捷径。

在经济增长和运行机制已经高度全球化的今天,退出国际大循环既不可能,也没有必要,因为目前在全球经济体系内依然处于主导地位的美国及其盟友,事实上也只能主宰这一体系内的金融组织和平台,以及全球产业链的上游企业,无法撼动中国在全球产业链低端和中端的主导地位,也无力阻止中国依靠自身实力在全球产业链高端逐步实现突破的大趋势。但是,仅仅在现有的由美、欧、日主导的世界经济体系内谋求生存和发展,并不能使中国的现代化模式区别于其他后发国家,也不能保证中国的现代化取得预期成效。

这是因为,中国的现代化不同于普通中小国家所走过的道路。中国的现代化是大国的现代化。大国的现代化总是在大国竞争的格局下展开的。在整个20世纪的世界史上,能够成功展开现代化进程的后发国家当中,真正算得上大国的,只有苏联一家。苏联在很大程度上体现了一个大国应具备的三个特征,即(1)规模庞大,不仅疆域辽阔,而且经济总量巨大;(2)工业化水平高,科技研发和制造能力强大;(3)国际影响力强大,能够形成由自己主导的国际组织和世界政治经济秩序。

苏联之所以从超级大国的地位跌落下来,并导致其所主导的社会主义国家阵营随之解散,是因为它的指导思想、意识形态出了问题,生产效率太低,所产生的财政和军事资源不足以支撑它所主导的国际秩序和地缘政治目标。苏联的衰落也从另一个侧面印证了大国兴衰的一个历史规律：一个国家能否崛起，是否具备与其他大国竞争和抗衡的能力，取决于该国的军事实力；军事实力的背后，是一个国家的财政收入；而一个国家的财力大小，最终又取决于该国可供国家汲取的经济总量。一句话，生产率的高低也就是经济实力决定财政规模，财政规模决定军事实力，军事实力决定大国兴衰。①

培养和维持一个大国的竞争实力，实现大国的现代化，不可能在现存的国际体系内，以"搭便车"的方式实现。道理很简单。现存国际体系内的霸权国家，可以容忍另一个规模庞大的发展中国家作为中低端商品的供应地而存在，借此维持和再生世界经济体系内部的"核心—半边陲—边陲"的分工格局；并且在服从其霸权地位的前提下，也可以容忍个别对其全球战略极其重要的小国加入核心国家的行列，以此强化其霸权地位。但霸权国家绝不能容忍另一个规模庞大的国家从半边陲上升到核心国家的地位，从而直接威胁和挤占其霸主地位。核心国家集团的其他成员，也不能接受另一个新兴大国加入其行列，挤占其在全球产业链高端的优势地位，分摊其由此获得的高额垄断利润。

因此大国的现代化要取得成功，必须在两方面着力：(1)最基本的，是厚植国力，扩大经济总量。只有扩大经济总量，产生源源不断的资源，才能增强大国的财政军事能力和国际竞争力，并且提

---

① Charles Tilly, *Coercion, Capital, and European States, A.D. 990−1992*; Paul Kennedy, *The Rise and Fall of the Great Powers*; Graham Allison, *Destined for War: Can America and China Escape Thucydides's Trap?* Boston: Mariner Books, 2018.

高全体国民的收入水平和全社会的富裕程度。而驱动经济增长的根本途径,是通过资本和技术投入,提高生产率。维持资本和技术的投入,不仅需要多元的投入渠道和激励机制,更需要基础设施的支撑、法律规章的保障及投资者对市场前景的信心。(2)最关键的,是形成高端产业领域的自主研发和制造能力。如果说经济总量的扩大可以通过加入全球产业链分工获得动力和机会的话,那么,尖端科技的获得和向全球产业链高端的进发,对于一个大国来说,在遭到核心国家集体围堵和封锁的条件下只能自力更生。大国能否发挥自身的体制优势和规模优势,在尖端科技领域取得突破,对于提升国际竞争能力,最终实现整个经济和社会的现代化,具有决定性的意义。

概而言之,中国的现代化是介入与超越现存世界经济秩序的双重过程。改革开放以来,中国的经济增长离不开对西方国家所主导的国际经济体系的依存和借力。在高度融入这一体系的过程中,充分利用自身的劳动力资源和市场优势,在全球产业链的分工中,从劳动力密集的低端产业做起,不懈地向中高端产业推进,曾经是近几十年来中国经济稳健成长,乃至在发展中国家一枝独秀的制胜法宝。但中国的大国地位和强健增长势头,注定中国在经济转型升级过程中会遭到来自霸权国家的打压乃至西方核心国家的集体抵制;一旦进入世界产业链的高端尤其是尖端领域,原有的法宝便逐渐失灵。因此,在全球产业链的中高端站稳自己的位置,凭借自身实力,形成不依赖于现存核心国家的竞争能力,将是未来几十年中国的现代化取得突破和成功的关键所在。

从这个意义上说,中国的现代化,将必然意味着对服务于核心国家利益的现存世界经济体系的超越。其意义也将是双重的:在中国这样一个对整个世界经济和人类福祉具有重大影响的大国实现现代化,不仅意味着曾经占世界人口四分之一的国度最终完成了古老文明的现代改造,让一个自 19 世纪以来屡遭磨难的民族重新屹立在世界最先进和最强盛的民族之林,而且是对近几百年来基于西方国家历史经验的现代化模式的突破,意味着西方中心论的终结。在中国这样一个规模巨大的国度实现现代化,在人类历史上是没有先例的。它将从根本上颠覆近几百年来西方核心国家所制造的充满不平等的世界格局,给整个人类文明带来更加公平、安宁和美好的未来。

第一章 何为"现代化"：近世以来中西学界的认知历程

人类历史上第一批现代化社会的诞生，是 20 世纪中叶前后的事。现代化概念的产生和现代化意识的盛行，也正是这时候才开始的，并且是从最早完成现代化的地区（北美和西欧）发轫，进而传播到世界其他地方。在此之前的一百多年时间里，人们对"现代化"的认识，一直随着这一进程本身的推进而不断地变化。起初的反应是各种情绪化的惊叹、赞美或诅咒，继而出现冷静的学理分析、批判和预测，并由此形成了五花八门的以现代社会发展为主题的理论与学说。因此，我们观察 19 世纪以来现代化概念的演变和发展，也就是看当时人们对于正在发生的现代化进程是怎样认识的，尽管他们对这样一个人类历史上从未有过的现象冠以不同的名称。

一、从进步、进化到现代化：西方知识界的解读

现代化思想在西方的演进，跟西方社会自身的现代化进程密切相关。如果我们把欧美各国的现代化历史笼统地分为"前现代化（pre-modernization）阶段"（文艺复兴之后至 18 世纪末工业革命前夕）、"现代化中（modernizing）阶段"（从工业革命开始至第二次世界大战前）和"后现代化（post-modernization）阶段"（"二战"之后），那么，现代化思想在西方的起源、演进和成形，也可以分为时间上与此相对应的三个阶段。

（一）前现代化阶段。西方现代化思想的源头，可以追溯到这一阶段出现的确信人类光明未来的"进步"（progress）观念。进步观念建立在当时流行的经验主义哲学基础上。英国经验论哲学家约翰·洛克（John Locke，1632—1704）认为，人的一切认识都是通过后天的经验来获得的，没有任何先于经验的天赋观念，但观念有明晰的，有不明晰的，知识有真有假，所以必须一步一步修正谬误，补充新的东西，由此就会产生进步。把进步观念阐发得较为透彻的是法国哲学家孔多塞（Nicolas de Condorcet，1743—1794）。孔多塞认为，人类精神的进步，就是理性不断获得新的力量，挣脱束缚它的锁链，即偏见、迷信、因循守旧等非合理的东西；而理性的解放，表现为科学（包括数学、物理学、生物学、医学等自然科学和经济学、政治学等社会科学）的进步，以及通过应用这些科学理论而实现的技术进步。孔多塞强调，科学和技术的进步之所以重要，是

因为它不仅直接有利于实现个人的幸福和国家的繁荣,而且可以通过科学的力量打破偏见和迷信,增强理性的力量,修正道德和政治上的谬误。这些进步现象的广泛传播,将会在未来逐渐地消灭国民之间及阶级之间的不平等。随着人类道德的完善,战争也将消灭。现在仍属落后的各民族可以直接借用先进文明,缩短与发达民族的差距。依靠技术进步,人们将会以较少的支出享受比今天更有价值的财富和服务。科学的进步还会导致法律、教育、公共制度等社会技术的进步,推动社会制度的进步。

17—18 世纪的这种进步观念,是文艺复兴以来科学革命和思想启蒙运动的产物;它跟中世纪欧洲在天主教会的精神控制下盛行的蒙昧主义是截然对立的。人类第一次在科学的基础上形成了历史进步的信念,这不能不说是思想史上的一次飞跃。此后出现的进化论思想和现代发展思想,可以说,都是此一阶段进步思想的直接延伸和发展。进步观念的不足之处在于,由于当时还没有发生工业革命,还没有出现一个工业社会的轮廓,所以,人们尽管从科学革命的事实中确立了社会进步的坚定信念,但对于究竟要进步到哪里去,还不曾形成一个明晰的认识。一句话,在17—18 世纪的进步观念中,并不含有从传统农业社会向现代工业社会演进的内容。

(二)现代化中阶段。18 世纪末开始的工业革命,将人类历史带入一个崭新的时代:从传统农业社会向工业社会过渡的现代化时代。工业革命活生生的现实,使人们第一次看到了人类走向现代工业社会的前景。因此,前一阶段在目标上尚显得模糊不清的进步思想,到了19 世纪,便演变成目标明确的以从传统农业社会到现代工业社会为主题的各式各样的社会进化思想。

从 18 世纪进步思想跨越到 19 世纪工业主义进化思想的第一位先知，是法国贵族圣西门（Henri de Saint-Simon, 1760—1825）。他和曾一度作为他的私人秘书的实证主义哲学奠基人与社会学创始人孔德（Auguste Comte, 1798—1857）密切合作，依据他们所假设的人类思想发展"三阶段规律"（神学阶段—形而上学阶段—实证阶段），提出了与之相对应的社会发展三阶段规律，即（1）军事社会，靠武力形成内聚力；（2）法律社会，依靠法制形成社会团结；（3）工业社会，人们靠新兴的工业秩序形成有机的联系。

英国哲学家斯宾塞（Herbert Spencer, 1820—1903）则是古典社会进化论的创始人。斯宾塞相信，进化是一个普遍的规律，上至天体的形成，下至物种的起源，万事万物无不受进化规律的支配。社会的发展也不例外。在从分散的单个的人类向集中的社会的人类转化过程中，这条规律得到充分体现。他从社会进化由简至繁的原理出发，将社会分为简单社会、复杂社会、双倍复杂社会、三倍复杂社会四种类型。另外，斯宾塞又根据社会内部管理形式和社会组织结构的特点，把社会分为军事社会与工业社会两类，认为前者是一种集权制社会，在这种社会中，公民的等级、职业和居住地区都固定不变，地位靠世袭，经济上自给自足；后者则是一种建立在自愿合作和个人自我制约基础上的分权制社会，社会等级、职业和居住地都是开放的、可变动的，经济上不再自给自足，而是依靠自由贸易。

到了 19 世纪末、20 世纪早期，新社会进化论逐渐取代了古典进化论。在新进化论思想家中，最值得重视的当数滕尼斯和韦伯。

德国社会学的奠基人之一滕尼斯（Ferdinand Tonnies, 1855—1936）的最大贡献，是提出了从"礼俗社会"（Gemeinschaft）到"法理社会"（Gesellschaft）的变迁理论。对于传统社会向现代社会的过渡，他所重视的是社会关系的变化。他认为，在礼俗社会的人际关系中，自我与他人构成了持续的、真正的共同生活，那里不存在自己的东西与他人的东西之间的本质区别；家庭内部不分彼我，是这种特征的最好例证。而在现代都市生活所体现的法理社会关系中，人们对自身利益的理性追求和算计行为，则弱化了礼俗社会基于家庭、亲属和宗教信仰的传统纽带。

德国社会学家韦伯的社会变迁思想的一个核心概念是"理性化"（rationalization）。在韦伯看来，理性化是一条贯穿于现代社会发展过程的主轴，反映在经济领域，理性化就是摒弃非理性的欺诈、暴力、投机和巧取豪夺，以理性的手段追求正当的价值，并把资本增值视为最高目的。这种理性化的做法，体现了一种"资本主义精神"，而资本主义精神在近代西方的兴起，又是靠加尔文教的伦理促成的。反映在政治领域，理性化便表现为传统型权威向法理型权威的转变。按照韦伯的解释，传统型权威建立在对于习惯和古老传统的神圣不可侵犯的要求之上，是一种由族长或部落首领之流来行使权力的统治类型。法理型权威则建立在对于正式制定规则和法令的正当行为要求之上。在这两者中间，还存在一个感召型权威，建立在某个英雄人物、某位具有神授天赋的人物的个人魅力上，先知、圣徒和革命领袖是其标准的范例。

政治理性化的结果，或者说法理型权威的最纯粹的形式，便是所谓"科层制"。科层制有如下特征：统治结构的每一项职能分别与一项官职对应,设有严格的办事规章和工作纪律;等级森严,上级监督下级;严格的职务权限;文件档案构成管理基础,等等。韦伯的社会学理论十分庞杂。应该说,他在现代社会变迁方面的真知灼见,直接构成了"二战"后现代化理论的源头。[①]

(三)后现代化阶段。"二战"后,欧美各国经过上百年乃至一个半世纪的工业化、城市化和社会整合,基本上结束了从农业社会向现代工业社会转型的过程,进入了所谓"后现代化"阶段。西方的社会学家、经济学家和政治学家到这个时候,终于能够对西方社会的这一巨大变革过程进行理论上的反思和总结,明确提出"现代化"这一社会科学概念,并且提供了解释这一变革过程的形形色色的现代化理论。

20世纪五六十年代学界对"现代化"概念的理解,受到美国社会学家、结构-功能主义理论的首倡者帕森斯(Talcott Parsons, 1902—1979)的深刻影响。在帕森斯的"行动理论"启发下,研究者多倾向把现代化定义为传统农业社会向现代工业社会转变的过程。而所谓传统农业社会,一般认为具有这样一些特征:(1)个人的社会地位受先天决定,主要取决于家庭出身;(2)行为规范具有特殊主义性质,即针对不同的对象,用不同的标准,而不是用普遍一致的尺度,去加以评判;(3)弥散型的社会关系,即彼此界限不清,权利和义务划分不明确;(4)社会群体稳定,空间流动有限;(5)职业分化比较简单、稳定;(6)尊卑分明的社会分层结构。现代工业社会的各项特征与传统社会恰恰相反,具体表现在:(1)社会地

---

① 以上讨论参见李怀印《绪论》,载胡福明主编《中国现代化的历史进程》,合肥:安徽人民出版社,1994年,第2—10页。

位取决于后天的业绩;(2)行为规范具有普遍主义性质;(3)特定型的社会关系;(4)高度的社会流动性,既包括水平型的,也包括垂直型的社会流动;(5)发达的职业体系;(6)没有尊卑之分的阶级结构;等等。① 人们对传统社会与现代社会上述特征的区分,与帕森斯早先提出的一系列"模式变项"(pattern variables)密切相关。所谓"现代化",在他们看来,便是传统社会的各项特征逐渐减弱、消失,现代工业社会的特征相应地增强,直至完全占据主导地位的过程。

当然,每位学者在解释现代化的含义时,都会根据自己的理解做出不同的解说。但在界定方法上,有一点是共同的,即他们所给出的现代化定义,大多属于概括性而非描述性定义。例如,亨廷顿(Samuel Huntington)把现代化说成"一个多方面的变化过程,它涉及人类思想和活动的一切领域"②。布莱克(Cyril Black)则称,现代化是"一个描述自科学革命以来人类事务发生迅速变革的过程的一般概念"③;更具体地说,现代化乃是"反映着人类控制环境的知识亘古未有的增长,伴随着科学革命的发生,从历史上发展而来的各种体制适应迅速变化的各种功能的过程"④。施美尔舍(Neil Smelser)的看法是,现代化是一个"技术变革、经济变革和生态变革

---

① Frank X. Sutton, "Social Theory and Comparative Politics," in Harry Eckstein and David Apter, eds., *Comparative Politics: A Reader*, New York: Free Press, 1963, pp. 67.

② Samuel Huntington, *Political Order in Changing Societies*, New Haven: Yale University Press, 2006 (1968), p. 32.

③ Cyril Black, *The Dynamics of Modernization*, New York: Harper & Row, p. 5.

④ Cyril Black, *The Dynamics of Modernization*, p. 7.

普及于整个社会与文化机体的过程"①。更多的学者认为：现代化是指"从一个以农业为基础的人均收入很低的社会，走向注重利用科学和技术的都市化和工业化社会的这样一种巨大转变"，并强调现代化是"涉及社会各个侧面的一种过程"。②

上述各种定义本质上均属于"二分法"类型，即把"传统"与"现代"当作对立的两极，进而将现代化视为从传统到现代的过渡过程。用铁普斯（Dean Tipps）的话来说，现代化"成了从原始的糊口经济到技术密集的工业化经济，从'臣属的'到'参与的'政治文化，从封闭的先赋决定的身份制度到开放的成就取向的身份制度，从大家庭到核心家庭，从宗教性质的到世俗性质的意识形态，如此等等的一个过渡（或者说一系列过渡）过程"③。

除了用"二分法"来给现代化下定义，还有部分学者抓住现代社会变迁中的某一关键"变项"，来描述现代化过程。在这方面，社会学家马里奥·列维（Marion Levy, Jr.）的定义颇具代表性。列维在1966年出版的《现代化与不同社会的结构》及此后一系列著述中，一直坚持将非生物能源与生物能源的比率作为现代化的关键变量。他认为，当这一比率达到这样的地步，即在不发生深远社会变革的情况下，生物能源（在人类历史的大部分时间里它指的乃是人力）的增长已经变得无法补偿非生物能源的哪怕是极少量的减

---

① Neil Smelser, *Sociology*, New York: John Wiley, 1973, p. 748.

② Gilbert Rozman, ed., *The Modernization of China*, New York: Free Press, 1981, pp. 1, 3.

③ Dean C. Tipps, "Modernization Theory and the Comparative Study of Societies: A Critical Perspective," *Comparative Studies in Society and History*, Vol. 15, No. 2 (1973), pp. 199-226.

少,此种社会或国家便可以被认为是现代化了。而且这种比率越高,现代化的程度也越高。① 显然,列维在这里把现代化跟工业化等同起来了,或者可以说,他把工业化看成了现代化的一个核心过程,因为生物能源与非生物能源的比率,所反映的是一个社会的经济活动过程技术化、机械化和工业化的程度,并不能说明社会其他领域的变迁情况。另有学者更是直截了当地把现代化等同于工业化,从工业化的条件及后果等方面,讨论现代化过程。② 还有人把"合理化"视作现代化的实质,认为"现代化是系统地、持续不断地、有目标地运用人类的各种能力,合理地控制人类的自然和社会环境,以达到人类的各种目的"③。

总之,在20世纪六七十年代西方学者在给现代化下定义时,不外乎用两种方法:一是两分法,把现代化视为从传统到现代的转变;一是关键变项法,把现代化等同于工业化或合理化。这两种方法各有利有弊。后者所下的定义,内容明确,涵盖面不很宽泛,避免了前者无所不包所带来的麻烦。但是,这种定义在实际应用中却没有多大意义:既然现代化等同于工业化、合理化,那么,与其研究现代化,何不直接研究工业化或合理化? 正因为关键变项法不能使现代化成为一个真正的理论概念,而往往使其成了其他术语的同义词,所以,上述列维等人所下的定义,已很少被人们接受。

① Marion Levy, Jr., *Modernization and the Structure of Societies*, Princeton: Princeton University Press, 1966, pp. 9-15.

② Wilbert Moore, *Social Change*, Englewood Cliffs: Prentice-Hall, 1963, pp. 89-112.

③ John Hall, "Changing Conceptions of the Modernization of Japan," in Marius Jansen, ed., *Changing Japanese Attitudes Toward Modernization*, Princeton: Princeton University Press, 1965, pp. 23-24.

学术界越来越普遍地使用的是两分法。

"两分法"也问题重重。其中最明显的缺陷是由此所产生的定义无所不包，结果也使得现代化的概念在很大程度上失去使用价值。例如，假使现代化真的如亨廷顿所说，是一个囊括人类思想和活动的一切领域的多侧面的过程的话，那么，现代化研究的对象究竟是什么呢？任何一门学科的研究对象总得有一个具体的界限，不能漫无边际。这是其一。

其二，两分法所注重的是传统社会向现代社会的过渡，结果很容易使人们把焦点放在社会内部的诸因素上，低估甚至忽视外部因素所起的作用。对于现代化先行者来说，这样做可能不会产生什么严重后果，因为它们的现代化主要是内因起着主导作用；但对于后来者而言，情况大不相同。世界现代化运动历史表明，外部因素在后来者中间所起的作用至关重要，有时甚至是决定性的。这些因素包括：国际战争、殖民统治、国际政治和军事关系、国际贸易及资本的跨国流动，等等。如果世界各国的现代化进程按埃森斯塔德(S. N. Eisenstadt)所说可分为以下两类的话，那么，先行者大致属于"变革类型"(type of change)，其特征表现为社会内部的"结构分化"，后来者大致属于"回应变革类型"(type of response to change)，以内部制度对"不断变化着的问题和要求"的承受力大小为特征。①

其三，笼统地把现代化套入从传统到现代的公式，还很容易使人们把"传统"误解为"现代性"的对立物，把每个民族的传统社会

---

① S. N. Eisenstadt, *Modernization*: *Protest and Change*, Englewood Cliffs: Prentice-Hall, 1966, p.43.

毫无区别地加以看待，导致简单化、形式化的认识。事实上，不同的传统社会之间，在民族特性、文化心理、经济社会结构和政治结构上，存在着相当大的差别。另一方面，传统的东西也并非必然地跟现代性对立，相反，其中某些因素可能对现代化构成十分有利的条件。

　　需要指出的是，现代化理论和现代化研究，虽然在20世纪六七十年代的西方学术界盛极一时，对人文社会科学各学科均产生了深刻影响，但是到80年代，已经失去往日的魅力，90年代以后逐步退出了学术视野。这并不是说，90年代以后，现代化理论已经销声匿迹。事实上，在西方国家的社会科学各个研究领域，现代化理论依然有其市场。例如，有人重拾列维在60年代提出的现代化"趋同"（convergence）说，即随着现代化程度的提高，各社会之间在结构上也日趋近似；在将1990年处于不同发展水平的201个社会分为四组之后，发现这些社会随着经济发展水平的提高，它们在人口结构、性别角色、卫生条件、贫富分化、信息传播各方面的特征也越来越接近。① 社会文化方面，90年代以来的不少研究重复了现代化理论的传统看法。例如有些学者在对16个欧洲国家1990年的状况做了调查之后发现，随着这些社会现代化程度的提高，人们越来越世俗化，宗教意识日渐淡薄，去教堂的人口比例在不断缩减。② 人们还发现，工业化和城市化水平越高的地区，人们对不同

① Robert March，"Convergence in Relation to Level of Societal Development，" *The Sociological Quarterly*，No. 49（2008），pp. 797-824.

② Johan Verweij，Peter Ester and Rein Nauta，"Secularization as an Economic and Cultural Phenomenon：A Cross-National Analysis，" *Journal for the Scientific Study of Religion*，Jun.，Vol. 36，No. 2（1997），pp. 309-324.

宗教和族群的容忍度也越高,反之亦然,从而印证了现代化理论的旧说。① 政治发展和公民权利方面,新近的若干研究也支持现代化理论的既有认识,即认为经济增长和繁荣会带来文化变迁,有助于缩小男女差别,增强个人表达能力,培育公民社会,进而推动整个政治过程的自由化和民主化。② 不同于过去的是,持此类认识的学者开始强调路径依赖的重要性,不再像过去那样简单地认为各国的现代经济增长是一个按阶段线性演进的过程。③

20 世纪 90 年代以来的现代化研究,除了延续经典现代化理论的基本观点,也对这一理论有所责疑、修补和发展。其中最为突出的是英格尔哈特(Ronald Inglehart)及其合作者对现代化与文化传统的跨国比较研究。作者的一个核心观点是,在各社会,虽然经济发展总体上均使人们变得更加理性、宽容和具有参与意识,但每个社会的文化遗产相对稳定,流传深远,直接制约社会成员的集体意识和行为模式,而与经济社会的现代化关联度并不高。④ 研究各国

① Randy Hodson, Dusko Sekulic and Garth Massey, "National Tolerance in the Former Yugoslavia," *American Journal of Sociology*, Vol. 99, No. 6 (1994), pp. 1534–1558.

② Ronald Inglehart and Christian Welzel, "Changing Mass Priorities: The Link between Modernization and Democracy," *Perspectives on Politics*, Vol. 8, No. 2 (2010), pp. 551–567.

③ Mark Abdollahian, Travis Goan, Hana Oh, and Birol Yesilada, "Dynamics of Cultural Change: The Human Development Perspective," *International Studies Quarterly*, Vol. 56, No. 4 (2012), pp. 827–842.

④ Ronald Inglehart and Wayne E. Baker, "Modernization, Cultural Change, and the Persistence of Traditional Values," *American Sociological Review*, Vol. 65, No. 1 (2000), pp. 19–51; Ronald Inglehart, *Modernization and Postmodernization: Cultural, Economic, and Political Change in 43 Societies*, Princeton, NJ: Princeton University Press, 1997; Ronald Inglehart and Christian Welzel, *Modernization, Cultural Change, and Democracy: The Human Development Sequence*, New York: Cambridge University Press, 2005.

政治发展史的学者则强调,经济社会变革与政治进步并不直接关联。例如,有人在研究英国 1832 年《大改革法》之后发现,工业化程度较高、经济较为繁荣的选区,对以扩大投票权为目的的选举改革的支持度,事实上反而落后于乡村选区。[1] 第二次世界大战前的德国经济发展水平超过了大多数欧洲国家,却在政治上蕴育了纳粹分子的野蛮行为,可见人们的主观抉择并非总是取决于其所处的经济社会结构;地缘政治和国际竞争所带来的压力不可低估。[2] 同样,现代化并不总是带来社会文化的世俗化,也有可能加剧宗教冲突和族群对立。[3] 现代化也不必然意味着经济活动的自由化和市场化。战后日本及其他东亚社会的经济发展则显示了国家主导的产业政策的重要性。因此有学者主张,与其像过去那样,在现代化理论影响下,把传统与现代性、民主与威权政治、市场与国家加以二元对立,不如更多地关注它们彼此之间的合二为一和相互关联。[4]

　　不过,总体上来讲,现代化理论及由它带动的现代化研究,尽管在冷战时期成为流行于西方社会科学各学科和对外政策研究领

[1] Toke S. Aidt and Raphaël Franck, "How to Get the Snowball Rolling and Extend the Franchise: Voting on the Great Reform Act of 1832," *Public Choice*, Vol. 155, No. 3/4 (2013), pp. 229-250.

[2] Sheri E. Berman, "Modernization in Historical Perspective: The Case of Imperial Germany," World Politics, No. 3 (2001), pp. 431-462.

[3] Hasan Kosebalaban, "Globalization and the Crisis of Authoritarian Modernization in Turkey," *Insight Turkey*, Vol. 11, No. 4 (2009), pp. 77-97.

[4] M. D. Litonjua, "False Dichotomies and Misplaced Unity in the Sociology of Third World/Global South Development," *International Review of Modern Sociology*, Vol. 36, No. 1 (2010), pp. 23-51.

域的一门"显学"，可是到 20 世纪 90 年代，尤其是新千年以来，却已经变得门庭冷清。主要原因在以下两方面。一是西方人文社会科学自身的演变使然。80 年代以后，各学科的研究者大都把学术兴趣从过去对宏大叙事的建构转到对微观和日常现象的研究，或者从实证研究转向语言文本研究。以宏观历史变迁过程为研究对象的现代化理论，再也无法吸引人们的注意力。即使讨论到各种具体现象的现代变革问题，人们也已经不再用"现代化"（modernization），而是用"现代性"（modernity）加以描述，也就是以对碎片的、表象的关注，取代过去对宏观历史过程的探究。

更为深刻的原因在于时代的变化。现代化理论，不仅仅是一种跨学科的学术创新，而且还满足了冷战时期美国的地缘政治需要，被用来为美国的制度模式辩护，把美国等同于现代化的样板国，以此与苏联为首的社会主义阵营争夺对第三世界国家的影响力，实际上已经从一种学术理论转变为服务于美国国家利益和战略目标的意识形态。[1] 但 20 世纪 90 年代初冷战的结束，使得原先这一套高度意识形态化的现代化理论，失去了用武之地。虽然在学术界仍然不乏现代化理论的追随者，这些人理所当然地把苏联及社会主义国家阵营的解体当作欧美国家现代化模式的最终胜利；现代化理论因此也在 90 年代初一度回光返照。但是，伴随着

[1] Piki Ish-Shalom, "Theory Gets Real, and the Case for a Normative Ethic: Rostow, Modernization Theory, and the Alliance for Progress," *International Studies Quarterly*, Vol. 50, No. 2 (2006), pp. 287 – 311; Christopher Fisher, "The Illusion of Progress," *Pacific Historical Review*, Vol. 75, No. 1 (2006), pp. 25–51; Michael C. Desch, *Cult of the Irrelevant: the Waning Influence of Social Science on National Security*, Princeton, NJ: Princeton University Press, 2019, pp. 176–204.

新自由主义思潮的兴起,现代化理论转眼成为明日黄花,取而代之的是90年代以后流行于东西方学界的全球化思潮(详见第八章)。

然而,现代化理论和现代化研究在西方学术界的淡出,并不意味着现代化作为一个客观存在的历史现象失去了研究价值。虽然对绝大多数第三世界国家来说,现代化依然是可望而不可即的,要跨越发展中国家与发达国家之间的鸿沟,对它们来说几乎不现实,但是对于中国这样的大国来说,现代化依然是社会经济发展的最重要课题,并且也只有像21世纪的中国这样一个拥有大国竞争优势的国家,才具有现代化的潜力(详见第七至第九章)。因此,这里有必要把现代化作为一种历史过程和知识体系重新加以探索。

二、从"变法""西化"到现代化:中国知识界的探索

中国人第一次清醒地意识到现代文明的巨大力量是在19世纪60年代之后。在此之前,欧美地区汹涌澎湃的现代化浪潮虽然已经通过各种渠道影响到中国,但晚清士人大多无动于衷,极少数留心时务的有识之士在对西方社会政治和风土人情做了一番了解和介绍之后,也未曾进一步推究掩藏在这些现象背后的一场巨变。还有相当一部分官僚士绅,对于西方的科技和物质文明一直采取贬低和不屑的态度,要么认为这些东西中国古已有之,不足为奇,要么断言它们纯属奇技淫巧,派不上实际用场。

第二次鸦片战争(1856—1860)后,这种情况有了变化。一部分清朝上层官员在军事和外交方面跟西人打了多年交道之后,深

切感受到，现在所遇到的对手，前所未见。用李鸿章（1823—1901）的话说，是"数千年来未有之强敌"，其"轮船电报之速，瞬息千里；军器机事之精，工力百倍，炮弹所到，无坚不摧，水陆关隘，不足限制"，因此，中国已面临一场"数千年来未有之变局"。[①] 这些务实派官员已朦胧地认识到，现代化是世界潮流，中国走现代化道路也是大势所趋，刻不容缓。只有敞开国门，学习西方长技，中国才能生存于当今世界。不过，从这里也可以看出，李鸿章的主张，仅限于学习西方的技艺和物质文明，并没有涉及其他方面。事实上，19世纪六七十年代以后出现的"自强"运动，也一直是围绕着器物层面展开的。晚清同治、光绪年间务实派官僚对"洋务"的理解，后来被人们总结为这样一条公式，即"中学为体，西学为用"。

到了19世纪末，中国出现了一批由旧式士大夫转化而来的近代知识分子群体，他们对现代化的认识比六七十年代的务实派进了一步。康有为（1858—1927）在谈到近代西方各国的进步历史时，说过这样一段话："然而是三百年间，适当欧人新世勃兴，科仑布则寻得美洲，渐乃觅得全地以增新识，意大利文学复兴后，新教出而旧教殪，于是培根、笛卡儿创新学、讲物质，自是新艺新器大出矣。突人得大炮火药于蒙古而输之欧，于是破封建万千之侯垒，而王权成，腾扬丕天之革命波，而立宪遍于各国矣。至近世百年，诸欧治定功成，其新政新法新学新器，绝出前古，横被全球，其汽船、铁路、电线、汽球并出齐奏，绝地通天，欧人用以囊括四海，席卷大

---

① 李鸿章：《李鸿章全集》，顾廷龙、戴逸主编，合肥：安徽教育出版社，2008年，第24册，第825页。

宇,无有留者。"①

可见,康有为对西欧各国现代化的历史线索(从科学革命到政治革命再到工业革命)已经有清楚的认识。不仅如此,康有为还强调,现代化是一场涉及各个领域的全面性变革。用他自己的话来说,"方今(中国)累经外患之来,天下亦知旧法之敝,思变计图存矣。然变其甲不变其乙,举其一而遗其二,枝枝节节而为之,逐末偏端而举之,无其本原,失其辅佐,牵连并败,必至无功"。为了说明这一点,他区分了"变事"与"变法"两个概念。"今天下之言变者,曰铁路、曰矿务、曰学堂、曰商务,非不然也。然若是者,变事而已,非变法。"所谓变事,就是仅仅在经济、技术层面进行变革,变法则是有"规模"、有"条理"、有"纲领"、有"节目"、有"宪法"、有"章程","损益古今之宜、斟酌中外之善"的全面性变革,因此,"不变则已,若决欲变法,势当全变……本末并举,首尾无缺,治具毕张,乃收成效"。②

梁启超(1873—1929)则把中国所面临的巨大变革理解为"过渡时代"所特有的现象。他认为,欧洲各国近两百年来均处在过渡时代,英国算是其中"顺流而渡"的国家,法国"乱流而渡",德国、意大利和瑞士则是"方舟联队而渡",美国、匈牙利"攘臂凭河而渡",东南欧小国的内哥罗、塞尔维亚和希腊皆为"借风附帆而渡"。至于中国,过去一直处在"停顿时代","数千年来,常立于一定不易之

---

① 康有为:《进呈突厥削弱记序》,载汤志钧编《康有为政论集》上册,北京:中华书局,1981年,第298—299页。
② 康有为:《敬谢天恩并统筹全局折》,载汤志钧编《康有为政论集》上册,第275—277页。

域,寸地不进,跬步不移,未尝知过渡之为何状也。虽然,为五大洋惊涛骇浪之所冲击,为十九世纪狂飙飞沙之所驱突,于是穷古以来,祖宗遗传深顽厚锢之根据地遂渐渐摧落失陷,而全国民族亦遂不得不经营惨淡,跋涉苦辛相率而就于过渡之道。故今日中国之现状,实如驾一扁舟,初离海岸线,而放于中流"。在世界范围的现代化浪潮冲击之下,中国也已经进入过渡时代。梁启超进一步指出,在过渡时代,有这样几件事有待国人去做:"语其大者,则人民既愤独夫民贼愚民专制之政,而未能组织新政体以代之,是政治上之过渡时代也;士子既鄙考据词章庸恶陋劣之学,而未能开辟新学界以代之,是学问上之过渡时代也;社会既厌三纲压抑虚文缛节之俗,而未能研究新道德以代之,是理想风俗上之过渡时代也。"①由此看来,梁启超把政治制度、思想学术、社会风尚的变革,当成现代化过程中首先要完成的几个重要环节。

20世纪中国知识界对现代化问题的探讨,以"五四"前后的中西文化问题论战和30年代中国文化出路及现代化道路的讨论最为引人注目。"五四"前后的讨论,主要是围绕东西方文化比较,以及东方化(孔化)还是西方化(欧化)之争展开的。30年代的文化论争,基本上是前者的延续,主要局限在中国文化出路的问题上,其中主张最为激进的知识精英,如胡适、陈序经等人,与"中国本位"的观点针锋相对,打出"全盘西化"的口号。这场争论表面上看跟"现代化"问题的关系似乎不大。但是,实际上,这却是中国知识分子开始产生自觉的现代化意识的标志。这是因为,19世纪清朝

---

① 梁启超著,汤志钧、汤仁泽编:《梁启超全集》第2集,北京:中国人民大学出版社,2018年,第293—294页。

官僚和士大夫精英的"现代化"要求,都是在外来冲击的刺激下被动地产生的,也可以说是出于自救所做出的一种本能的反应;而"五四"前后的文化论争,从一开始便表现为对鸦片战争以来中国现代化历史的自觉的反思,并不是源自外界刺激,所以,这场讨论并没有针对紧迫的政治现实问题,而是把中国的根本出路当作主题。中国知识分子从20世纪对西方文明从器物和制度两个层面进行被动、消极借用的失败教训中,发现有必要从更深层的文化领域探寻中国的富强之道,这意味着一种主动积极的、自觉的现代化意识已处在孕育之中。从这个意义上,我们可以把"五四"前后长达十余年之久的中西文化论战,视为中国知识分子产生自觉的现代化意识的肇端。

20世纪30年代关于中国现代化道路问题的讨论也值得重视。在这场讨论中,国人第一次明确提出了"现代化"概念。[1] 不少学者在探讨现代化的具体问题时,先对"现代化"一词的含义做了解释。有的把现代化做了广义与狭义的区别,认为广义上"现代化含有进步的意思。现代的人,应该比古代的好,现代的物品,应该比古代的好,今日的人与物,如果真比从前的好,那就现代化了"。狭义的现代化则等同于工业化:"但就国家社会而言,现代化即是工业化(industrialization)。凡一个现代化的国家即是一个工业化的国家。至于政治是不是要民主,宗教是不是要耶稣,这与现代化无

---

[1] 罗荣渠先生指出,"现代化"一词,在"五四"时期东西文化争论中,即已偶尔出现,如严既澄用过"近代化的孔家思想"的提法,柳克述在所著《新土耳其》(1927年)一书中,"现代化"与"西方化"并提(罗荣渠主编:《从"西化"到现代化》,北京:北京大学出版社,1990年,第13页)。

必然的关系。……工业化为其他一切的现代化之基础，如果中国工业化了，则教育、学术和其他社会制度，自然会跟着现代化。"①其他学者的观点与此大致相同，如有的认为："所说现代化，最主要的意义，当然是着重于经济之改造与生产力之提高。"②有的说："所谓现代化，其实就是工业化。"③还有学者把现代化理解为生产现代化，"生产技术自从十八世纪末叶发明纺机之后，就随着科学的进步，时间的推进，日逐翻新，向着现代化的路程走"，并认为生产现代化具有这样几种含义和特征：(一)生产机械化；(二)生产合理化；(三)生产计划化。④

　　除了对"现代化"含义予以界定，参加这场讨论的学者均把注意力放在现代化的具体问题上，包括现代化模式的选择(是资本主义道路还是非资本主义道路，是施行自由放任的经济政策还是实行统制经济体制)，现代化的前提和条件，自力更生与利用外资的关系，轻重工业的关系，等等。

　　把"五四"以来中国知识界对现代化的认识过程，跟西方现代化思想演变过程做一比较，可以发现两者之间存在不少相似之处。首先，从观点上看，无论 20 世纪早期的中国知识分子，还是西方现代化研究的一些先驱人物，都带有机械、片面的特征。在西方，从韦伯的"理想型"(ideal type)和帕森斯的"模式变项"演变而来的现代化理论，由于把现代化与传统视为截然对立的两极，早已受到

① 张素民：《中国现代化之前提与方式》，《申报月刊》，第 2 卷第 7 号，1933 年。
② 杨幸之：《论中国现代化》，《申报月刊》，第 2 卷第 7 号，1933 年。
③ 周宪文：《"中国传统思想"与"现代化"》，《新中华》复刊，第 6 卷第 9 期，1948 年。
④ 郑林庄：《生产现代化与中国出路》，《申报月刊》，第 2 卷第 7 号，1933 年。

人们的批评。"五四"前后中国知识分子对待中西文化问题同样持僵硬的态度,要么主张复古主义的"中国本位论",要么提倡"全盘西化",认定中国文化(象征着传统)与西方文化(现代)相互排斥,不能共存。

其次,在方法上也有类似之处。在西方,从韦伯到"二战"后行为革命影响下崛起的以帕森斯为首的系统(结构)论者,均刻意追求不同体系的分类设计、抽象概括、概念的对比排列。同样,在中国,无论是陈独秀这样的改良派,还是如梁漱溟这样的保守派,对中西两种不同文化体系的分析,也都采用了机械地排列、对比的方法,甚至被人讥为"整齐好玩"①。非历史主义,以及由此产生的脱离实际、高度主观的观点,是上述中西学者共同的缺陷。

最后,从现代化认识过程的发展变化来看,西方现代化理论直接肇始于 20 世纪早期德国社会学家韦伯关于现代资本主义社会"合理化"过程的研究,时间上跟中国知识分子自觉的现代化思想孕育阶段相差无几。也就是说,两者的起点相差不大。然而,韦伯学说的活力,直至战后五六十年代才充分显露出来。对比之下,中国知识界的现代化思想早在 30 年代即已明确产生。不仅如此,三四十年代中国学者对"现代化"概念的认识,对现代化过程复杂性的理解,以及对中国现代化道路的思考,在某些方面所达到的深度,跟五六十年代西方现代化理论家的研究相比,显得毫不逊色。例如,关于中国落后于西方的原因,许多学者既不像六七十年代的激进派发展论者那样,完全归于外部因素(帝国主义),也不像自由

---

① 胡适:《胡适全集》第 2 卷,合肥:安徽教育出版社,2003 年,第 239 页。

派学者及现代化论者那样,专从社会内部寻找,甚至归于百姓的"愚、贫、弱、私",而是从国内、国际两个角度进行全面的分析,指出中国现代化不成功的真正原因在于"封建传统和外来强权"。有的学者大胆指出,"要根本上排除中国现代化的困难和障碍,是应从打倒帝国主义、推翻现社会制度入手"[1]。至于中国将如何具体实现现代化,某些学者甚至预见到在农业上废除土地私有制、实行土地改革、走农业集体化道路,在工业上实行非资本主义计划经济体制的必要性。此外,诸如怎样处理自力更生与合理利用外资的关系,如何协调农业和轻、重工业之间的关系,以达到国民经济的平衡发展,在讨论中都有精彩的阐发。不言而喻,20 世纪前期中国知识界的现代化思想,是一份值得加以珍惜和认真总结的宝贵遗产。

三、现代化的全球视野

在简要回顾中西学界的现代化认识史之后,有必要进一步弄清:一个现代化的社会,到底具有哪些特征?放眼全球,自 19 世纪发轫以来,现代化在世界各国走过怎样的历程?

曾有人在 20 世纪 70 年代提出衡量一个社会是否现代化的若干具体标准,例如:

(1)人均国内生产总值 3,000 美元以上;

(2)农业产值占国内生产总值的比重 12%—15%以下;

---

[1] 罗吟圃:《对于中国现代化问题的我见》,《申报月刊》,第 2 卷第 7 号,1933 年。

(3)服务业产值占国内生产总值的比重45%以上;

(4)非农业劳动力在劳动力总数中的比重70%以上;

(5)识字人口80%以上;

(6)适龄年龄组中上大学的人口10%—15%以上;

(7)每个医生服务的人口1,000人以下;

(8)平均预期寿命70岁以上;

(9)婴儿死亡率30%以下;

(10)城市人口占总人口的比重50%以上,人口自然增长率1%以下。①

这些标准当然早已过时。如果以联合国发展项目(the United Nations Development Program)发表的2021年《人类发展报告》三大指标作为参照的话,那么,我们不妨认为,一个现代化的社会,就硬性指标而言至少应该满足以下要求:

(1)总人口的出生时预期寿命为78岁以上;

(2)预期在校学习时间在16年以上;

(3)人均国内生产总值20,000美元以上。②

需要强调的是,这些量化指标虽然在实证分析方面具有一定的参考意义,但我们在衡量一个社会的现代化程度时,不可能有一个放之四海而皆准的统一尺度。这是因为各个国家的资源和生态环境不同,它们在现代化过程中,往往从自身资源优势和比较利益

① 英克尔斯(Alex Inkeles)在北京大学社会学系的讲稿,第18页(转引自孙立平《社会现代化》,华夏出版社,1988年,第24—25页)。

② The United Nations Development Program, *Human Development Report 2021/2022*, New York: The United Nations Development Program, 2022, pp. 272-275.

出发，偏重某一经济部门的发展；它们的社会结构变迁和文化变革，还会受历史传统的制约，由此形成多种多样的现代化模式。对于不同的模式，无法用整齐划一的指标来衡量。欧美学者的现代化指标，大都是从西方社会或其他发达国家的发展经验中概括出来的；这些特征或指标能否适用于非西方社会，特别是能否把这些产生于温带国家的指标照搬于热带国家，值得置疑。

判别一个社会是否业已现代化，最重要的一点应该是看现代科学技术在社会经济生活的各个领域有没有得到普遍的应用。具体地说，(1)现代科学和技术是否已经彻底渗透到生产和服务过程中，从而基本上或者完全取代了过去的手工劳动和原始工具。经济领域的此一过程的后果，即所谓"工业化"或"工业主义"。这里的"工业化"当然是广义的，泛指科学技术在制造业、农业和服务业的全面运用。(2)社会结构是否已经伴随着生产、服务过程和经济结构的变化而发生了合理的转化。这种转化通常是通过社会流动和城市化过程来完成的，其结果表现为居住格局和职业结构的改变。(3)文化形态是否完成了世俗化转变；社会成员是否已经形成对民族和国家的认同，并且在此基础上以各自不同的形式参与政治过程。

现代科学和技术的进步是没有止境的。推而论之，科技进步所带来的生产力发展和社会生活方式与时俱新的变化，也是没有止境的。然而，这并不等于说现代化作为一种独特的社会变迁过程也没有终点。当我们把现代科技的普遍渗透看作衡量社会现代化的标准时，这并不必然意味着把最先进的技术用于社会经济活动，而是要看原始的手工劳动方式是否已经被取代。如果一个社会在经济领域已经普遍地以现代生产和服务手段代替了以人力或畜力为动力来源的原始方式;社会(阶级阶层)结构和职业结构在经历了迅速的城市化和频繁的社会流动之后已渐趋平稳;政治参与和表达过程已经把社会成员作为一个整体纳入其中,那么,这样一个社会可以说已经实现现代化了。

总之,现代科学和技术的应用,是现代化的实质;现代化作为从传统农业社会向现代工业社会的转变这样一个特殊的社会变迁过程,在时间上有明确的界限,而不是无始无终的;再者,现代化也不是无所不包、漫无边际的概念,它仅仅反映一种社会变迁,而这种社会变迁是由现代科技的应用所引起的经济、社会、政治和文化结构的相关变化构成的。

以上是对现代化特征的定性描述。下面再就现代化所带来的社会变迁的深度、速度和广度三个方面,从全球视角对现代化的特征作进一步申论。

(1)就深度而言。在西方近代历史上,现代化的动力来自两个直接的源泉:一是科学革命所带来的现代科学知识和技术的迅速增长,二是现代资本主义生产关系(韦伯所说的合理型资本主义)的兴起和发展。这两股力量相互激荡,相互助长——资本主义的成长直接促成了科学革命的发生和展开,现代科学和技术则给资本主义灌输了巨大力量,使之从手工工场时代一跃进入机器工业时代(19世纪早期),进而又将人类带入电气时代(19世纪末)和电子时代(20世纪)。科学史表明,科学技术的发展具有一种"乘数效应",它像核裂变一样,呈现为一种爆炸性的知识增长。而资本主义更是无孔不入,其渗透力之强,远非其他传统力量所能比拟。

这两股力量的结合，使现代化作为一种社会变迁形态，给人类生活环境和生活方式带来了前所未有的深刻变化。在现代化正式起步前的 18 世纪中叶，全世界的农业人口占总人口的比例超过了百分之八十；两个世纪以后，这一比例为百分之六十，在工业化国家则下降到百分之二十以下。在现代化起步最早的英国，1950 年农业人口只占人口总数的百分之五。[1] 从受自然力支配的农耕社会到征服自然、戡天役物的工业社会，人类生活方式变化之深刻，是此前任何一种社会变迁形态都无法相比的。

历史学家布莱克把现代化跟 100 万年前人类的出现和 7,000 年前人类从史前社会向文明社会的转变相提并论，视之为人类历史上第三次巨大的革命性转变，可以说是十分贴切的。他写道："现代时期的变革过程之巨，有如从人类出现之前到人类生命体的诞生以及从原始社会到文明社会的转型。跟以往所有处理人类事务方面的伟大革命性变革相比，它最具活力。现代时期的特色，便是自科学革命以来知识得到巨幅增长，而适应这种知识的空前努力，也已经逐渐成为全人类的要求。"[2] 布莱克在描述现代化给人类生活环境带来的巨大变化时，以生动的笔调写道："让我们设想一下，一个生活在十五世纪、受过教育的英格兰人来到今日的不列颠，他该会发现哪些东西是熟悉的，哪些东西是陌生的呢？他或许对书写语言还略知一二；某些宗教仪式可能还是熟悉的；他那个时代的伟大的纪念性建筑可能还巍然耸立着，在乡间村里，田园生活

---

[1] Reinhard Bendix，"Tradition and Modernity Reconsidered，" *Comparative Studies in Society and History*，Vol. 9，No. 3（1967），pp. 293.

[2] Cyril Black，*The Dynamics of Modernization*，p. 4.

起码乍看上去还未发生太大变化。然而,转变还是令人瞠目结舌,他所闻所见大多已是沧海桑田,面目全非了。"①

(2)就速度而言。现时代的社会变革——现代化——速度之快,也是令人称奇的。前两次巨变都经历了几十万年乃至上百万年的时间,而"现代化"自从18世纪末伴随着工业革命正式启动以来,仅仅花了200年时间,就已经使人类生活面貌发生了根本改变。早在1848年,现代化进程刚刚开启半个世纪,马克思和恩格斯便以惊奇的心情对西方社会所发生的变化做了这样的描述:"资产阶级在它的不到一百年的阶级统治中所创造的生产力,比过去一切世代创造的全部生产力还要多,还要大。自然力的征服,机器的采用,化学在工业和农业中的应用,轮船的行驶,铁路的通行,电报的使用,整个整个大陆的开垦,河川的通航,仿佛用法术从地下呼唤出来的大量人口——过去哪一个世纪能够料想到有这样的生产力潜伏在社会劳动里呢?"②

自19世纪以来,世界现代化运动呈现出加速发展趋势。起步越晚的国家,现代化速度往往越快。英国和法国作为"老牌资本主义国家",现代化过程从18、19世纪之交的工业革命算起,到第二次世界大战前后为止,总共用了大约150年时间。后起的俄国和日本,从19世纪60—70年代走上现代化道路,到20世纪70年代为止,用了约100年的时间。而20世纪80年代崛起的一批"新兴工业化经济体",特别是其中的韩国、新加坡和中国的台湾、香港,

① Cyril Black, *The Dynamics of Modernization*, p. 8.
② 中共中央马克思恩格斯列宁斯大林著作编译局编:《马克思恩格斯选集》第一卷,北京:人民出版社,2012年,第405页。

自 50 年代起步以来,仅仅用了三四十年的时间,便已在社会经济各项发展指标上,直逼西方工业化国家。现代化运动之所以在世界范围呈加速发展状态,可以从两个方面加以解释。其一是作为现代化原动力的科学革命和技术进步本身在加速进行,对生产力的发展和经济成长起到巨大刺激作用;其二是现代化起步越晚的地方,在制定现代化战略上,越有条件借鉴先行者的经验,少走弯路,在生产技术方面,则可以直接移植发达国家的最新成果,把经济成长的起点确立在先进技术的基础上,实现"追赶型"(或称"压缩型")现代化战略目标。

(3)再就广度而言。在世界近代历史上,现代化作为资本主义生产关系与现代科学技术交相作用的产物,具有强大的渗透力和扩张力,从来不可能被限制在某个特定的领域或地区。社会某一领域的现代化,必然影响和延伸到其他领域。现代化历史经验显示,在起步较早的国家,现代化通常是从经济领域扩展到社会、政治和文化领域;在后起国家,现代化则往往从政治领域开始,再发展到经济及其他领域。而在世界范围内,现代化则是先从一个地区开始,再一波一波地扩及其他地区的。到目前为止,世界范围的现代化进展已经经历了五次扩展浪潮。

第一波:从 18 世纪末工业革命开始,发生在世界现代化运动的原生地带——西欧和北欧地区(西欧和北欧国家在北美洲和大洋洲的分支国家也可以包括进来)。它们的现代化主要受社会内部力量的驱动,进程相对平稳、缓慢,到第二次世界大战前后基本结束。代表性的国家有荷兰、英国、法国、德国及美国、加拿大和澳大利亚。可以把它们泛称为现代化的"先行者"(first-comers)。

第二波:从 19 世纪后期开始,发生于现代化原生地带的邻近地区——南欧和东欧,也包括东亚岛国日本。由于大量借用先行者的既有成果,该地区各国的现代化速度大大加快。到 20 世纪六七十年代,其社会经济结构亦已基本上趋于现代化。主要国家有:西班牙、意大利、希腊、苏联和日本。

第三波:开始于战后五六十年代,主要发生在亚洲边缘地带,即韩国、新加坡及中国的台湾、香港等。这些地区长期保持着远远高于世界其他地区的经济增长率,到八九十年代,其社会经济现代化程度已日益接近于发达国家。第二、第三波的成员均可被称作现代化的"后来者"(late-comers)。

第四波:发生于 21 世纪头二十年。东欧边缘地带的一系列小国在加入欧盟之后,国内市场和整个经济体系被迅速带动起来,加入欧洲经济一体化进程,人均收入大幅提高,也进入发达国家的门槛。

第五波:有可能在 21 世纪 20—30 年代发生于目前的"上中收入国家"中间。包括东欧的波兰、匈牙利、罗马尼亚、保加利亚等国,以及经济规模超大且发展势头较为稳健的中国。第四、第五波的成员可被称作现代化的"新来者"(new-comers)。

第二章　重新认识前现代中国：文化传统与儒家伦理的现代意义

　　19世纪以前的中国为什么没有从内部产生现代化的原动力，从而加入世界现代化进程中的先行者行列？中国的文化传统在其中起到怎样的作用？再就19世纪后半期和20世纪早期的现代中国而言，为什么现代化的努力屡遭挫折？对此，中国的文化传统负有怎样的责任？

　　以上两个问题是有机地连在一起的。前现代中国没有从内部发生现代化的原动力，显然是传统社会内部各种因素相互作用的结果。而1840年以后中国的现代化进程，虽然是在遭受外来挑战之后从传统社会的自然演进过程的"断层"上展开的，但现代化的模式必然受到前现代社会的各项历史遗产，包括文化传统的制约。另一方面，以上两个问题之间又存在着显著的区别。一个在前现代时期似乎具备了进行现代化的某种内在潜能的社会，并不一定能够成为一个成功的现代化后来者,回答了第一个问题,并不等于解答了第二个问题。因此,只有将这两个方面结合起来进行考察,才能对前现代中国社会的性质及中国文化传统与中国现代化问题有一个比较全面的理解。

一、中国为什么"落后":
从"高水平均衡陷阱"和"资本主义萌芽"谈起

为什么传统的中国社会没有成功地发展为一个资本主义的现代社会? 长期以来,这个问题作为社会科学研究的焦点之一,受到海内外学者的广泛关注。西方学者自从20世纪60年代后期以来,大多改变了把前现代中国视为一个停滞的、缺乏变化和没有真正历史的社会这一传统立场,并且把认识的角度从文化层面转移到经济和社会的结构或制度方面。其中,最早流行的解释当推以伊懋可(Mark Elvin)为代表的"高水平均衡陷阱"(High-level equilibrium trap)理论。[1] 国内历史学界和经济史学界为了探讨明代以后中国由先进变落后的问题,自50年代起也展开了关于"资本主义萌芽"问题的讨论,已刊文章数以百计。

"高水平均衡陷阱"和"资本主义萌芽"两个命题,虽然在方法论上有类似之处,即都侧重社会经济层面的考察,但它们所得出的结论是完全相反的。前者宣称,在帝制时代晚期,中国的人口增长

---

[1] Mark Elvin, *The Pattern of the Chinese Past: A Social and Economic Interpretation*, Stanford: Stanford University Press, 1973.

导致耕地及木材、燃料、布匹、金属、耕畜等各种资源的短缺，而廉价劳动力的充沛供给和资源短缺结合在一起，进一步导致农业生产和运输技术的停滞不前。到 18 世纪后期，这些领域的重大技术进步已经走到尽头。如农业方面，"亩产量几乎达到了最高限度，除非使用先进的工业—科学的投入，诸如良种、化肥、杀虫剂，以及由内燃机或电力发动的机器和水泵。……传统的投入，无论是以灌溉工程、肥料还是以劳力的形式，都几乎达到最高限度。进一步的投入只能导致效益的显著下降乃至负效益"。在缺乏现代工业和科学投入的条件下，无论是改进传统农业生产技术，还是增加农业生产投资，都只会导致收益急剧递减。其结果是虽然耕地单位面积产量已达到前近代技术条件下的极限，但人均收入很低，亦即"数量上增长，但质量上停滞"（quantitative growth, qualitative standstill）。因此，除非有现代工业和科学投入，中国的农业生产无法从收益递减的陷阱中解脱出来。中国经济由此掉入高水平均衡陷阱，"仅仅通过本国内部所产生的力量，要改变（这一处境）几乎是不可能的"。[1] "打破陷阱的唯一办法，只能是把崭新的外部技术引进中国社会。"[2]至于资本主义萌芽命题，其中心论点是广为人知的，即"中国封建社会内的商品经济的发展，已经孕育着资本主义的萌芽。如果没有外国资本主义的影响，中国也将缓慢地发展到资本主义社会"[3]。

---

[1] Mark Elvin, *The Pattern of the Chinese Past*, pp. 306, 312.

[2] Mark Elvin, "Why China Failed to Create an Endogenous Industrial Capitalism," *Theory and Society*, Vol.13（1984），p. 384.

[3] 毛泽东：《毛泽东选集》第二卷，北京：人民出版社，1991 年，第 626 页。

近几十年来,在西方的中国史研究领域,对上述问题的探讨又有新的进展。继伊懋可的"高水平均衡陷阱"说之后,黄宗智(Philip C. C. Huang)提出"内卷"说,认为明清以来的中国农业在传统技术条件下,随着人口压力的加大,而走向劳动密集化,并由此带来农业生产边际报酬的递减。但黄的分析比伊懋可更为精密。他认为劳动密集化主要是以农村生产家庭化的形式出现的,亦即充分利用家庭辅助劳动力(妇女、老人和孩童)从事"副业"生产以提高农户年收入。黄还强调,劳动密集化会导致农户年收入的提高,但代价是单位工作日收入所显示出来的劳动生产率的停滞甚或下降,也就是"内卷化"(involution,又译"过密化"),亦即"没有发展的增长"(growth without development),这跟早期近代英国由农业革命带来的劳动生产率的提高(真正意义上的发展)形成对比。[①]

需要指出的是,虽然黄宗智并不同意伊懋可关于中国传统小农的理论预设,即把中国的小农等同于追求最"合理地"使用资源的经营者,也拒绝了伊懋可陷阱论的政治含义,即只有近代西方的到来才能打破这一陷阱,但是在认为中国的传统农业经济陷入一种无法自我突破的困境、不具有现代增长(也就是通过增加资本和技术投入提高劳动生产率)的潜力这一点上,两人的看法并无实质性的不同。黄也明确拒绝了"资本主义萌芽"说的基本预设,认为江南地区出现的所谓商品化,也就是小农家庭利用低成本的妇女

---

① Philip C. C. Huang, *The Peasant Economy and Social Change in North China*, Stanford: Stanford University Press, 1985; Philip C. C. Huang, *The Peasant Family and Rural Development in the Yangzi Delta, 1350—1988*, Stanford: Stanford University Press, 1990.

孩童辅助劳力从事收益递减的丝织业,只是为了维持家庭生计,强化了小农经济结构,这跟亚当·斯密所描写的早期近代英格兰的双向城乡交换毫无共同之处,算不上资本主义萌芽。[1]

与"高水平均衡陷阱"说和"内卷"说针锋相对,但是与"资本主义萌芽"说在某种意义上异曲同工的,是彭慕兰(Kenneth Pomeranz)的"大分流"(great divergence)说。彭慕兰通过比较早期近代欧洲和中国的经济社会状况,发现在 1750 年代前后,中国的核心区域与欧洲最先进地区的民众生活水平(具体到人均寿命、出生率、消费水平)和生产力总体水平相差无几,并且认为,中国和欧洲在18 世纪同样面临严重的生态压力:就人均木材供给、地力损耗和其他重要的生态指标而言,欧洲的处境并不好于中国,因此本来也可能陷入劳动密集的死胡同;即使劳动力投入在不断增加,生产量也仅仅勉强领先于人口增长。真正使中国和欧洲拉开距离的,是1800 年以后大量矿物燃料和新大陆资源(糖、棉、木材等)的利用,疏解了人口对土地的压力,使欧洲避免了劳动密集化的陷阱,走上资本密集和能源密集的工业化道路,否则"欧洲也可能被迫走上一条更为劳动密集的发展道路"[2],也就是黄宗智所说的内卷化。

上述各家对明清以来中国经济演进脉络的解读,为什么如此不同乃至截然相反?这首先跟研究者各自的方法和视角有关。国内学者在讨论"资本主义萌芽"时,倾向把生产关系作为关注的焦

---

[1] Philip C. C. Huang, *The Peasant Family and Rural Development in the Yangzi Delta, 1350 — 1988*, p. 91.

[2] Kenneth Pomeranz, *The Great Divergence: China, Europe, and the Making of the Modern World Economy*, Princeton: Princeton University Press, 2000, p. 283.

点。从这个方面来看,应该说在传统中国社会的晚期,确实已经孕育了资本主义关系的"萌芽"。特别是到了清代,"无论在地区或是行业方面,手工工场的数目都有了明显的增加"。"这些手工业作坊、工场内,坊主、场主与工人之间的生产关系,已经是具有资本主义性质的雇佣关系。……当时这些作坊、工场已经是较为典型的具有资本主义性质的手工工场了。"①不难想见,如果没有外部力量的冲击,中国社会内部的"资本主义萌芽"或许可以缓慢地发展到比较成熟的工场手工业资本主义阶段。

　　然而,是否一个传统社会在产生资本主义"萌芽"乃至资本主义手工工场之后,就必然能够朝着一个资本主义的现代工业社会演进呢?这在坚持"资本主义萌芽"这一命题的学者们看来,似乎是不言而喻的。按照经典的资本主义生产发展的三阶段论(由简单协作到工场手工业再到机器工业三个阶段),中国的资本主义如果不受到外部的冲击,似乎也能够从萌芽状态经过工场手工业阶段最终发展为以机器工业为特征的现代资本主义。

　　我认为,这一点恰恰是全部问题的症结所在,同时也是我们在理解文化传统与现代化问题时一直忽视的关键之点。回顾西方资本主义的发展历程,我们看到,在 18 世纪末工业革命到来之前,资本主义曾经经历了一个长达数百年的工场手工业阶段,即所谓"原始工业化"(proto-industrialization)时期。毫无疑问,这一阶段的生产力发展为此后的工业革命提供了一定的物质基础和技术准备。但是,若用现代化的眼光来看,工场手工业本身在推进经济发展、

---

① 刘云村:《关于中国资本主义萌芽问题的商榷》,载《明清资本主义萌芽研究论文集》,上海:上海人民出版社,1981 年,第 93 页。

带动整个社会结构的现代转变方面,则显得无能为力。以英国为例,在工业革命前的一二百年里,尽管其资本主义生产关系的发展比其他任何国家都更快和更为普遍,但是它的经济总产值增长率是很低的。

根据库兹涅茨提供的材料,在 1695—1765 年的 70 年间,英国的经济总产值增长率平均每年只为 0.49%,1765—1785 年亦只有 1.50%。[1] 再从就业结构来看,1700 年英国的工业人口只占总就业人口的 15%,农业人口却占 60%。[2] 1751—1780 年,平均每年离开农业的人口只有 2,500 人左右。可见人口转移速度非常之慢。[3] 事实上,工场手工业的资本主义(原始工业化)不仅无力推动整个经济部门的现代化,而且由于此一阶段的工业资本仍从属于商业资本,有时甚至自身难保。资本主义生产关系发生较早的意大利北部城市,由于地理大发现后商路的改变,在 16 世纪便衰落了。

从 18 世纪晚期开始,西方资本主义能够成为一股现代化的力量,是现代科学和技术在生产过程中被广泛应用——工业革命的结果。正是科学革命所引起的生产技术的巨大进步,使资本主义在经历了缓慢的爬行之后,发挥出无穷的能量,进入大机器工业的飞速发展阶段。资本主义生产从此才真正带来了现代经济成长。人类因此第一次掌握了征服自然、改造人类生活环境的能力,并开

---

① [美]西蒙·库兹涅茨:《各国的经济增长》,常勋等译,石景云校,北京:商务印书馆,1985 年,第 13 页。此处数据系换算而来。

② Angus Maddison, *Phases of Capitalist Development*, Oxford:Oxford University Press, 1982,pp. 35,90.

③ [法]米歇尔·博德:《资本主义史,1500—1980》,吴艾美、杨慧玫、陈来胜译,北京:东方出版社,1986 年,第 108—109 页。

始从受自然支配的农业社会逐步进入控制自然的工业社会。一句话,人类社会的"现代化"进程从此才真正开始。对于科学技术与资本主义及现代化之间的关系,大致可以用这样一个公式来表示:资本主义生产关系＋现代科学技术＝工业资本主义＝内源型现代化。

　　当然,科学知识的进步并不一定能立竿见影地带来生产技术的提高。对 18 世纪末和 19 世纪早期的工业革命产生巨大驱动作用的新式蒸汽机和纺织机械,都是由各行业的民间技师和工匠在原有器械和技艺的基础上,通过反复实践和摸索逐步改进而来的,而不是由掌握了理论知识的科学家或受过科学训练的工程师一下子发明创造出来的。① 但是,在工业革命过程中,真正重要的从来不是科学知识在生产过程中的直接应用所带来的技术突破,而是长期以来在科学革命的影响下,人们已经形成了一种根深蒂固的信念,即通过逻辑思考、精确测算和反复实验,人们可以在知识和技术上不断取得进步。科学精神已经渗透到欧洲社会和文化的方方面面;从事发明创造和各种智力事业受到全社会的尊重。② 欧洲

----

① David Landes, *The Unbound Prometheus*: *Technological Change and Industrial Development in Western Europe from 1750 to the Present*, Cambridge University Press, 2003, p. 61.

② 例如,18 世纪后半叶的兰开夏郡吸引了大量来自伦敦和苏格兰的工匠。据说他们往往能够针对当地需求,发挥各自的传统技艺优势,及时转变自身职能:木匠成为装配工和车工,铁匠成为铸工,钟表匠成为刀具师和切削工。更令人吃惊的是这些人的科学素养:即使是普通的装配工,也常常是"一位合格的算术家,了解几何学、水平法和测量法,且在某些特定领域具备相当出色的实用数学知识。他可以计算速度、强度和机器的动力,可以做出平面图和截面图"。见 David Landes, *The Unbound Prometheus*: *Technological Change and Industrial Development in Western Europe from 1750 to the Present*, Cambridge University Press, 2003, p. 63。

各国星罗棋布的学术团体和科学院,经常出现于各地的关于科学知识和发明创造的公开讲座,专利制度对发明创造的保护,特别是生产领域对技术创新的巨大需求,所有这些都有助于形成一个社会文化氛围,使直接用于生产的发明创造和由此而来的工业革命成为可能。"在这种意义上,科学文化不仅重要,恐怕还是工业革命必不可少的因素。"①随着工业革命在欧洲各国推广,在整个 19世纪,科学理论与生产技术之间的联系越来越紧密,应用科学也应运而生,并且在 20 世纪随着工业化浪潮席卷全球而发扬光大。

历史已经证明,一方面科学技术促进了资本主义向现代生产方式的过渡,另一方面,科学技术自身的发展也受到来自资本主义的有力推动。关于这一点,韦伯写道:"科学和有赖于科学的技术的发展,由于具有资本主义利益集团所关心的实际经济用途,而从资本主义利益集团中得到了巨大的刺激。固然,西方科学的起源不能归功于这些利益集团……但是只有西方才利用它来发展资本主义。同样,数学和力学的产生也不是由资本主义利益决定的。但是对于人民大众生活状况来说,非常重要的科学知识的技术应用,却的确受到了经济考虑的推动。"②恩格斯在回顾了科学史之后也指出,"如果说,在中世纪的黑夜之后,科学的意想不到的力量一下子重新兴起,并且以神奇的速度发展起来,那么,我们要再次把

① James McClellan III and Harold Dorn, *Science and Technology in World History: An Introduction*, Baltimore: Johns Hopkins University Press, 1999, p. 289.

② Max Weber, *The Protestant Ethic and the Spirit of Capitalism*, Mineola: Dover Publications, 2003, p. 24.

这个奇迹归功于生产"①。从西方历史的角度看待科学革命以及技术进步跟资本主义生产之间的关系,这个命题是完全成立的。

不过,假如我们把眼光从西方转移到非西方社会,是否可以进一步说,任何一个社会的资本主义生产关系的发展(如果可能发生的话),都必然带动现代科学的产生和生产技术的巨大进步,导致工业革命和现代化? 如果我们把科学技术看作现代化的原动力或源头活水,把科学革命和技术进步看成体现工业社会各个方面基本特征的"现代性"之生长点,那么,像传统中国这样一个已经普遍产生资本主义"萌芽"的社会,是否能够从内部出现这一"生长点"?

二、现代科学与文化传统背景的关系

布莱克在描述科学革命对西方传统社会所带来的"现代性挑战"时,曾指出,在西方,"到 15 世纪,现代观念和现代技术便已明确出现,而到 16 世纪和 17 世纪,一场羽翼丰满的科学革命便起飞了"②。如果仅仅从社会经济的角度考察科学革命的起因,那么我们可以说,同一时期的中国似乎也已经具备了发生科学革命的客观条件。这一点,在近几十年来国内外研究中已经得到充分的证实。有学者认为:"在近代的前夕,如果说在欧洲国家及其海外分支之外,还有一个国家有可能现代化的话……那么这个国家就是

① 中共中央马克思恩格斯列宁斯大林著作编译局编:《马克思恩格斯选集》第三卷,北京:人民出版社,2012 年,第 865 页。

② Cyril Black, *The Dynamics of Modernization*, p. 69.

中国。无论用复杂程度和发展程度的哪一个标准来衡量，中国在两千年的时间里都是领先的文明之一，如果不是唯一的领先文明的话。"①该学者在考察了前现代中国社会的历史遗产后，还认为在17 世纪之前，"世界上无论哪个国家要想在下列指标上与中国争个高低，都是很困难的，有些史家甚至认为这简直是不可能的。这些指标是：高额的人均收入，或者说有争取分享这种收入的高度均等的机会；高度的国民识字率；精湛的技艺和精细的制作；高度发达的商业；还有使得'文明'一词具有显赫而辉煌内容的一切外部标志"②。作者进一步认为，17 世纪之前，"按照前现代的标准，中国已经显示出，它是一个界定明确的国家，具有老道的经验，善于观察并适应国际关系的变化；中国的官僚队伍基本上是根据其功名业绩来选拔的，他们掌握着广泛的信息和控制机制，能使举国上下协调行动；中国存在着立足于契约关系基础的商业化经济，形成了有力的竞争气氛；中国的家庭可相对自由地追求其长远目标，能飞黄腾达或发财致富，从而使地方上显示一派生机勃勃的景象；中国还有举世无双的科举考试制度，教育普遍获得广大民众的关心和景仰。无疑，在17 世纪之前乃至其后的一段时间内，在涉及前现代发展的上述各方面和其他不少领域，无论日本还是俄国，都远非中国的对手"③。其他学者的研究也显示，"中国经济在门户开放之前的二百年里曾有过显著的增长"，前现代中国是"一个生气勃

① Gilbert Rozman, ed., *The Modernization of China*, p. 1.
② Gilbert Rozman, ed., *The Modernization of China*, p. 216.
③ Gilbert Rozman, ed., *The Modernization of China*, p. 485.

勃、勤奋能干、能够养活迅速增加的人口的中国"。①

　　事实上，传统中国的发展水平，不仅为一般非西方民族所不能及，而且在某些重大指标上，甚至大大超过西方主要资本主义国家。拿航运业来说，英国直至1800年，在大不列颠各口岸登记的商运帆船，才达到近170万吨，整个西方世界的帆船，亦只有400万吨；而同一时期，中国则拥有20多万艘商运帆船，载重量共400万至500万吨，"约与英美两国，甚至整个西方资本主义国家商船吨数的总和相当"；远赴南洋群岛的中国远洋帆船航运业，到18世纪中叶，"在数量上仍非西方国家在南洋一带的航运势力所匹敌"。②

　　尽管到帝制时代的晚期，中国的资本主义关系乃至整个社会经济结构和制度都有了长足的发展，然而这些发展并没有促进生产技术的重大进步，更没有催生一场科学革命。这一点，正如伊懋可所说，"没有什么证据表明，中国的科学和技术处于重突破的边缘。事实上，在鸦片战争前的五百年里，几乎没有任何种类的技术变革，所发生的只具有微不足道的意义"③。那么，为什么已经"包含着明显的现代特征"的传统中国社会不能从内部孕育一场科学革命和技术突破，从而为中国走向现代化提供契机？根据伊懋可的解释，"经济领域的发明和革新只有在具备如下条件时才会发生，即消费者的实际需求已经增大到足以使这些发明革新有利可

---

① Marie-Claire Bergere, "On the Historical Origins of Chinese Underdevelopment," *Theory and Society*, Vol.13, No. 3（1984）, p. 328.

② 樊百川：《中国轮船航运业的兴起》，成都：四川人民出版社，1985年，第83—84、31页。

③ Mark Elvin, "Why China Failed to Create an Endogenous Industrial Capitalism," *Theory and Society*, Vol. 13, No. 3, p. 384.

图,同时,各种物资及服务设施的充分供应,足以使这些发明革新切实可行。然而在中国,到 1820 年左右,消费需求和物质供应均受到日益严重的限制"。特别是人口持续增长所导致的"维持生计之外的人均经济剩余的减少",又是其中的一个关键性制约因素,因为新的技术必须以新的投资形式体现出来,而任何投资又都来自一定的经济剩余。[1]

伊懋可的上述解释很难经得住深入的推敲。中国人口的迅猛增长只是到了清代中期才开始的事,清初人口尚不足一亿。按照伊氏的理论,在人口膨胀远未达到使经济剩余消耗殆尽的地步时,技术进步的势头似应不会停止。然而,他自己也承认,中国在技术上的进步在 1300 年以后便已"彻底消失"。事实上,根据张仲礼、里斯金(Carl Riskin)、费维恺(Albert Feuerwerker)及李比德(Victor Lippit)等人的估算,晚至 1880 年代,中国的实际经济剩余,至少仍占国民净产值(32.28 亿两)的 30%。[2]

可见,对于中国的科学技术在传统社会晚期陷入停滞状态的问题,仅仅着眼于社会经济层面是很难加以充分解释的。还必须进一步从中国的传统科学技术的内在结构,特别是决定此一结构的文化模式当中,寻求现代科学及现代化没有在传统中国发生的原因。

科学史研究表明,任何一种科学理论的发展,都离不开原始科学结构的示范作用,都受着某种特定的"范式"的制约。[3] 科学史

---

[1] Mark Elvin, "Why China Failed to Create an Endogenous Industrial Capitalism," *Theory and Society*, Vol. 13, No. 3, p. 384.

[2] 参见 Philip C. C. Huang ed., *The Development of Underdevelopment in China*, New York: M. E. Sharpe, 1980, pp. 62–63。

[3] 关于"范式"(paradigm)的定义及它在科学革命中的作用,参见 Thomas Kuhn, *The Structure of Scientific Revolution*, Chicago: The University of Chicago Press, 2012 (1962)。

家们认为在现代科学的成长过程中，起示范作用的乃是古希腊欧几里得几何学所体现的具有高度抽象性和严密逻辑性的演绎体系。1953 年，在回答一位研究生的提问（为什么古代中国没有产生科学）时，爱因斯坦认为，"整个西方科学的发展，都建立在两大成就的基础上，即欧氏几何中的形式逻辑体系以及文艺复兴所发现的通过系统的实验寻求因果关系的可能性"①。我们不妨这样说，欧几里得理论体系构成了日后科学的大振兴、大革命的"种子"。如果说古希腊时代学者与工匠之间不可逾越的鸿沟，也就是纯思辨的科学思想与日常生活中的实用技艺的分离，限制了原始科学结构的示范作用和生长空间，那么，从文艺复兴开始的系统实验一下子扩大了它的示范天地。理论与实验相互结合、相互推动，形成了现代科学成长的加速循环。再加上 15、16 世纪以后资本主义关系在西欧各国的普遍扩展，以及宗教改革所带来的理性主义文化传统的复兴和广泛传播，埋藏既久的原始科学结构的"种子"终于获得了肥沃的土壤，因而迅速生根发芽，茁壮成长，结出令人难以预料的丰硕果实。②

　　跟古希腊相比，古代中国的科学认识活动始终停留在经验、技术的层次，具有实用化、技术化，以及为大一统王朝服务的特征。在这些认识倾向的影响或"示范"之下，古代中国始终无法产生任何抽象的公理化理论体系，更谈不上服务于理论建构的系统的受

---

① 转引自 Danian Hu, *China and Albert Einstein: the Physicist and His Theory in China, 1917-1979*, Cambridge, MA: Harvard University Press, 2005, p. 5。

② 16 世纪以后的科学革命无疑从宗教改革后盛行于欧洲的清教主义中获得了强大的动力。有关这方面的论述，参见 Robert Merton, *Science, Technology and Society in Seventeenth Century England*, New York: Harper Torchbooks, 1970。

控实验,因而始终无法形成理论与实验之间、科学(包括理论和实验)与技术之间相互促进、相互推动的机制。这样,到了元代(1279—1368),科学技术的发展便趋于停滞。拿天文学来说,到郭守敬时,在这种示范下能做到的一切,都已经做完了。《授时历》已经改造得如此精确,理论技术化要求天文学的目的就是为大一统王朝服务,这种要求几乎已经完全得到满足了。后世天文学家在这种示范下已经没有什么可做的事。在杜绝外来影响和社会结构不变的条件下,这种极限是难以突破的。

中国古代的数学也有过辉煌的成就。成书于汉代的《九章算术》所使用的若干方程术,作为一种行列式计算,与 18 世纪晚期德国数学家高斯提出的近代线性代数中的高斯消元法大体相当。① 南宋大数学家秦九韶所著《数书九章》,首创"大衍求一术",以增乘开方法解任意次数字(高次)方程近似解,比西方早 500 多年。从南宋直至明朝初年,中国数学取得诸多突破,产生贾宪三角形的"开方作法本源图"和增乘开方法、"正负开方术"、"大衍求一术"、"大衍总数术"(一次同余式组解法)、"垛积术"(高阶等差级数求和)、"招差术"(高次差内差法)、"天元术"(数字高次方程一般解法)、"四元术"(四元高次方程组解法)、勾股数学、弧矢割圆术等一系列成果,已具备发明微积分的全部内在条件。

但是,14 世纪以后,中国传统数学的创新势头趋于停滞,再无类似宋元时期的重大突破。有研究者据此认为,"中国古代数学体制很难导致近代数学在中国的产生。而在一个数学尚未得到充分

---

① Roger Hart, *The Chinese Roots of Linear Algebra*, Baltimore：Johns Hopkins University Press,2011,pp. 1-4.

发展和应用的国家里,如果说物理学、化学、天文学等达到了成熟的地步,这实际是不可能的。……作为近代科学产生和发展必要条件的数学—实验方法很难在中国产生,近代科学也就很难在中国出现"①。

任何一种范式的形成,都跟某一民族的哲学思想体系、文化学术传统、民族生活方式,以及历史紧密相关,都是该民族内部特定的文化背景、价值系统和思维模式相互作用的结果。拿欧几里得理论体系来说,它的产生便离不开古希腊文明特定的文化背景。公元前7世纪至公元前4世纪是古希腊城邦制度的全盛时代,同时也是古希腊科学文化的繁荣时期。由于城邦制度奉行主权在民和直接民主的原则,每个公民都保持着独立的地位。以此为基础而成长起来的希腊民族精神,按照黑格尔的说法,乃具有追求真理,酷爱独立、自由的性格。② 作为独立的个体,古希腊人每每潜心于对纯粹知识的追求,少受外界因素的干扰。这种求知欲望无限扩张的结果,则鼓舞人们力图一举揭开一切宇宙之谜,达到终极的认识。相比之下,古代中国早在秦汉时期即已建立起来的,以分散、自给自足的小农经济为基础的大一统政治制度,则使得人们的思维活动"从一开始就约束于家长制那种自然的伦理之下"③。由于在大一统王朝的等级秩序中,个人失去了独立的地位,因此就整体而言,古代中国很难具备使各种思想和学术自由发展的机会。人

---

① 中国科学院《自然辩证法通讯》杂志社编:《科学传统与文化——中国近代科学落后的原因》,西安:陕西科学技术出版社,1983年,第54、425页。

② [德]黑格尔:《历史哲学》,王造时译,北京:生活·读书·新知三联书店,1956年,第270页。

③ 同上。

们不可能像古希腊人那样，把揭开自然万物之谜当作科学认识的唯一的和最终的目的，而只能把天地万物纳入人文范围（所谓"天人合一"），给自然现象做出伦理的说明，使理气之争与善恶相随，天地日月之说与君臣等级相伴，从而形成科学理论的伦理化倾向。

其次，从学术传统来看，由于古希腊的学术文化肇始于对自然界的好奇和冷静、自由的思考，因此，几乎所有的希腊大哲学家都是当时重要的自然研究者。他们的哲学体系，均建立在探索宇宙本质的自然哲学原理之上。数学在希腊的哲学体系中皆占有重要的地位。例如，柏拉图学派关心数学的证明，关心推理过程的方法论，追求完美的理想。他们强调要将知识加以演绎整理，提倡研究的任务是发现自然规律，并且把它在演绎的体系中表述出来。毕达哥拉斯学派则创立了纯数学，并把它发展为一门高尚的艺术，力图用数去建立宇宙的模型。古希腊人相信，一切数学结果都应该根据明确规定的公理，以无懈可击的演绎法推导出来。因之从泰勒斯直到苏格拉底、柏拉图，几乎所有哲学家都曾不倦地探索逻辑的推理规律问题。亚里士多德的《工具论》集古希腊逻辑思想之大成，在其影响下，古希腊终于产生了具体表述演绎逻辑法式的欧氏《几何原本》。

与古希腊相比，古代中国的学术文化服从大一统王朝的需要，将有关社会政治问题的思考置于首要地位。士大夫阶层始终重"形而上"，轻"形而下"。对自然规律的探索被置于次要的乃至可有可无的地位。虽然两宋理学家二程（程颐、程颢）、朱熹提倡"格物"，但他们所谓格物，并不是指对客观事物的观察和实验，而是采用静坐修心等内省的功夫，以便达到"穷天理，明人伦"的目的。认识活动的伦理化倾向,不利于儒家士大夫形成孜孜探索自然奥秘、追求终极真理的精神。他们中间的绝大多数人只能以个人感受外推而解释自然现象,一旦越出直观外推所能把握的范围,其解释便显得含糊不清,有的干脆加以回避。按照阮元的说法,"天道渊微,非人力所能窥测",所以理论只应该"言其所当然,而不复强求其所以然"。① 宋人陈显微面对磁石吸铁的现象,断然下结论:"磁石吸铁⋯⋯皆阴阳相感、隔碍相通之理,岂能测其端倪哉?"②科学认识的伦理化倾向不仅不鼓励人们去精确地解释自然,而且排斥一切并不直接为现实服务的理论和技术,视此为"屠龙之术"。这就使传统的科学研究蒙上了浓厚的实用化、技术化色彩,对于独立于技术之外的纯粹理论结构的形成十分不利。难怪中国古代数学虽号称发达,却又完全局限于实用算学的范围,始终没有出现公理化的数学理论体系。

在任何一个文明体系内部,文化结构及由此派生出来的科学结构或范式,都具有相对的稳定性。换句话说,文化模式的生成,虽然受制于特定的社会经济结构和政治结构,但是一旦形成之后,便具有某种定式。这时,往往经济—社会因素在不停地变化,而文化模式依然如故。

就传统中国而言,其文化结构和学术传统早在先秦时期即已大体上奠定下来,对以后科学发展起制约作用的范式在先秦时期亦已基本形成。秦汉以后,虽然中国的社会经济不断地发生变化,

---

① 阮元:《畴人传》,北京:中华书局,2002 年,第 38 页。
② 转引自中国科学院《自然辩证法通讯》杂志社编《科学传统与文化——中国近代科学落后的原因》,第 86—87 页。

但传统的文化结构除了由于若干外部因素（如佛教的传入）的影响而增添了某些"词语"，一直没有发生任何具有"语法"意义的重大变革。传统科学范式的示范作用在缺乏来自外部的重大影响的条件下，终于在元代达到了它的极限，而不能指望从现有的文化模式内部产生一个全新的范式取而代之。因此，当明清两代"无论在生产方面或者在流通、交换与分配方面，又无论是土地制度、赋役制度、租佃关系、雇佣关系，以至新的生产关系的出现"，所呈现在人们面前的"都是一个个不断的演变过程，一幅觥筹交错、十分活动的画面"时，①前现代中国的科学理论和生产技术却一直处于僵滞、停顿的状态。在西方，15、16 世纪以后科学革命的发生，使资本主义关系的发展借助技术进步的巨大威力，终于在 18、19 世纪将西方文明推进到一个全新的工业文明时代；而在中国，自 14 世纪以后科学技术的停滞，使得孕育已久的资本主义生产关系无从获得巨大的活力，以致其始终处于"萌芽"状态，而不能构成一股变革传统社会经济基础以至政治结构的强大力量。传统中国在此后的世界历史进程中日渐落伍，而没有成为现代化的先行者，其根本原因正在这里。

在以上的论述中，我们始终把科学技术视为现代化，以及工业资本主义成长过程中的一个关键变量。从这个意义上说，现代化和工业资本主义都是西方文明的历史产物，它们的出现具有特殊的历史规定性。因而我们不能用西方的发展经验对非西方的前现代社会进行类推。不仅斯大林所说的西欧社会从原始社会经奴隶

---

① 许涤新、吴承明主编：《中国资本主义的萌芽》，北京：人民出版社，1985 年，第 31 页。

社会、封建社会至资本主义社会的发展图式不能完全适用于其他文明，而且西方资本主义从简单协作经手工工场到大机器工业的发展三阶段论，也同样不能照搬于其他社会。

关于为什么资本主义只发展于西方的问题，韦伯曾经从宗教社会学的角度进行过比较研究。不过，韦伯笔下的资本主义系指19 世纪及 20 世纪初西方的"现代资本主义"或"合理型资本主义"。① 韦伯虽然也意识到这种资本主义"依赖现代科学的独特性"，但是并没有将它跟前工业时代的资本主义做有意识的区别。因此，他只是从宗教特质解释资本主义在西方成长的渊源，而没有重视技术革命的关键意义。对于韦伯的这一欠缺，伊懋可做了如下批评，他说："在导致资本主义质的飞跃的各种因素中，生产过程的彻底机械化是最为显著的一个因素。韦伯对此却几乎没有涉及。……他从来不谈'工业革命'，只谈'资本主义'的产生问题。现代经济成长是受许多因素制约的，诸如社会、政治、思想、经济因素等，而技术发展是其中必不可少的一个因素。强调各种制度的重要性，势必应该把工业革命，亦即技术变革，当作一个中心问题，但韦伯并未这样做。"②

事实上，不仅韦伯没有这样做，后来从事中西比较的历史学者在探究现代化起源的有与无的问题时，也往往忽视科学文化传统和技术变革这一因素。例如彭慕兰的"大分流"说，即仅仅着眼于

---

① "形式独特的现代西方资本主义，显然受到了技术能力发展的强烈影响。今天，这种资本主义的合理性，基本上取决于最重要的技术因素的可计算性。但是这主要是说它依赖现代科学的独特性，尤其是以数学及准确而合理的实验为基础的自然科学。"见 Max Weber, *The Protestant Ethic and the Spirit of Capitalism*, p. 24。

② Mark Elvin, "Why China Failed to Create an Endogenous Industrial Capitalism," p. 383.

英国独特的地理位置和一系列外在生态因素,认为是本地煤矿的大量开采和美洲资源的大量进口,使蒸汽机的普遍使用和英国的工业化成为可能,刻意贬低"欧洲的科学、技术和哲学倾向"所起的作用;[1]同时认为,中国人很早就知道蒸汽机所用的"基本的科学原理",断言"工业革命的这一中心技术本来也可以在欧洲以外的地方发展起来",但中国缺乏英国那里的地理优势,特别是江南地区,既没有森林可供采伐,也无法大量使用远在西北地区的煤。[2] 言下之意,似乎江南地区只要有了英国那样的地理便利和资源优势,也能从内部产生工业革命。这跟资本主义萌芽论者所说的只要没有外国资本主义的入侵打断其自然演进的过程,中国本来也可以凭靠自身的发展动力逐步从封建社会进入现代资本主义社会,可以说是异曲同工。

"大分流"说的根本缺陷是双重的:首先是它片面地强调外在的生态环境因素,刻意贬低更为关键的内在的制度文化因素;其次是它倒因为果。事实并不是彭慕兰所说的仅仅是煤炭的大量开采和美洲资源的大量进口才导致英国的工业革命,而是双方互为因果:英国内部资本主义生产关系在原初工业化阶段的长期发展,以及特定文化传统和制度体系下的技术进步所带来的生产率的提高,导致国内市场对煤炭和美洲资源的大量需求;而本国煤炭和进口资源的廉价获得,反过来刺激了英国的工业扩张和蒸汽机的普遍使用。

以上仅仅是从现代化的发生学角度考察了前现代中国的现代

---

[1] Kenneth Pomeranz, *The Great Divergence*, p. 68.

[2] Kenneth Pomeranz, *The Great Divergence*, p. 62.

化"潜能"问题。在科学技术构成现代化的原动力这层意义上，中国的文化传统是不利于现代化从传统中国内部发生的。这是这里所要说明的中国文化传统与中国现代化问题的一个方面。但这并不等于说，中国的文化传统整个地与现代化相互排斥。先行者的经验显示，现代化是科学技术革命与资本主义生产关系相互结合的产物。一方面，现代化原动力的形成固然依赖现代科学和技术的独特性质，但另一方面，直至 20 世纪早期以前，现代化毕竟都是在资本主义的架构下展开的。资本主义不仅是导致科学在西方"一下子重新兴起"的直接原因，而且也是西方社会现代化的外在形式和拓展手段。对内源型现代化国家来说，资本主义不能不说是适宜现代科学技术成长和现代化过程的最佳土壤。那么，中国的文化传统跟资本主义之间又是怎样的关系？它是否同样不适合资本主义的发展，从而阻碍通过资本主义发展体现出来的现代经济成长？这是中国文化传统与现代化问题的另一个基本方面。

三、儒家伦理与现代经济增长

近几十年来海内外经济史学者的有关研究表明，在 19 世纪中叶外部的冲击到来之前，在中国传统文化内部已经孕育了若干有利于经济成长的因素。经济史学家帕金斯（Dwight Perkins）即曾指出："传统中国社会似乎已经具备了比其他许多不发达国家更适合于现代经济成长的一定的价值和特性。这就是说，一旦经济发展的其他真正障碍得以消除，那么，中国社会的若干主要特征就远非消极障碍，而是至关紧要的积极力量。"又说："中国的前现代发展创造了一些价值和特性，一旦得到机会，它们将使中国人民成为富有同等效率的企业家、工人和组织人员。"①帕金斯所说的这些价值和特性主要包括以下诸方面。第一，中国人有较强的市场观念。在前现代中国，绝大多数农民都部分地为市场而生产，某些农民，特别是在沿海地区的，则主要为市场而生产。第二，中国人有着似乎天生的商业才能。外国商人在中国国内市场从未能够与中国商人成功地进行竞争，在东南亚中国人也能跟西方商人进行较量，共同控制当地的大部分贸易。第三，中国人强调教育。在传统中国，即使最贫穷的人家也愿意做出几乎任何牺牲以教育子女。这对于一个将进入现代经济成长的国家来说，是一个更明显的有价值的特性。

对于过去一直被认为有害于经济成长的文化传统中的两个主要因素，即轻商观念和家庭内部的"忠诚"观念，也有学者提出不同的看法。就商人地位而言，如果从传统的"士农工商"四民排列次序来看，商人确实被置于社会的底层，但是随着社会经济的缓慢变化和发展，这种形式上的排列与中国社会的实际已相去甚远。以徽州地方社会为例，到明清时代，当地士大夫与商人的关系已经十分密切，甚至达到难以分辨的地步。"商而兼士""士而兼商"成了普遍的现象。② 余英时也认为，在明清两代，四民的排列事实上已

① Dwight Perkins, "Introduction: The Persistence of the Past," in Dwight Perkins, ed., *China's Modern Economy in Historical Perspective*, Stanford: Stanford University Press, 1975, pp. 3-12.

② 叶显恩：《明清徽州农村社会与佃仆制》，合肥：安徽人民出版社，1983 年，第 122—130 页。

变成"士商农工"了。①

至于传统家庭制度内部的"忠诚"思想,美国社会学家列维曾经视之为经济发展的根本障碍。他认为,由于中国人的远房亲戚都能够在需要的时候向富裕亲属要求资助,因此富裕的家庭便没有什么积极性去积聚财富,以避免财富通过这种方式被分散掉。② 晚近的研究指出,这种情形事实上仅仅是中国家庭制度的最理想化运作形式,跟实际情况之间同样存在相当大的距离。特别是对那些并不很富裕的家庭来说,把钱财疏散给亲属的做法更为有限,有些地方可以说根本不存在。就经营管理方面而言,家族主义的渗透的确导致企业内部的任人唯亲。这对于官营企业来说无疑是有百害而无一利,但是对于私人经营活动来说恰好相反。因为在任何一个法治很微弱甚至不存在法治的传统社会,亲属都应该比家族以外的成员更值得信任,并且血缘关系越密切,信任的基础也越大。家族成员为了本家族的共同荣誉,会比外人更勤奋地工作。余英时发现,在明清两代商品经济比较发达的地方陆陆续续地出现的"伙计"制度,显示中国商人已经开始利用传统文化的资源,把旧的宗族关系转化为新的商业组合,并认为这种现象正是"中国从传统到现代的一种过渡形式"③。

另一方面,值得注意的是,中国商人的经营活动一旦发展到一

---

① 余英时:《中国近世宗教伦理与商人精神》,《知识分子》1986 年冬季号,第 31 页。

② Marion Levy,Jr. , *The Family Revolution in Modern China*,Cambridge:Harvard University Press,1949,pp. 335-350.何炳棣持有与此类似的观点,见 Ping-ti Ho, *Studies on the Population of China, 1386-1953*,Cambridge:Harvard University Press,1959,p. 205。

③ 余英时:《中国近世宗教伦理与商人精神》,《知识分子》1986 年冬季号,第 41 页。

定的地步，便会超越家族制度。例如，在 11 世纪沿海及远洋贸易方面，便出现数人合伙，或由众多投资人向经营远洋贸易的商人提供资本的情形。在 18 世纪建立起来的山西钱庄中间，几家最大的钱庄在全国各地建立了 30 家以上的分庄，至 19 世纪末更扩展到日本、新加坡和俄国。虽然钱庄业务受几个大家族的支配，但钱庄的组织形式是合伙性质的。①

以上事例说明，中国的传统社会到了晚期确已出现了某些适应于资本主义的东西。伊懋可因此毫不犹豫地说，"传统中国在晚近阶段的价值观和思想观念，绝大多数都有利于现代经济成长。阻碍经济成长的关键因素并不在文化方面"②。自 20 世纪 60 年代后期特别是 70 年代以来开始流行的这类新的看法，跟原先受韦伯学说影响而形成的传统观点构成了鲜明的对比。然而，无论是帕金斯、伊懋可等人的假说，还是韦伯及韦伯式的理论，所说明的都仅仅是前现代的中国社会的情况。至于 19 世纪中叶以后的情形，在 20 世纪五六十年代，西方学者多认为传统的中国文化、制度和价值观跟现代化互不相容。③

中国传统文化尤其是儒家伦理，在近代中国的工业化过程中到底起到怎样的作用？这是下面将要具体探讨的问题。在晚清中国，工业化是通过多条渠道进行的，主要包括官办、官督商办和商办三条。其中商办部分在 19 世纪后期和 20 世纪早期的大部分时

① Mark Elvin, *The Pattern of the Chinese Past*, pp.143-144,296-297.

② Mark Elvin, "Why China Failed to Create an Endogenous Industrial Capitalism," p. 380.

③ 参见李怀印《现代化与传统：从对立到渗透（西方关于中国社会现代化与历史传统问题研究述评）》，《社会科学评论》1986 年第 11 期。

间里居于主导地位,较少受到外界因素的侵扰,资本主义性质比较纯粹,从而也较便于我们考察文化传统与经济增长的关系。

粗看一下 19 世纪后期和 20 世纪初叶民族工商业投资者的统计①,就会发现一个引人注目的现象,即他们当中有相当一批原先都是在科举制度下获得功名的士大夫、乡绅和退职官僚;另外还可以发现,许多原先不具备士绅身份的普通商人,往往在生意上取得成功之后,通过捐纳、报效或接受爵赏而获得不同级别的官衔,也跻入士绅的行列。以上两部分人,无论由绅而商,或由商而绅,都具有两个共同的特点,即一方面从事工商活动,另一方面在信仰上深受传统文化特别是儒家伦理的影响。对这两部分人,我们可以统称之为绅商阶层。

此一现象使我们亦不得不提出一个韦伯式的问题。众所周知,韦伯正是从包含多种宗教构成的地区职业统计中,看到那里的现代企业的经营领导者和资本所有者及高级技术人员绝大多数是新教徒这一事实,才产生了对这一独特现象背后的经营行为与宗教信仰关系的研究兴趣。他认为新教徒的世俗禁欲主义与他所谓"资本主义精神"恰好契合,正是新教徒为了获得上帝恩宠而将劳动视为天职的观念,激发了他们的勤劳、节俭、诚实、守信、惜时等职业道德和理性行为。②

比照韦伯的研究思路,我们不妨设问,在中国绅商的复杂的创

---

① 孙毓棠编:《中国近代工业史资料》,第二辑(1840—1895 年),北京:科学出版社,1957 年,第 1166—1173 页;汪敬虞编:《中国近代工业史资料》,第二辑(1895—1914 年),北京:科学出版社,1957 年,第 869—924 页。

② Max Weber, *The Protestant Ethic and the Spirit of Capitalism*, pp. 47-78.

业动机中，除了世俗的一面，是否也存在一个超越性层面？如果有的话，这一层面的产生跟传统的儒家伦理有什么关系？中国的传统伦理是否能够导致合理的企业行为？

正如韦伯在《新教伦理》中把美国的富兰克林（Benjamin Franklin）作为个案，用来阐明自己的假设一样，我们不妨也从解剖一两个具有代表性的绅商人物入手，探究传统伦理与资本主义经济成长之间的关系。这里，清末民初被实业界推为"东南第一人"的张謇（1853—1926），自然成为我们首先考察的目标。

张謇出生于江苏通州（今南通）一个富农兼商的家庭，从小熟读儒家典籍，青年时代大部分光阴是在科举场屋中度过的。传统儒学在他思想深处的影响自不待言。1894 年，已经 41 岁的张謇考中状元。此时他完全可以如同传统士大夫那样，跻身官场，把"状元宰相"作为人生的奋斗目标。但出乎众人所料，张謇旋即放弃仕途，回到家乡，慨然委身于实业。他的这一选择，有着特定的时代背景和思想动机。

原来，就在他状元及第的那一年，中日甲午战争爆发。此时，身为清军统领吴长庆幕客的张謇，愤时忧国，寝食难安。"每一闻海上风鹤之惊，北方挫衄之顿"，便"当食辄辍，中夜忽起，縻心碎胆，不知所云。"①他利用与清廷帝师、军机大臣翁同龢之间的师生关系，积极为主战派出谋划策，表现出一个青年士大夫的满腔爱国热忱和忧患意识。对于主和派李鸿章等人的妥协退让行为，张謇深为忿恨，曾撰写奏折加以弹劾。此文随即流布京师，使之名噪一

---

① 张謇：《张季子九录》，台北：文海出版社，1983 年，《文录》卷十一，第 10 页。

时。不久,战事结束,李鸿章前往日本,签订《马关条约》。消息传来,张謇深受刺激,以为"割地驻兵……如猛虎在门,动思吞噬;赔款之害,如人受重伤,气血大损;通商之害,如鸩酒止渴,毒在肺腑"[1]。1895 年底,正当他忧心忡忡、报国无门之际,两江总督张之洞决定在沿江城市分设纱厂,以抵制《马关条约》以后外资的大举入侵。张謇与之一拍即合,随即担负起"总理通海一带商务"的使命,着手创办纱厂。他深切地感到,"天下将沦,唯实业、教育有可救亡图存之理,舍实业官不为,设至陆沉之日,而相怨当日吾辈不一措手,则事已无及"[2]。张謇的实业救国,显然出于一种深层的忧患意识。

那么这种忧患意识又从何而来? 让我们看看他自己的表述:"儒者宗孔孟。孔子以二帝三王之道,体诸身而欲见诸行事。是以一车两马,周流其七十二君之庭。如是其勤勤于用世也。……吾欲用世之心,犹之孔子也。"[3]张謇服膺颜习斋,尝以颜习斋"天下事皆吾儒分内事,吾儒不任事,谁任事"自励。[4] 当创办纱厂过程中备尝"艰难颠沛"之苦,手创的事业几败于垂成之际,他仍然以"亭林匹夫兴亡有责之言""黎洲原民水火之义"来鞭策自己。[5] 张謇在一次开校典礼上,曾这样训导学生:"诸君诸君,须是将天下一家、中国一人、民吾同胞、物吾与也之道理,人人胸中各自理会;须

---

[1] 张謇:《张季子九录》,《政闻录》卷一,第 13—23 页。

[2] 张謇:《张謇日记》,光绪二十九年(1903)十二月初八日,南京:江苏人民出版社,1962 年。

[3] 张謇:《张季子九录》,《政闻录》卷五,第 15 页。

[4] 张孝若:《南通张季直先生传记》,上海:中华书局,1930 年。

[5] 张謇:《张季子九录》,《文录》卷十一,第 12 页。

是将先知觉后知、先觉觉后觉之责任，人人肩上各自担起。"①可见，张謇的实业救国是跟他作为一名儒者的"用世之心"连在一起的。他的创业动机，显然受到青年时代所接受的儒家伦理中"经世"精神的激发。

李平书(1854—1927)是清末民初东南实业界的另一名流，年轻时也留心儒家"经世"之学，曾被龙门书院历任院长视为"通儒"。出任《字林沪报》馆襄理笔政期间，李平书激愤于外资在华横行无忌，"中国口岸尽为所据，中国权利尽为所夺"的现实，每每奋笔疾书，"抒胸中郁郁勃勃之气"。因此，1900 年他从广东知县任上被革职回沪之后，便倾注全部心力，投身于振兴民族工商业活动。凡是利国利民的事，李平书"视力所及，揆义所安，无不慨然以身任之，而其量常恢恢有余。……所谓毁誉、利害、祸福、生死一不之计，而惟以公众之休戚为休戚"。②

像张謇和李平书这样抱着"实业救国"目的而跻身商界的士绅，在清末民初并非个别现象。浏览一下当时的报章书刊，可以发现有关"商战"的文字在在皆是。所谓"商战"，就是通过振兴实业，跟外国资本进行竞争，以达到摆脱民族危机、富民强国的目的。有学者对 22 位直接言及商战的晚清人物做过统计，发现其中 90%的人士皆为深受儒家思想熏陶的科甲出身的士大夫。③ "商战"思想的流布，映射出深重民族危机之下儒家士绅阶层普遍的忧患意识，以及他们对现代工商业的高度重视。这跟以往士大夫只把读书做

① 张謇：《张季子九录》，《教育录》卷一，第 16 页。
② 李平书：《且顽老人七十岁自叙》，上海：中华书局，1922 年，第 501、525 页。
③ 王尔敏：《商战观念与重商思想》，《近代史研究所集刊》，1976 年 6 月，第 17 页。

官当作唯一正途的传统认识相比,无疑是一个重大的转折。

翻开19世纪晚期和20世纪初叶的中国企业成长史,可以看到一大批儒家士绅,正是在日益高涨的"商战"呼声中,纷纷涉足工商界,形成了一幅数千年来中国文化史上从未有过的奇观。晚清时期,仅以状元头衔而从事工商业的就有3人,除了张謇,还有陆润庠(1841—1915)和孙家鼐(1827—1909)。至于其他以进士或举人、秀才功名而投资工商业者,则更不胜枚举。甚至像王先谦(1842—1917)这样一直被视为政治上极端保守的士绅,在"各国之要胁踵至,苟不自立,何以图存"的思想支配下[1],也亲自经营实业,在家乡开办机器制造、发电、火柴、采矿、冶炼等一系列企业。

透过以上事例,不难看出,虽然受传统价值和观念影响的绅商群体不存在诸如新教徒那样的"天职"观,但是,他们思想深处的忧患意识和入世精神,在19世纪特定的历史背景下,同样可以激发其创业动机和企业精神。韦伯曾指出,在笃信新教的工商业者那里,"以合理而系统的方式追求利润"被视为"天职",赚钱纯粹成了目的本身,并且成为他们一生的最终目标,"获取经济利益不再从属于人,不再是满足他自己物质需要的手段"。[2] 跟新教徒相比,儒家绅商的企业活动同样超越了满足自身物质需要的世俗层次;他们连续不断地工作,若从个人幸福或对个人的效用的角度看,同样是完全超然的和绝对不合理的。在这里,只有通过振兴民族经济,"救亡图存",施展儒家传统的"经世"抱负,满足儒家"民胞物与"的伦理要求,造福乡里,树立个人声誉,才是比较可信的动机。正

---

[1] 王先谦:《清王葵园先生先谦自定年谱》卷上,台北:商务印书馆,1978年。

[2] Max Weber, *The Protestant Ethic and the Spirit of Capitalism*, p. 53.

因如此,绅商人士往往在从事工商活动之余,倾注大量心力发展地方公共事业。例如,张謇用个人所得大部分红利和企业部分利润,先后兴办了几十所学校,十多所地方自治设施,包括残废院、医院、图书馆、博物苑、公园、气象台,等等。到他去世时,南通一隅之地已成为全国闻名的"模范县"。李平书在事业上亦是"以教育为基本,图书与学校齐开;以实业为前提,水电与垦牧并举。卫生则经营医院;保安则布置商团。凡百善政,枚举难穷"①。

　　至于从普通商贾起家的绅商人士,由于受儒家思想的影响,"崇理学,谈仁义",或"终身立志行事,愿学圣贤,不敢背儒家宗旨",②或"宁重名誉,牺牲财产而勿恤"③。因此,他们在从事世俗工商业活动之外,纷纷致力于社会公益活动,通过兴学、义赈、筑路、修桥、植树、疏河等种种"善举",在地方上博得"乡贤"的令名。此类事例,在清末民初工商界不胜枚举。

　　韦伯在谈及富兰克林为费城改造所做的努力时,曾说:"为使向人类提供物质商品的组织合理化而进行的劳动,无疑一直是资本主义精神的代表,终身事业的一个最主要的目的。……为人们提供众多的就业机会,为家乡经济进步贡献一份力量,即增加家乡人口和贸易量(资本主义与此密切相联),对现代工商业人物来说,都是欢欣与自豪的事。这一切显然是他们生活中一部分特有的、无疑是理想主义的满足。"④对照之下,中国绅商通过种种社会公益

---

① 李平书:《且顽老人七十岁自叙》,第202页。
② 经元善:《经元善集》,武汉:华中师范大学出版社,2011年,第203页。
③ 转引自徐鼎新《近代上海新旧两代民族资本家深层结构的透视——从二十年代初上海商会改组谈起》,《上海社会科学院学术季刊》1988年第3期。
④ Max Weber, *The Protestant Ethic and the Spirit of Capitalism*, p. 76.

事业所体现出来的传统伦理,跟"资本主义精神"不仅没有冲突,而且相互契合。如果说新教伦理中的天职思想只具有宗教意义的话,那么儒教伦理中所包含的忧患意识或入世精神则具有浓厚的人文色彩。

在中、西两种不同的伦理体系中,除了儒家的入世精神和新教徒的天职观念所分别体现的道德理想(超越性层面),还应该注意到人们日常行为规范的层面,即道德实践准则或修身训诫准则之不同。韦伯就把新教伦理中的"勤"和"俭"视为有助于资本主义发展的首要因素。而在《中国的宗教:儒教与道教》一书中,韦伯则强调中国商人的不诚实和互不信任,认为这跟诚实、守信的新教商人形成了尖锐的对比。韦伯的上述判断,是否符合清末民初中国绅商的实际情况?

有关传统中国社会晚期商人伦理的研究显示,早在宋明时期,由于新儒家和民间宗教的长期宣说,"勤俭"和"诚信"的观念已经深深印刻在普通士绅及商人的心中。[①] 到 19 世纪后期和 20 世纪初,深受儒家思想影响的中国绅商在经营活动中继续贯彻"勤俭"和"诚信"的信条。张謇在谈到企业经营之道时,就曾深有感触地说,能否恪守勤俭二字,事关企业的兴衰成败。"不俭则耗费多而折本,理最易明。"他说:"吾见夫世之企业家矣,股本甫集,规模粗具,而所谓实业家者,驷马高车,酒食游戏相征逐,或五六年,或三四年,所业即亏倒,而股东之本息,悉付之无何有之乡。即局面阔绰之企业家,信用一失,亦长此已矣。吾观于此,乃知勤勉节俭、任

---

① 余英时:《中国近世宗教伦理与商人精神》,《知识分子》1986 年冬季号。

劳耐苦诸美德，为成功之不二法门。"①

至于"诚信不欺"，则更是张謇的立身之本。目睹工商界"破产停业屡见屡出"的现象，他曾经指出，"中国商人之道德素不讲求，信用隳落，弊窦丛生"是其主要原因。因此，处今日之世，"非有优美之道德不足以恢宏信用，扩张营业"，"示人以信，使人乐从，即绝无资本之人，总可吸取人之资本。信用者，即忠信笃敬之意"。② 为了取信于用户，张謇制定了内容详备的《厂约》，严格把好产品质量关。结果大生纱厂一经投产，所出棉纱"光洁调匀，冠于苏沪锡鄂十五厂"。每每"沪上纱滞如山"之时，而"通销独畅"。③

清末民初，这种具有"儒家之诣"的绅商屡见不鲜。例如叶澄衷（1840—1899）即以其"诚笃敦谨""开敏诚信"赢得商界信誉，而成为富倾东南的巨商。④ 又如徐润（1838—1911），"年十五离乡井来沪上，越半载弃书入贾，其执事不敢不敬，其与人不敢不忠。兢兢二十年，颇见信于中外"⑤。由煤铁进口贸易起家而投资创办丝厂和银行的周舜卿（1852—1923），"抱忠信之质，具干济之才"⑥。

① 张謇：《张季子九录》，《教育录》卷三，第 19 页。

② 张謇：《张季子九录》，《教育录》卷四，第 9 页。

③ 张謇：《大生纱厂第一次股东会之报告》，载《张啬庵先生实业文钞》卷一，南通：翰墨林印书局，1948 年。

④ 转引自李志茗《叶澄衷发家故事的建构与记忆》，《宁波大学学报（人文科学版）》2021 年第 6 期。

⑤ 转引自徐鼎新《近代上海新旧两代民族资本家深层结构的透视——从二十年代初上海商会改组谈起》，《上海社会科学院学术季刊》1988 年第 3 期。

⑥ 转引自徐鼎新《近代上海新旧两代民族资本家深层结构的透视——从二十年代初上海商会改组谈起》，《上海社会科学院学术季刊》1988 年第 3 期。

武进银行家卢正衡（1858—1930），则把信义视为"金融之根源"，"手订规程，信赏必罚。而于公私界限辨析秋毫，虽子弟一饭不糜公家"。[1] 一本在清末民初广为流传的小册子《万事不求人》，其中所载"生意门径"诸条目，可以说是对以往商人经验的总结。例如第四条称，"学生做事第一要勤。做得来的要做，做不来的要学。总须吃得辛苦，万不可偷懒推诿"。第五条称，"学生穿着只宜俭朴。粗布衣服暖了就好，何必奢华。清淡茶饭饱了就好，何必肥甘"。第十二条则说："生意场中最重一个信字。说怎样便怎样，说几时就几时。倘任意欺诳，人家就要看轻。所以这个信字，生意人最要紧。"[2]可见普通商人当中，讲求"信义经商"的也不在少数，时人因此认为，"必商人而有儒家之诣，乃可以树立风声，而战胜于商界"[3]。

关于儒家伦理与企业经营之间的关系，清末民初的学者陈作霖(1837—1920)在《中国学西商之要对》中，有一段简明扼要的论述，很值得人们体味。陈氏认为，西商经营成功的关键乃在"货必尽美也，行必经久也，期约必坚也，工资必厚也"。那么，华商应当如何学习这些经营之道？陈氏的回答是非同寻常的。他说："夫货必尽美者，诚也；行必经久者，恒也；期约必坚者，信也；工资必厚者，仁也。是皆中国圣贤之道也。"他因此得出结论："中国圣贤之道，可以通于商务。"[4]

① 转引自唐文治《唐文治文集》，上海：上海古籍出版社，2018 年，第 3012 页。
② 《万事不求人》第一册，上海：广益书局（无年份）。
③ 唐文治：《唐文治文集》，第 3012 页。
④ 陈作霖：《可园文存》卷一，台北：文海出版社，1974 年。

陈作霖的这段话，如果用清末民初的绅商群体加以检验，大部分是可以成立的。回顾晚清历史，当时的中国社会在外来的现代文明冲击之下，正处在大变动、大改组之中。传统文化赖以支撑的社会基础变得四分五裂，分解中的各个社会群体分享着不同的价值和思想观念。在这些群体之中，传统士绅成为剩留下来的传统观念特别是儒家伦理较为完整的载体。此一群体的部分成员在介入商界之后，利用传统文化的资源为企业经营服务，便是顺理成章的事。

当然，我们在肯定儒家伦理对现代经济成长的正面功用时，并不否认清末民初绅商阶层的经济行为具有不合理的一面。如果拿绅商资本主义经济活动跟韦伯笔下所刻画的西方现代资本主义相对照，则不难发现，两者之间存在明显差别。在韦伯看来，西方现代资本主义之所以是一种"合理型"资本主义，乃是因为它是依靠合理精确的计算来利用资本、制造利润的"经济理性主义"。他指出，"资本主义的合理性，基本上取决于最重要的技术因素的可计算性"，而且为了使合理的经济秩序兴盛起来，"一种明白清晰的法律体系"应该是必需的，且"它应该摆脱非理性执行的专断……它也应该为契约的法律约束性质提供坚定的保障"。不仅如此，合理的资本主义还应"厌恶仰赖君主鼻息的非法的、政治的、殖民的、掠夺的和垄断的资本主义"。①

对照之下，清末民初的绅商资本主义经营远未达到这些要求。

---

① ［英］弗兰克·帕金：《马克斯·韦伯》，刘东、谢维和译，成都：四川人民出版社，1987 年，第 93 页；孙中兴：《从新教伦理到儒家伦理——了解、批评和应用韦伯论点》，《知识分子》1986 年夏季号，第 54 页。

拿张謇来说，他在实现"实业救国""教育救国"的宏图时，并没有按照合理的原则办事，而是固执地坚持"凡自治先进国应有的事，南通地方应该有，他就应该办。他不问困难不困难，只问应有不应有"①。因此他急进务广，"自治锐进"，使一大批事业所需的浩繁经费远远超过了本集团的承受能力，"事大本小"的矛盾日益显露。到1925年，终因举债过多而被上海银团接管。至于他在开拓实业的过程中，处处借助官府势力，取得各种非经济性的特权，则更是与合理型资本主义相悖离的。

再拿上海绅商界来说，当时的商业和金融往来，一般只注重个人信用。凡是所谓"殷实富户"或官宦人家，钱庄对其信用即信赖不疑；对大户放款动辄巨万，不需要任何抵押。结果往往接受放款的企业经营不善，沦于破产，殃及大批钱庄，导致银根枯竭、市面混乱，不可收拾。此外，缺乏现代知识更是绝大多数绅商的一条致命弱点。时人评论绅商人士，曾说他们"一切点缀变化、布置行为等，皆须自省自悟，自揣自摩。遇事多，习业广，为日久，乃能出类拔萃，而为领导之人"②。绝大多数绅商则是一味"拘守定章""墨守成规"。例如上海商务总会的一些"领袖之人"，即被报章讥为"学识经验已旧"，"不能顺应世界之趋势"。③ 不仅如此，上海绅商的一些头面人物也热衷于跟地方官府打交道，"终年奔走官场，恭维显宦"④。所有这些，都显示出绅商阶层在素质上跟现代资本主义

---

① 张孝若：《南通张季直先生传记》，第375页。
② 转引自徐鼎新《近代上海新旧两代民族资本家深层结构的透视——从二十年代初上海商会改组谈起》，《上海社会科学院学术季刊》1988年第3期。
③ 同上。
④ 同上。

不相适应的一面。到 1920 年，这批绅商纷纷衰老、谢世。而作为培养儒家文化之载体的科举制度，早在 1905 年即已被宣布废除。这样，作为清末民初推动资本主义经济成长的一支重要力量的绅商阶层，便最终退出了现代中国的历史舞台。

跟在中国一样，传统文化尤其是儒家伦理在日本的现代经济成长中也扮演了重要的角色，但其结果却截然不同。日本在 19 世纪后期开国之后，"和魂洋才"或"士魂商才"的思想在武士阶层盛极一时。他们极力主张把日本固有的儒家传统与现代资本主义相结合，以推动日本的现代化。这一思想成了明治维新后日本资本主义发展的根本指导思想。在明治时代，主张按儒家孔孟之道来经营事业而取得最突出成就的，大概要推涩泽荣一（1840—1931）。涩泽的思想和经历跟张謇颇为相似，但事业的结局大不一样。他也出生在一个世代业农兼商家庭，青年时代读过四书五经等儒家典籍，并逐渐接受了作为传统武士伦理之根本的"国事"观念（类似中国士大夫的"经世"意识）。以后参加过尊王攘夷活动，做过幕臣。明治政权成立后，他倡议反对增加军费、健全财政等主张，不被采纳，就辞去大藏省职务。他认为与其从事政治这一"虚业"，不如搞工商业这种"实业"。投身实业之后，涩泽怀着儒家道德理想，始终把富国强兵和创立日本近代产业作为自己的最高目标。因此，只要能做的事，不论哪行哪业，他都尽力去做。在企业经营过程中，他同样贯彻了儒家伦理，有所谓"道德经济合一说"。经过数十年的努力，涩泽的事业获得巨大成功。他参与创办的企业前后有五百余家，其中不少至今还以第一流企业继续存在着。正因如此,史家们认为离开了他的活动,则写不出一部明治时代的产业史。[①]

　　既然中、日两国的资本主义发展同受儒家伦理的影响,那么,为什么它们的结局却如此不同? 前面我们虽然谈到中国绅商企业活动的一些不足之处,不过可以很容易地看出,这些缺陷并不是儒家伦理本身所带来的必然后果,而很大程度上是传统制度或特定时代的产物。因此,要理解绅商企业失败的根本原因,还必须考察制约经济发展的外在因素。只有这样,才能够对 19 世纪后期和 20 世纪初文化传统与现代化的关系有一个全面的了解。

　　正如韦伯所说,近代理性资本主义的成功发展,需要获得各种制度性支持,包括一整套的知识体系、技术条件、法律架构和行政管理制度等。[②] 对于现代化先行国来说,这些制度性支持均缓慢地成长于社会内部;而对绝大多数后来者特别是非西方社会来说,其完全有待于移植。从这一方面来看,19 世纪后期的日本是一个十分成功的国家。明治政权建立以后,经过短短一二十年的努力,便将现代教育、法律、公司、银行和货币制度等统统移植进来。这些外来的现代制度跟日本固有的儒家伦理相结合,有力地推动了日本的现代经济成长。

　　相比之下,中国对资本主义经济发展之制度性支持的移植过

[①] 万峰:《日本资本主义史研究》,长沙:湖南人民出版社,1984 年,第 139—144 页。另见 Patrick Fridenson and Kikkawa Takeo,eds.,*Ethical Capitalism*:*Shibusawa Eiichi and Business Leadership in Global Perspective*,Toronto:University of Toronto Press,2017;John Sagers,*Confucian Capitalism*:*Shibusawa Eiichi*,*Business Ethics*,*and Economic Development in Meiji Japan*,London:Palgrave Macmillan,2018。

[②] Max Weber,*The Protestant Ethic and the Spirit of Capitalism*,p. 14.

程,显得缓慢并充满挫折。以现代教育而言,旧的科举制度迟至
1905 年才被废止,虽然有关书院改制和筹办新式学堂的诏书在
1895 年颁布(比日本晚 20 多年),但新式教育体制的成长在大多数
地方举步维艰。再就现代经济制度的移植来说,清政府直至 1904
年才颁布公司律和破产法,比日本晚 30 多年。第一家银行的建立
是在 1897 年,比日本晚 25 年。至于币制改革,更迟至 1935 年才被
提上日程,比日本晚了半个多世纪。

更为严重的是,19 世纪后期以降,中国的国家主权遭受严重侵
蚀,沦于资本主义"核心"国家的"边缘"或"半殖民地"地位。在这
种恶劣的国际环境下,本土经济要取得健康成长是十分艰难的。
日本的"儒家资本主义"之所以能够发展壮大,不仅是因为它获得
了一系列制度性支持,而且因为明治时期的日本通过种种努力,至
19 世纪末逐步废除了西方列强所强加的不平等条约,从而避免了
边缘化命运。而中国自 1840 年以后即逐步陷入西方列强所制造的
不平等条约体系之中,此种状态持续了 100 多年,直至 20 世纪 40
年代才告终结。在不平等的条约体系之下,外国资本主义凭借种
种特权和雄厚的实力,主宰了中国现代经济的命脉。本国经济在
外来资本和传统力量的双重压迫下,呈现出典型的"不发达"(un-
derdevelopment)症状。对于现代化的后进国来说,实现赶超型的经
济成长有赖各项现代制度的健全和国家主权所提供的保护,而能
否具备这两项先决条件,则取决于后进国能否产生一个现代国家
政权。

第三章 从早期近代疆域国家到现代主权 国家：国家转型的宏观历史解读

　　最近一二十年,随着中国经济的快速发展和国力的大幅提升,世界地缘政治格局悄然发生改变,从"冷战"后的美国独霸,逐渐变成以中、美两强为主导,加上欧、日、俄、印同台唱戏的全新格局。在中国研究尤其是历史研究领域,与新的地缘现实相关的新问题开始进入人们的视野,新的问题意识随之产生,以及相应的宏大历史叙事开始重构。人们或隐或显地流露出的一些根本性关心包括:今天和今后的中国到底是怎样一个国家? 它是一个现代民族国家吗? 它是否具有西方那些"正常的"民族国家所具有的生命力? 今日中国所呈现的经济政治制度特征,究竟是一种暂时的、过渡性的、缺乏生命力的非正常安排,抑或是一种形成中的全新发展路径,可以替代欧美历史和现实所体现的现代化模式? 人们从新的问题意识出发,并且较多的是从全球史(而非过去的国别史)的视角，重新研究从清代国家形成、晚清近代化转型、国民革命运动、共产党革命，到 1949 年以后中华人民共和国的一系列重大历史问题。

下面试图在近几十年海内外学者的清代和民国历史研究的基础上，检讨与现代中国国家的历史起源和形成过程相关的若干问题。为此，我们不得不从关于现代国家形成的一些基本概念和认识入手。

一、问题所在

（一）"从帝国到民族国家"？

在有关世界近现代史上的国家形成的种种解读中，一个常见的做法是把帝国与民族国家加以对立，视彼此互为反题。现有的帝国史和民族主义诸多著述，均强调了这两种政治体系之间的反差。不同于现代国家之由享有共同的族群背景或文化传统的人民构成，且由其政府直接加以统治，帝国的最基本特征，据经典的解释，是其多族群、跨文化的人口构成，及其对殖民地、属地或朝贡国的间接统治。一个现代民族国家总是通过弘扬其族群特性和独特的文化传统来建构内部的认同感，帝国则倾向拥抱世界主义，声称其思想和制度放之四海而皆准。一个现代国家总是以平等的立场界定其与世界范围的国家体系其他成员之间的关系，帝国则总是建立在一种等级秩序之上；相对于其核心地带，那些被征服的土地总处于从属和边缘地位。①

现有的关于现代民族国家的解释,多以西方国家的国家建造的历史经验为依据,强调三个基本特征。其一是人民对国家的高度认同;在理想状态下,国家的疆土与有着共同传统和认同的人民所居住的地域范围大体上是一致的。② 其二,一个民族国家同时也

① 有关世界历史上诸帝国的研究,见 Samuel N. Eisenstadt, *The Political Systems of Empires*: *The Rise and Fall of the Historical Bureaucratic Societies*, New York: The Free Press of Glencoe, 1963; Jane Burbank and Frederick Cooper, *Empires in World History*: *Power and the Politics of Difference*, Princeton, NJ: Princeton University Press, 2010。关于民族主义和民族国家形成过程的研究,参见 Benedict Anderson, *Imagined Communities*: *Reflections on the Origin and Spread of Nationalism*, London: Verso, 2006; Philip Roeder, *Where Nation-States Come From*: *Institutional Change in the Age of Nationalism*, Princeton: Princeton University Press, 2007; E. J. Hobsbawn, *Nations and Nationalism since* 1780: *Programme*, *Myth and Reality*, Cambridge: Cambridge University Press, 2012。

② 民族国家大体上可分为两类,尽管它们之间的差异事实上经常是模糊的。一类是所谓"族群国家"(ethnic nations)或"文化国家",诸如德国,其集体认同乃基于共同的语言、宗教、历史,以及种族渊源。另一则是法国那样的所谓"公民国家"或"政治国家",这些国家虽由不同的族群构成,但各族群有"一起生活"在同一块土地之上的共同意愿;国家的统一是基于民众的政治平等意识,以及在法律面前共同的权利和义务(参见 Anthony Smith, *National Identity*, London: Pengui, 1991; Michael Ingatieff, *Blood and Belonging*: *Journeys into the New Nationalism*, New York: Farrar, Straus & Giroux, 1993)。但是在不同的历史背景下,民族和国家之间的关系复杂多变。有些人认为先出现民族,然后兴起一场民族主义运动以争取本民族的主权,而民族国家的建立正是为了满足此种要求。另一些人则认为,国家比民族先产生,而且在民族的形成过程中发挥了关键作用,即通过武力将不同地区的有着共同语言和传统的民众统一在一起,通过发展全国范围的交通、银行及其他事业来促进经济统一,或是通过推行一系列政策来促进民族统一文化的形成,比如将各地方语统一成国家的标准语言,向全体国民推广公共教育系统及通用课程。工业资本主义的发展也促进了上述诸多发展,而印刷媒体在其中发挥了特别作用,因为它有助于一个形成中的国家的所有成员增强其"想象的共同体"之成员意识(参见 Benedict Anderson, *Imagined Communities*)。因此,总体上,民族国家的兴起是近代才有的现象,且主要是在 19 和 20 世纪,尽管在某些特定情形下可追溯至古代或中世纪。

是主权国家,对于其边界明确且固定的领土,拥有排他的各种权利,并且在国际法的框架下跟所有其他国家地位平等。[①] 其三,同样重要的是,民族国家的主权归其人民而非君主所有,理想的政府形态应当是欧洲 17、18 世纪自由主义思想家们所构想的以个人权利和自由为基础的国家,或者是后来在西方和非西方世界日渐流行的体现主权在民的代议制民主国家。[②]

不用说,民族国家晚至 20 世纪才在世界上大行其道。随着欧亚大陆旧式帝国的衰亡及第二次世界大战后欧洲殖民帝国的崩溃,亚洲和非洲的殖民地人民纷纷效仿 19 世纪拉丁美洲之先例,民族主义运动风起云涌,"新兴国家"次第成立。尽管其历史不算久远,但是人们还是将今日由民族国家组成的世界视作理所当然,把现代世界史上的国家形成,等同于一个从帝国到民族国家的直线过渡,认为帝国只不过是一种由征服造就的前现代世界之遗存,

---

[①] 1648 年签订的旨在结束神圣罗马帝国的三十年战争,以及西班牙和荷兰的八十年战争的《威斯特伐利亚和约》,是主权国家国际体制形成的标志。该体制重视下列指导国家间关系的原则:(1)成员国对其自身领土享有完全主权,任何其他国家不得侵犯,国家之间相互尊重领土完整;(2)主权国家享有根本性的自决权,其他任何国家不得干涉其内部事务;(3)国家之间在法律上一律平等;(4)一个主权国家的合法性通过其他国家的外交承认来确立。见 Daniel Philpott, "The Religious Roots of Modern Internaiotnal Relations," *World Politics*, 2000, vol. 52, no. 2, pp. 206-245; Henry Kissinger, *World Order*, New York: Penguin, 2014, pp. 11-41。

[②] 参见 Edmunds Morgan, *Inventing the People: The Rise of Popular Sovereignty in England and America*, New York: W. W. Norton & Co., 1988; Richard Tuck, *The Sleeping Sovereign: The Invention of Modern Democracy*. Cambridge: Cambridge University Press, 2015。

必然走向衰亡并让位于体现人类理性抉择和自由意志的现代民族国家。[①]

晚近的研究揭示,关于民族国家的此种目的论预设,很少跟现代世界的国家建造的历史实际相吻合。以中世纪和近代早期的欧洲为例,尽管其中的一些主要国家,如英格兰(不列颠)、法兰西,以及西班牙,在有关民族主义的研究中通常被视作经典的、界定明确的早期"民族国家",但是军事征服和殖民在它们的形成过程中起到关键作用,其情形跟帝国的形成过程并无实质性的区别。如果我们把视野转移到1870年代以后直至第一次世界大战时期的欧洲,会发现英、法、德等列强之间的民族主义对抗,包括它们对海外殖民地的争夺和走向全球性帝国的过程,使得帝国与民族国家之间的界限更加模糊不清。此一时期的民族主义,究其实质而言,是帝国主义的;尽管所有这些欧洲国家相互之间均视对方为民族国家,但它们都力求在全球扩张,打造海外殖民帝国。历史学家贝利(Christopher Bayly)因此精辟地写道:"帝国主义与民族主义均属于同一现象。"[②]克里尚·库马尔(Krishan Kumar)也说:"如果民族国家可以被视作帝国的话,那么,帝国(尤其是现代帝国)也无非是民

---

① 参见 Rupert Emerson, *From Empire to Nation: the Rise to Self-Assertion of Asian and African Peoples*, Cambridge: Harvard University Press, 1960; Singh Mehta, *Liberalism and Empire: A Study in Nineteenth-Century British Liberal Thought*, Chicago: Chicago University Press, 1999; Sankar Muthu, *Enlightenment against Empire*, Princeton: Princeton University Press, 2003; Anthony Pagden, *Peoples and Empires*, New York: The Modern Library, 2003。

② C. A. Bayly, *The Birth of the Modern World, 1780-1914: Global Connections and Comparisons*, Malden, MA: Wiley-Blackwell, 2004, p. 230.

族国家的放大而已。"①

（二）中国的历史实际

帝国—民族国家的二分法及所谓"从帝国到民族国家"的演进范式，不仅不能完全适用于中世纪晚期和近现代欧洲的历史，也不能用来解读中国的国家形成路径。中国在过去数个世纪向现代国家的过渡历程，在以下三个重要的方面，对"帝国—民族国家"的二分法及民族国家的目的论构成挑战。

先就清朝（1644—1911）的形成而言。从 1640 年代取代明朝之后，直至 1690 年代后期，在长达半个世纪的时间里，清朝并未在陆地从事疆域扩张。此后几十年中，清朝虽然通过一系列征战，将外蒙古、新疆和西藏正式纳入自己的版图，但在 1750 年代之后，又停止了对边疆的战争。此后直至 19 世纪后半期跟西方及日本发生全面遭遇之前，其疆域一直保持稳定，并无重大得失。可以说，战争和扩张，在清朝入关之后的漫长历史上，是例外而非通则。所

---

① Krishan Kumar, "Nation-states as Empires, Empires as Nation-states: Two Principles, One Practice?" *Theory and Society*, 2010, vol. 39, no.2, pp. 119–143.把从帝国到国家视为现代国家建造唯一普遍适用的路径，这一宏大叙事之所以成问题，还因为它无法解释当今亚、非、中东和东欧许多国家所面临的危机。这些国家大多是在民族主义运动的高潮时期以人为划界的方式匆忙造成的，境内各族群的人民之间缺乏共享的民族意识，从而给这些地区带来长期的种族或宗教冲突、内战、种族屠杀或恐怖袭击，以及由此产生的对帝国往昔的怀旧心理。参见 Andreas Wimmer, *Nationalist Exclusion and Ethnic Conflicts: Shadows of Modernity*, Cambridge: Cambridge University Press, 2002; Michael Mann, *The Dark Side of Democracy: Explaining Ethnic Cleansing*, Cambridge: Cambridge University Press, 2005。

有这些,都跟世界历史上诸如奥斯曼这样的帝国形成鲜明对比。后者的历史自始至终充满与其竞争者之间的征战,疆域也一直处在不断的扩张或收缩状态;这些帝国没有固定的边界,只有边疆,亦即"暂时的外在极限,帝国的军队只能在那里停止,无法进一步推进";这些边疆只是"帝国与帝国之外的人民之间一种具有弹性的军事和经济接触地带而已"。①

与此形成鲜明对比的是,清朝要么通过条约或协议,要么通过习惯性的分界,跟周边邻国均设定了相对固定的边境,甚至在一些重要的边界地段驻扎军队或有兵力巡防。② 边疆之外,清朝还对周边的一系列小国维持宗主权;后者定期对清廷朝贡,但它们并不在中国的疆界之内,清廷从未视之为其疆域的一部分。

因此,这里产生了一个问题:清朝是否为一帝国? 它为何在1690 年代至 1750 年代期间从事边疆战争,又为何在此之后终止了征战? 最为重要的是,为什么清朝在随后的一个世纪保持自己的疆域不变,直至欧洲列强的到来? 到底是什么样的机制使清朝得以长期在国内维持和平和秩序? 这些问题之所以重要,是因为今天的中国作为一个现代国家,乃是转经民国,间接地建立在清朝的疆域之上。清朝如何奠定并统治自己的疆域,对于我们理解现代中国的起源及其生命力,十分关键;我们将以此为历史基点,判定"帝国—民族国家"的规范认识是否适用于中国的国家形成过程。

---

① Walter Opello, Jr., *The Nation-State and Global Order*, p. 9.

② 孙宏年,《清代藩属观念的变化与中国疆土的变迁》,《清史研究》2006 年第 4 期; Xiaoyuan Liu, *Recast All Under Heaven: Revolution, War, Diplomacy, and Frontier China in the 20ᵗʰ Century*, New York: Continuum, 2010, p. 11.

其次，不同于欧洲国家之在国际法架构下相互承认主权，亚洲和非洲的传统国家在达到西方所强加给它们的"文明"标准之前，一直被当作落后、原始的群体，被认为不值得享有主权，而被排斥在这一源自欧洲的国家体系之外。它们之被卷入欧洲中心的国家体系，只能意味着遭受西方列强的征服和殖民化，一如绝大多数亚非国家在 19 世纪和 20 世纪早期所实际经历的那样。中国在 19 世纪和其他非西方国家一样，也被卷入了全球性的国家体系。由于中国在传统上是东亚唯一的主导力量，并声称对周边所有国家拥有文化和政治上的优越性，因此中国融入以欧洲为中心的国家体系尤为困难和漫长。对它而言，最大挑战是放弃自己一直宣扬的世界中心地位，平等对待其他所有国家，并终结与周边附属国的宗藩关系，承认它们的独立。

因此，在成为一个主权国家之前，它不得不屈服于那些军事上击败自己的列强的要求，比如治外法权、固定关税、割让土地及给予列强单边最惠国待遇。尽管如此，在整个非西方世界，中国仍是少数几个在帝国主义冲击下得以幸存的国家之一（其他几个这样的国家包括日本、暹罗［泰国］、波斯［伊朗］，以及阿比西尼亚［埃塞俄比亚］）。更令人称奇的是，晚清中国不仅幸免于列强的征服，而且开始向主权国家全面转型，且一直将自己的边疆（包括蒙古、新疆和西藏等）保存得大体完好。

同样令人印象深刻的是，清朝之在 1911 年终结，并没有导致边疆脱离中国；相反，清帝在退位之际，将其版图完整地交由新生的中华民国加以继承。因此这里产生了另一个问题：中国到底有何凭借，使其能够抵抗帝国主义的冲击，保持领土的大体完整？晚清中国当然算不上非西方世界在卷入世界国家体系之后最为成功的国家,尤其是跟邻近的日本相比。不过1949年之前和之后流行于中国的民族主义历史书写只突出晚清以来的"落后挨打",远不足以全面概括中国在这一个世纪所经历的突破和坎坷。①

再者,由于受民族主义的种种学说,尤其是"主权在民"理念的影响,同时由于18世纪美国革命和法国革命的激励,世界各地几乎所有的民族革命的倡导者,均追求同一个目标,即自己所要建立的政府,不仅要对本国的土地拥有完全的主权,而且要采用代议制民主的形式。中国的现代志士也不例外。晚清的革命党人,以及后来的国民党和共产党人,均致力于在中国建立一个共和国。但是,民国宪法所规定的民主制度,在现实中很少能够运作;它在北京国民政府时期(1912—1927)不得不对独裁退让,而在南京国民政府时期(1927—1949),则为一党统治所替代。共产党人在打败国民党之后,摒弃了国民党在1946年一度尝试的宪政体制,把新政权定性为共产党领导下的人民民主专政的国家。因此,这里需要探究,为什么数个世纪以来的国家转型过程会出现此一结局。

(三)中国:为何既"大"且"强"?

总之,中国从1640年代至1940年代长达三个世纪的国家转型过程,产生了这样一个政治实体,它不仅版图很大,而且就权力结构而言也很强固。既大且强,亦即超大规模的领土和人口,与一个

---

① Huaiyin Li, *Reinventing Modern China: Imagination and Authenticity in Chinese Historical Writing*, Honolulu: University of Hawaii Press, 2013.

高度集中的政府体制之间独一无二的结合，乃是今日之中国作为一个现代国家的最大特征。

这种"大而强"的奇特结合，既有优点也有弱点。有关国家规模的研究表明，大国虽然在提供公共服务方面人均成本较低，但是在人口构成方面更有可能复杂多元，从而给其经济增长带来负面影响。[1] 种族多元的国家，不得不克服国内语言差异所带来的各种障碍，以及不同种族和宗教之间的冲突所引起的潜在动荡。而在这一方面，中国可谓得天独厚。这不仅是因为中国的绝大部分人口都是汉族（约91%），从而使得中国既是一个大国，同时就内地省份而言，又是人口高度同质的国家，这在世界上绝无仅有，从而使创造经济"奇迹"的内陆省份免于种族或是宗教差异所带来的社会冲突。最为重要的是，"大国"所带来的在资源调控和行政整合上的种种不利因素，在很大程度上，因为一个强有力政府的存在，而被抵销或受到控制。尽管20世纪50—70年代国家曾进入短暂的失序和混乱状态，但是中央政权依旧能够对整个国家实施有效治理，启动工业化进程且取得巨大成就。

质言之，中国和其他非西方国家的区别之处，在于其兼具庞大的体量和强大的行政力量。中国的国家建造的历史经验，从两个方面"偏离"了"帝国—国家"的所谓"正常"路径：其一，它并没有经历多族群帝国的崩溃、分裂并在此基础上形成一系列各自独立的民族国家。相反，至20世纪中叶，在中国出现的是一个就领土

---

[1] Alberto Alesina and Enrico Spolaore, "On the Number and Size of Nations," *The Quarterly Journal of Economics*, 1997, vol. 112, no. 4, pp. 1027–1056; Alberto Alesina and Enrico Spolaore, *The Size of Nations*, Cambridge, MA: MIT Press, 2003.

格局而言,跟清朝在极盛时期的疆域大体相当的国家(其中一个显著的例外当然是 1946 年外蒙古正式脱离中国);现代中国因此乃是世界上唯一一个建立在旧日"帝国"疆域之上的主权国家。其二,它并没有建立一个西式的代议制民主制度,最终建立的是一个共产党领导下的人民民主专政的国家。其生命力之强,乃至在新中国成立后七十多年间维持其国家的体制基本不变。这在 21 世纪的世界诸大国中,同样是独一无二的。

因此,这里的终极问题是,作为一个现代国家,中国为何具有如此超大的规模,且具有如此强固的组织结构?今后的中国是否能够维持"既大且强"的格局?进而言之,中国的国家转型过程至今有没有结束?经过几十年改革后中国所面临的经济、社会和政治方面的多重难题以及这些难题带来的不确定性,使人们有理由质问,一个大而强的中国能否在未来的几十年继续维持其现有格局和发展势头?

(四)缔造现代中国:三个关键环节

中国的国家起源,可溯至中华文明的远古时期。在清朝之前的数千年里,古代中国由公元前 11 世纪以前黄河中下游的若干小邦,最终演进至明朝(1368—1644)那样一个成熟的中央集权的官僚制国家。不过,这里将揭示,今日中国成为一个集权的现代主权国家,是 1640 年代至 1940 年代这段更为晚近的国家转型过程之累积的结果。国家转型包括重建下列三组关系:汉族和非汉族人口的关系,这比其他因素更能决定中国的疆域构成和治理方式;中国和外国的关系，它决定了中国的国家战略目标和政策优先项；中央和地方的关系，它决定了中国的国家权力架构及其应对国内外挑战的能力。中国的国家转型是一个连贯的历史过程，包含如下三个关键环节：

其一，将中国由明朝所代表的汉人为主体的原初型王朝国家，经过清朝至 1750 年代为止的军事征讨和行政整合，再造为一个多族群的疆域国家。中国的疆域范围骤然扩大，从明代之十五省（两京十三司），延伸至满、蒙、回、藏及其他非汉人所居住的各个边疆。国家的地缘战略也从明代的视中原为核心地带，对长城以外的游牧部落采取守势，一变而为以满洲和大漠以南的蒙古族聚居区为核心、以内地省份为腹地、靠边疆提供防卫保障的新格局；由此产生的行政体制和治理方式，也独具特色，且带来清代国家的长期稳定。此一步骤之所以重要，是因为它奠定了现代中国国家赖以形成的地理的、人口的乃至行政的基础。

其二，再将中国由一个自居凌驾于周边各国之上的疆域国家，重构为一个近代主权国家。国家重建的关键，是通过变法自强，融入世界范围的主权国家体系。这一过程始自 19 世纪下半叶，分为两个步骤或侧面：起初是在外力胁迫下，放弃对周边国家的权力，终结旧有的朝贡体制，在法律上承认与世界其他国家的平等地位；继而（也更为重要的）是在列强的环视和侵逼下维持现有的领土状况和国家权益。作为一个近代主权国，中国的制度建立和法律架构，完成于晚清；国家主权自身的健全和恢复，则晚至第二次世界大战结束才基本完成。这一过程之所以重要，是因为它奠定了中国作为一个现代国家赖以形成和运作的法理基础。

其三，在 20 世纪 20 至 40 年代将中国由一个军事上和行政上四分五裂的国家，经过重建和整合，改造成为一个高度集权、统一的现代国家。在此过程中，抗拒外国入侵、维护领土完整依然是建国的重要目标，但是，国家重建的中心舞台已经转到内部，呈现为不同区域、不同势力之间的相互竞争。较量的结果，总是实力最强的一支地方势力取代现有的中央政权；而制胜的关键，则在财政军事资源的集中和政治认同的打造。国家的制度架构因此也在"中央"与"地方"的不断对抗、更替中，一步步走向统一和集权。正是这样一个以克服非集中化和追求政治统一为中心内容的过程及其历史遗产，塑就了延续至今的现代中国的政治实体。

这三个中国国家转型的环节在历史层面和逻辑层面都是紧密联系的。每一环对于缔造现代中国均不可或缺，并且，如果不将其放在长达三个世纪的国家转型过程中加以审视，亦无法充分理解。因中国在 17 世纪晚期及 18 世纪初期的持续用兵，疆域随之扩大及中国本身被重新界定；由此形成的国家显现出军事或殖民帝国所不具有的稳定性和持久性。在 19 世纪融入世界体系的过程中，中国区别于所有其他非西方国家的地方，不在其疆土之不断受损，而在中央权力式微的情况下，完成了向现代主权国家的过渡，使其体现传统秩序的疆域变成现代国际法意义上的领土。因此，20 世纪的国家重建，并非在原先统一的朝代国家崩溃之后，由不同族群和宗教背景的政治力量，在各自所在的区域建立自己的国家，而是由挑战中央的地方势力，自下而上地完成国家权力的再集中和领土的整合。这三个步骤中的每一步，在现代中国的成长过程中，都是至关紧要的突破，同时彼此之间又显现了内在的连续性。其过程之复杂,绝非"帝国—民族国家"之二元对立和线性演进图式所可概括。

二、地缘、财政、认同:国家转型过程中的关键变量

以下三个因素是理解国家形成或转型过程之关键所在:一是地缘政治环境。在此环境中,国家针对来自国内、国外的挑战和机会,制定相应的战略目标,而这些目标又进一步决定了国家对各种资源的需求程度。二是财政—军事构造。它取决于经济规模的大小,经济资源在多大程度上可供国家汲取,以及国家通过税收、借贷、征用、动员或其他手段将资源转化成真正的财政收入和军事实力的能力。三是政治认同。它决定了国家对所掌握的资源进行再分配和加以使用的有效程度。这三个因素交相作用,决定了国家转型在每个阶段的进程和收效。下面以此为分析架构,对 1640 年代以来国家形成的三个环节,加以申论。

(一)多族群的疆域国家的形成

现代国家在中国的形成过程,始自清朝前期边疆的开拓和疆域的整合;战争在此一过程中起到关键作用。由此所产生的清代国家,与此前的明朝相比,在地缘战略和政府体制上确有根本的不同。但清朝并不能因此等同于世界史上所常见的军事帝国或征服王朝。为明了此点,有必要把清朝的扩张分为两个完全不同的阶

段。从满人的后金政权在东北兴起,到其入关之后取代明朝,至1650 年代基本控制关内各省份,是为扩张的第一阶段;此时扩张,是为了获得更多的土地、人口和财富,这跟欧亚大陆诸帝国,以及中国历史上的帝国形成过程,并没有根本的不同。但在此之后,清朝失去了进一步扩张的势头。在 1640 年代之后将近半个世纪,清朝的陆地版图基本未变;其立国的目标是维持在关内的统治,重建曾存在于明朝与周边各政权之间的朝贡制度。直至 1690 年代后期,清朝才开始了第二波征伐,至 1750 年代结束,使得外蒙古、新疆和西藏最终被正式纳入其治理体系。正是在此一阶段,清朝的疆域整合过程显示出与世界历史上其他帝国的兴起完全不同的动力,由此形成的国家,也异于通常意义上的帝国。

欲理解满族统治者为何从 1690 年代开始发动对北部、西北和西南部的征讨,有必要认识一下清朝独特的地缘战略。此一战略的核心是满族与大漠以南蒙古部落的结盟;这种结盟曾对清人南下征服明朝起到关键作用,也对此后拱卫京师不可或缺。清廷之所以在 1690 年代发动一系列的征讨,正是因为来自大漠以西的准噶尔蒙古部落东侵外蒙古、南下内蒙古,直接对京师构成了威胁。因此,不同于满人在第一阶段的开疆拓土之具有进攻、扩张性,其在第二阶段的历次战役均为防御型;此后为了把准噶尔势力从西藏驱逐出去,以及最终消灭准噶尔汗国而对其所发动的一系列征讨,均为防御或预防性质。新疆、外蒙古,以及西藏之正式被纳入版图,只不过是这些征讨行动的副产品,而不是征讨本身原初的目标。

不同于世界历史上帝国建造的典型路径,即以边疆作跳板进一步向外扩张，因而从来没有固定的边界，清朝在 1750 年代达成清除准噶尔势力的目标之后，版图即大体固定下来，并且在此后的一个多世纪一直保持不变（此后对缅甸、大小金川用兵，均为回击或平乱性质，并不以疆域扩张为目的）；与周边邻国的边界，也通过正式谈判或非正式的习惯性划分而得以界定。在其历史的大部分时间里，清朝并不寻求通过战争获得邻国的土地。它将自己定位为一个上承明朝、统治整个中国的正统皇朝，并以内地各省的税收为其全部的财源；对边疆各地区，则以军队加以驻守，以确保其地缘战略上的安全。

因此，19 世纪以前的清朝在世界历史上独树一帜；它既非一主权国家，也不是一般意义上的征服帝国。在三个重要方面，18 世纪处于巅峰时期的清朝区别于其他各国。其一是它的地缘政治环境。作为亚洲东部唯一居于支配地位的强国，它没有在规模和实力上可以对其构成致命挑战的对手，因此也就不存在持续不断地扩大和更新军力的压力。欧洲各国及相邻地区所出现的军事革命，清朝在 19 世纪晚期卷入全球范围的国家体系之前，从未发生过。国与国之间的竞争和交战，曾在欧洲早期近代国家形成过程中起关键作用，但在清朝迁都北京后，对其政权体制影响不彰。军事开支的不断上扬，曾经驱动欧洲各地的国家建造过程（更准确地说，是促使各国不断加强国家机器的榨取能力），但对清代国家的行政结构冲击不大，直至 19 世纪中叶地缘环境发生彻底改变之前均是如此。

其二是清朝独特的治理方式。有两个因素使得清朝的统治具有低成本、高效率的特征：内地人口的高度同质，使得种族和宗教纠纷减至最低程度；同时，国家对儒家说教和治理传统的一贯尊崇，也大大降低了汉人对清朝异族统治的抵触情绪，并赢得汉人精英的忠诚。因此，清朝没有必要打造一个庞大的国家机器，以最大程度地抽取财源；相反，由于没有来自周边的军事压力，清朝的政府规模极小，主要是依靠乡绅和宗族组织维持地方村社的秩序及履行对国家的义务。军事开支的相对固定，政府运作的低成本，纳税人口的庞大，所有这些因素交相作用的结果，是使清代得以长期执行低税政策，一直到 19 世纪晚期为止。换言之，清代之所以能够维持低税率，并非因为它无力抽取更多来自土地的剩余资源，而是因为没有必要。所有这些，皆与早期近代和近代欧洲的所谓"财政—军事国家"适成鲜明对比；后者因国与国之间战争加剧，面临不断上升的军事开支，所以财政需求也不断飙升，进而驱动国家扩大和重建行政机器，以增强税收能力。

因此，清朝不同于早期近代世界上的其他国家，还在于其独特的财政构造。早期近代欧洲的民族国家的财政体系是动态的，大都依靠间接税，具有扩张的潜力，这不仅因为支撑它的工商业一直在成长，也因为战争和庞大的官僚系统的开销导致国家财政需求的不断攀升。与之相反，19 世纪中叶之前，清朝财政体系是静态的，以田赋为主要收入，其收支结构基本固定。清朝的财政结构之所以缺乏弹性，当然是因为其地缘上的高枕无忧，使得军事开销相对稳定并处在一个较低水平，同时也因为人口与耕地的比率依然处在一个适度的状态；即使税率很低，因为纳税人口庞大，国家依然拥有充沛的财源。清朝的财政体系中由此形成一种独一无二的均衡结构，即财政收入相对稳定，并稍高于相对固定的财政开支。

可是,无论是清朝的地缘优势,还是其人口规模,均非恒定不变的,只要这两个前提条件中的任何一个受到破坏,此一均衡状态即不复存在。财政构造的这一特征,对清朝的兴衰起到至关紧要的作用。它有自身的优点,即在正常情况下,每年均可产生一定的盈余,长此以往会是一个很大的数目;正是凭借此一盈余,清廷可以从事征战和拓边,而不必增加土地税率。但是它也有自身的弱点,亦即均衡状态的脆弱性,最终将在19世纪因为上述前提条件不复存在而深刻影响着中国的转型道路。

其三,清朝的边疆政策也不同于其他帝国。世界历史上各帝国的建立,驱动力均来自宗教诉求或统治者对土地、人口和财富的贪婪,而不是出于自身防卫的需要。清朝正好相反;它之所以致力于外蒙古、新疆和西藏等边疆的整合,并不是因为对这些地方的财富感兴趣,更不是为了传播宗教,而是由于这些边疆在地缘战略上的重要性。清朝仅仅是在其受到来自外部(主要是准噶尔汗国)的威胁之后,才发动一系列征讨,边疆随之扩大。也正因为如此,清朝治理边疆的目标,并不是要那里提供贡赋或税款,以增加自身的税收,而是要确保边疆的稳定,使之对其核心地带起到保障作用。

在其他帝国历史上,对殖民地肆意榨取,对被征服对象进行政治和宗教压迫,是司空见惯的现象;相比之下,清廷对边疆的贡赋要求微乎其微,仅具象征意义,甚至要为边疆的行政体系提供财政补贴。它对边疆的治理采取的是一种实用的方式,即鼓励满洲贵族与蒙古王公通婚,庇护西藏上层精英所信奉的宗教,但并不在满人内部或内地各省提倡之;对于边疆的世俗和宗教领袖,牢固掌握自己的任免或认可权;对边疆的统治精英分而治之,限制其影响力。所有这些都使得清代国家始终能够维持边疆的稳定。清代这些行之有效的政策,也在很大程度上说明了这些边疆即使在清朝覆灭之后,依然接受中央政权名义上或实质性的控制。此一事实跟其他所有帝国衰退或灭亡之后,其边疆、属地或殖民地纷纷独立,构成鲜明的对比。硬要把清代的国家形成,与欧洲历史上的帝国创建过程加以比附,显然没有足够的理由。

清代国家不仅不能跟欧亚大陆历史上的军事帝国画等号,也不能跟中国历史上的汉人王朝等而视之。满人的入关统治,不仅带来版图的扩大,更促成中国的重新定位和定义,地缘上"内"与"外"的概念也为之一变。所谓"内",已从明代两京十三省扩及包括内地十八省和所有边疆的整个中国;而"外"则由原来长城以外的所有游牧部落,转变为边疆以外的周边邻国。

18 世纪中叶以后的"中国",也从清代以前的以汉人为主体、以对华夏文明的认同为基础、边界模糊的王朝国家,过渡为一个多族群的、边界日趋清晰和固定的疆域国家。因此,如果抱守传统史学中的汉族中心论,将边疆人口看作"少数民族",视之为可有可无,无疑弱化了清代历史中最富有意义的部分。然而,如果过分强调边疆的作用,认为清朝是一个"亚洲内陆帝国",认为内地各省仅仅是此一帝国诸多版块中的普通组成部分,同样失之偏颇。清朝移都北京后,将自己界定为明朝的继承者,即一个版图扩大之后的中国(不仅包含内地省份,也包含边疆地区)的正统王朝。对于清廷而言,内地和边疆功能各异。内地不仅为大清提供了统治整个中国的合法性,也为中央提供了几乎全部的财源;而边疆仅仅用来提升国家的战略安全,捍卫其对内地省份的统治,而非作为财源。

清朝之所以可以被称为中国的一个朝代，而非满族的或是亚洲内陆的帝国，正因为它一直以内地各省为国祚之根本。

因此，我们最好把清代中国定义为一个前现代的或早期近代的疆域国家：它拥有固定的边界和稳定的版图，拥有一支形制完备的常备军，拥有一个高度集权的科层化的行政体制，这些均为中世纪欧洲大大小小的政治体所不具备，而跟早期近代欧洲的民族国家有颇多相似之处，但它不属于正形成于西方的、由主权国家构成的近代世界体系之一员。另一方面，它又不同于靠战争维持其生命的传统军事帝国，也不同于世界历史上缺少明确疆域概念的各种形式的政治实体。作为一个高度集权、疆域固定的大国，它比非西方世界的其他任何政治实体，都更加具备向主权国家过渡的条件，同时也将会遭受来自西方的更为严重的冲击。

（二）迈向近代主权国家

对早期近代欧洲绝大多数地区而言，中央集权国家的兴起和领土的巩固，皆发生于由诸多国家构成的国际体系之中，这些国家在国际法下既互认为平等伙伴，又展开激烈竞争。中国的不同之处在于，清朝作为一个疆域国家的形成，与其介入世界国家体系，是两个不同的步骤。第一步已在1750年代完成，第二步则要等到19世纪遭遇重大危机之后。从18世纪末开始，清朝在三个方面连续遭遇危机。一是在人口方面。在17和18世纪，中国人口增长了四倍，对土地资源构成日益严重的压力，最终导致1790年代后期和1850年代大规模的内乱。二是在地缘政治方面，即欧洲两大强国

(英、法)出于商业利益反复入侵中国。这两大危机叠加在一起,破坏了先前清朝财政构造中长期存在的低度均衡状态(详见第四章)。第三种危机则涉及汉人精英对于清廷之认同感。太平天国和清末十年的革命运动先后挑战了这种认同感,它们均诉诸历史上和现实中的满汉矛盾,以动员民众反抗清廷。尽管面临这三重危机,清朝仍在19世纪后半期以"自强"为旗号发起了一场现代化运动;义和团之后,现代化运动在"新政"的名义下以更大规模在全国铺展。因此,当清朝于1911年走到终点时,中国已经经过重新打造,维持了其绝大部分领土,避免了边疆的分离;政权本身无论在军事上还是行政、外交体制上,均经历了相当程度的现代化。这跟近代欧亚大陆诸帝国之四分五裂以及绝大多数非西方国家之遭受西方征服和沦为其殖民地的命运,形成了鲜明对比。晚清中国历史固然充满了挫折和屈辱,但放眼整个非西方世界,它更是一部国家转型非常成功的历史。

有三种因素可以解释晚清国家的这种适应能力。首先,其财政构造发生转型,即由原来供需两侧均缺乏弹性和扩张能力的低度均衡机制,转变为一种高度不均衡机制;在此机制中,不断增长的需求推动了供应的增加,而且非农业财政收入(贸易税、贷款及其他财政手段)取代田赋,成为国家岁入的最重要来源。在财政转型背后起支撑作用的,则是中国的辽阔疆域、庞大人口,以及由此产生的巨大经济体量。因此,不管新产生的资源抽取机制多么低效和不合理,它总能提供足够的财源,满足中央和地方政府急剧增长的开支需求。此项转型完成于1850年代至1870年代,其代价乃是中央失去了对各省正式的和非正式的各种财源的控制,以及汉族精英势力的崛起；后者通过控制本地区的财政、军事及行政资源，在同治、光绪年间的"中兴"大业中起到关键作用。

第二个因素是清朝为了应对来自中亚和东南沿海的地缘政治危机而调整其国防战略。中亚的军事力量在 1860 年代中期入侵新疆，这对清廷来说是一个传统的威胁；而在 1870 年代，清朝又开始在东南沿海面临来自日本的新威胁。清廷的传统战略是优先确保内陆边疆地区的安全，这种战略与清朝新获得的财政—军事实力结合在一起，使其能够成功地收复新疆。而海防在清朝的总体战略中的重要性也在迅速上升，但当政者对其紧迫性认识不足，资金投入有限，结果导致甲午战争的惨败。不过，新型的财政构造具有足够的灵活性和扩张性，使得清朝可以承受战后对日赔款，并支撑 1900 年之后全面展开的现代化事业。

财政转型和地缘战略调整所折射的，是晚清国家的治理能力。晚清政府问题重重，官员腐败、守旧、排外现象比比皆是，但是，它毕竟建立在以个人能力为衡量标准的科举制度之上，因而封疆大吏当中不缺通晓时务、精明能干之士；整个政府体制依然能够在内忧外患中控制局势，对现代化所需资源起到协调和控制作用。国家的世俗主义取向，汉人官僚的经世致用传统，士大夫因朝廷尊崇儒学而对清朝所产生的忠诚，所有这些都使得那些掌管国家各部和各省的官员，有能力履行其基本职能。因此，尽管自 1850 年代起中央的财政、军事和用人权力在向各省下移，但是清廷从未失去对封疆大吏的人事上的控制，也始终有能力决定中央与地方之间的财政、军事资源的再分配，因此，晚清的财政、军事和行政体制，实为一种"地方化集中主义"（localized centralism）。正由于这一独特体制的作用,清朝能够平定其历史上前所未有的内乱,收复边疆失地;在1894年中日甲午战争之前的数十年间,中国依然能够推动国防、制造业、交通运输、教育和外交的现代化,从而出现长达30年的"中兴"局面,并且在庚子义和团运动之后以"新政"的名义展开新一轮的全面现代化工程。也可以说,中央权力下移与地方封疆大吏的自强、新政举措,两者实互为因果。权力地方化本身并不是坏事,如果中央尚未失去对地方的最终控制权的话;恰恰相反,它实际上是晚清国家赖以幸存、中国得以开启向现代国家转型的基本条件。

第三个有助于晚清度过内忧外患的因素,是汉人和非汉人精英所共享的"中国"认同。1750年代以后清代国家的长期和平和稳定,使得世世代代居于其内的各个族群(尤其是他们当中的精英阶层)对现有疆域产生归属感。朝廷对边疆地区宗教的庇护,对边疆精英阶层的优待,满人的汉化,汉人之移民满洲、内蒙古和新疆,以及清朝在最后几十年力求将边疆的行政和内地省份加以整合,所有这些都有助于在各族精英阶层中培养共同的国家观念;其中,汉人官僚精英之超越对朝廷忠诚的中国意识的觉醒尤为关键。晚清国家的权力非集中化之所以没有伴随国土的四分五裂,主要原因也在这里。晚清绝大多数的革命党人和来自不同背景的改良派人物,尽管在对待朝廷的问题上立场不同,但皆有一个共识,即把中国(包括内地和边疆)打造为一个统一的现代国家,无论其政体是共和还是君主立宪。虽然部分革命党人在其早期活动中诉诸反满言论以博取民众支持,但他们很快便放弃此一做法,提出满、蒙、汉、藏、回"五族共和",并获得一些满族上层和边疆地区其他非汉

族精英的响应。这些均有助于中华民国在 1912 年成立时继承前清
的边疆。

　　所有这些,皆跟 19 世纪和 20 世纪初的奥斯曼帝国形成鲜明对
比,后者之所以得以维持,主要是依靠伊斯兰教及代表这一宗教的
哈里发作为精神支柱;帝国境内的不同族群,很难对于一直处在扩
张或收缩过程中的帝国疆土产生认同感。因此在帝国崩溃之后,
人们只能按照不同的族群各自建立新的国家,国家的领土只能限
于本族群所居住的地带。尽管在奥斯曼帝国走向衰落的过程中,
曾有来自不同背景的精英分子提出挽救帝国的种种方案,诸如奥
斯曼主义、泛伊斯兰主义、泛土耳其主义之类,但是对土耳其共和
国建国之父凯末尔(Mustafa Kemal,1881—1938)来说,这些方案皆
不过是"我们从未能够实现也无法实现的理念"而已。① 最终被证
明可行的,是凯末尔自己所提出的在土耳其地区建立一个土耳其
人的疆域国家的想法。按照他的设想,建国运动应该仅仅限于土
耳其人生息繁衍的地区,亦即安纳托利亚腹地,凯末尔谓之"我们
天然的和合法的限度"②。然而,对于孙中山及其追随者来说,中华
民国绝不应该仅仅限于所谓中国内地各省,而应建立在清朝原有
的疆域之上;这不仅可行,而且就新生国家政权的合法性而言,还
势在必行。毕竟,这个以"中国"为名的国家,已经稳定存在数个世
纪,它只需加以再造,而非另起炉灶,加以发明。

---

① 转引自 Bernard Lewis, *The Emergence of Modern Turkey*, New York: Oxford University
　 Press,2002,pp. 353-354。

② 转引自 Bernard Lewis, *The Emergence of Modern Turkey*, New York: Oxford University
　 Press,2002,pp. 353-354。

　　总之，晚清国家在 19 世纪后半期对财政、军事和行政体系的改造和中国共识的形成，决定了中国走向现代主权国家过程中的成与败。从鸦片战争到义和团，中国在与外国列强的遭遇中屡受重创。战后一系列不平等条约的签订，尤其是割地赔款之耻，刺激了每位仁人志士。这一连串的失败，经过 20 世纪民族主义历史书写的刻意放大，成为晚清政权在帝国主义欺凌下"丧权辱国"的集体记忆。然而，除了"失败"的记录，晚清中国还创造了一连串令人讶异的"成功"；其中最可述者，无疑是它在卷入欧洲列强所主导的国际体系之后，通过外交和行政体制的变革，不断地向现代主权国家的目标迈进，并通过地缘战略的调整和国防的现代化，始终能够维持其原有版图的基本格局和政府体系的独立运作，成为幸免于沦亡的少数几个非西方国家之一。而这一系列成功的关键，除了财政构造的非集中化及其所具有的高度扩张性，使晚清的各项现代化事业成为可能，背后更为根本的，乃是 19 世纪后期官僚和知识精英的政治意识日渐发生转变，从原先对朝廷的效忠，过渡到对形成中的主权国家即"中国"的效忠。主权国家的利益和朦胧的民族意识，超越了族群、派系的樊篱，成为凝聚共识、形塑集体行动的最大公约数。此前汉、唐、宋、明王朝国家历史语境中所特有的"化内"与"化外"的概念，以及清代早期疆域国家所使用的"域内"与"域外"、"海内"与"海外"的二分法，到了晚清和民初，已经日渐被"中国"与"外国"、"国内"与"国外"的二分取代。此一转变所折射的，正是现代主权国家在中国的形成过程。

（三）统一集权的现代国家之肇建

国家转型的第三个突破，是针对晚清财政、军事和行政体系的碎片化，及其最终演变而成的民国初年军阀混战，走上政治统一和权力再集中的道路。正是在此过程中，我们终于看到中国跟某些欧洲国家类似的发展。战争成为建国的驱动力；能否为战争而扩充财源和凝聚共识，成为决定建国成败最关键的因素。

国家重建的最初突破，出现在清朝覆没之后 20 年间。这一时期因为政治分裂和军阀混战，而被人们视作中国近代史上的黑暗时期。然而，恰恰是在这种分裂和无序状态中，产生了区域性的财政—军事政权（regional fiscal-military regimes）。各支军阀或军阀派系不只是为了生存和扩张而无休止地相互争斗；其中的佼佼者也耗费巨大精力来巩固自身政权，所采用的手段包括：在所控制的辖区内建立集中化的官僚系统，致力于财政和金融系统的统一和标准化，建设公路、铁路及其他基础设施，提升公共教育和医疗卫生，鼓励工商业发展，提倡基层政府自治，允许省级或县级议会的存在，从而在地方精英当中建立共识。通过这些努力，那些最有雄心的派系将其所控制的省份打造成了区域性强权，一如早期近代欧洲的国家构建过程。到 1920 年代中期，在所有这些区域政权中，有两大力量最为成功也最具影响力，即满洲地区张作霖领导的奉系集团，以及孙中山所领导的广东国民党政权。到 1930 年代早期，经过北伐，国民党势力最终消灭或制服了其他所有军阀，推动了统一的民族国家的形成。因此，不同于欧洲的先行者（以英、法为代表）

所走的从上至下的建国路径,亦即从中央到地方逐级实现国家权力的集中化和科层化,中国在清末自上而下的"新政"失败之后,所走的是一种自下而上的路线,或谓"集中化地方主义"(centralized localism),即由强大的地方力量首先实现内部的统一、集权,然后地方政权再经过彼此间的竞争,建立统一的全国政权,一如欧洲民族国家形成过程中的那些后来者(以德、意为代表)。

国民党统一全国凭借以下三种因素:地缘政治方面,它在广东获得苏俄的物质援助,这对其早期的军事建设极为关键。财政上,它能抽取到比其他任何对手更多的财政资源:最初依靠统一广东的财政和金融体系;进入长江下游地区后,则通过发行公债和银行借款从上海财阀那里获取支援;继而控制海关和全国工商税收。另外,国民党在宣传上致力于国家统一和反对帝国主义,也赢得各方社会政治力量的认可。党化教育和以党领军、以党领政的实践,则使国民党试图通过其意识形态的灌输和组织上的渗透,达成对军队和行政系统的全面控制。因此,北伐时期的国民革命军士气高昂,战场上节节胜利。此后二十来年,国民党政权在建国上的成就,举其要者,有以下二端。

其一,经过十多年的整合,到抗战全面爆发前夕,国民政府在蒋介石的领导下,已经建立了一个全国性的政治和军事架构,消弭了过去各区域割据势力之间的公开对抗和政治分裂;在财政和税制上也在逐步建立全国统一的制度。一个政治上和军事上统一的民族国家已现雏形。事实上,也正是由于中国的政治军事局势快速地朝着此一方向推进,日本军国主义势力才在1931年贸然占领满洲,在1937年发动全面侵华战争,因为一个统一强盛的现代中国的成长，必然意味着日本的帝国主义扩张野心的终结。所以中日之间的全面交锋在 1930 年代已在所难免，蒋介石所能做到的，是尽可能培育自身实力，推迟战事的发生。全面抗战爆发后，国民党军队因实力相差悬殊，节节败退，乃意料中事；然而战前十多年的政治和军事整合，对八年全面抗战期间国民政府将各派系凝聚在一起，不仅在日本的大举进攻下幸存下来，而且组织了有效的抵抗，最终以胜利的姿态结束这场战争，仍起到关键作用。

其二，正是由于中国在"二战"远东战场上所起的关键作用，在"二战"结束前后，现代国家的建造获得了前所未有的突破。国民政府次第废除了自鸦片战争以来外国列强跟清政府所签订的一系列不平等条约，取消了外人在华治外法权及其他各项特权，取消了外国在华设立的公共租界，并且早在 1929 年即已实行关税自主；由于打败了日本，中国收回了台湾和澎湖列岛，恢复了对东北三省的治权；同样重要的是，中国以联合国的创始国和安理会五个常任理事国之一的身份，确定了其在世界上的政治大国地位。

然而，同样一组因素（地缘、财政及认同）也能解释国民党的失败。事实证明，自 1870 年代以来，国家重建的最大威胁来自日本。奉系集团原本是国民党在北方最强劲的对手，正是日本占领东北三省，导致其走向萎缩和衰亡。1937 年后，日本的全面侵华战争进一步打击了国民党的国家统一和重建事业。在此期间，中共领导的敌后抗日根据地不断发展壮大，最终成为国民党最大的对手。财政上，在 1927 年定都南京之后，国民党不仅优先在军事上投入大量经费，以巩固地盘，而且作为一个全国政权，还需承担全国事业机构和军事机关的巨大开支，结果不堪重负。政治上，尽管蒋介石通过制服各支军阀及党内对手建立了个人权威，尽管抗战时期各派力量面对全民族的生存危机也暂时接受了蒋介石的领袖地位，但他从来没有消除党内、党外对手的挑战。其领袖地位更多的是建立在与对手的妥协之上，而不是依靠意识形态的说服力和个人魅力。由于蒋介石从未消除国民党内部的派系倾轧，建立自己在军政界的最高权威，因此，一旦抗战结束，国共内战再度发生，嫡系与非嫡系之间的矛盾就会在战场上表露无遗，各支部队无法真正做到协调行动，在与中共部队的大规模作战中一再败北，最终弃守大陆。

概言之，国民党政权的最根本弱项，是其党政军体制的不完全集中化或"半集中主义"（semi-centralism）。尽管在 1927 年之前，作为一支地方势力，国民党的财政军事组织比任何其他竞争对手都更加统一、集中，从而有能力击败或收编对手，但在 1928 年名义上统一全国之后，南京政府不仅未能成功地整编各支地方势力，也未能打造一个集权、高效的行政管理体系，更谈不上把国家权力有效地渗透到城乡底层社会，建立一个可以满足国家财政收入和社会控制需求的基础结构。

对比之下，中共在与国民党的竞争中取胜，恰恰是因为它在地缘、财政和认同三方面同时取得突破，从而实现了全方位的集中化或"全面集中主义"（total centralism）。

"二战"结束后，曾经对建国构成最大障碍的日本战败了，苏联的介入则构成了国共斗争中最重要的地缘因素。苏联红军所占领的满洲，是中国农业剩余最多，近代交通、能源、制造业和军火业最集中的地区。中共军队充分利用了这一优势。尽管进入满洲的过程因苏方顾忌中苏同盟条约所承担的义务并不顺利，但在占领东北大部之后，其财政军事构造发生了根本性转换：中央主力从原来困顿于西北地贫人稀的边区、缺乏枪支弹药、只能靠游击战术生存的地方势力，变成了兵源充沛、供应充足、拥有大批量新式武器的强大军队，终于可以与国民党军队相抗衡，在正规战场上一决雌雄。中共的财政体制，也从原先以农业剩余为主要财源、各支部队自筹自用、各根据地自成一体的分散状态，逐渐过渡到统一集中、各根据地相互协调、连成一片并且学会利用城市工商税源和现代财政手段的新体制。整个内战期间，中共的财政构造越来越呈现为新与旧两种体制的巧妙结合：利用高度集中的、跨解放区的新体制，它可以在短时期内动员巨大财力和物资，支撑大规模兵团作战；与此同时，在兵源和后勤供给上，它延续了延安时期已经十分成熟的草根动员模式，借助党组织对乡村的渗透和土改运动，以几乎无偿的方式，动员千百万民众提供源源不断的物质和人力支持。此构造因而是扩张型的、可持续的，并且能够维持总体上的平衡。中共的优势，正是在其新获得的集中控制的城市经济和财政资源，与其传统的分散控制的人力动员及后勤保障模式的巧妙结合，新旧体制相得益彰，从而产生了巨大而源源不断的战斗力。

最重要的是，中共在 1940 年代不仅克服了其早期历史上对共产国际的过分依赖，而且通过克服党内高层的宗派主义和各根据地的山头主义，确立了以毛泽东为核心的党的第一代中央领导集体。政治上的高度集中，加上内战初期的军事劣势所带来的生存危机，使得不同地区的中共军队能够做到和衷共济，服从中央统一领导，战场上相互协调。与此同时，中共重视意识形态宣传，通过党组织加强基层官兵的纪律教育，加上推行土地改革，给农民参军带来物质激励，使军队保持着旺盛的士气。因此，中共党政机关及整个军队，从上到下都形成了对于毛泽东领袖地位的高度认同，以及求胜的强烈期待，从而使中共成为民国肇建以来最具竞争力的一支建国力量，有能力将自己从区域推向全国，最终建立起一个高度集中统一的国家政权，彻底扭转了晚清以来权力下移、头轻脚重的政治格局。

总之，克服源自19世纪后期的权力非集中化趋势和各种离心力量，以"革命"的名义致力于国家的再造，是20世纪中国国家转型最为关键的一步，而政党成为完成此一任务的利器。党不仅成为革命的中坚，而且革命本身是以党的名义，依靠党的组织渗透和控制来进行的。革命的成败，跟地缘的变局和财政军事资源的掌控息息相关，但是最终起决定作用的，还是党内力量的凝聚。加入政党成为投身革命的必要门槛。对党的忠诚，超越其他一切，成为衡量一个人是否具备革命思想的最重要尺度。而这种忠诚并非抽象的，在打造党内认同的过程中，它被具体化为对党的"正统"意识形态的尊崇，以及在组织上对党的各级领导的服从。共产党之所以最终能够击败国民党，不仅是因为革命的后期，即国共内战期间，其地缘环境和财政军事资源发生了颠覆性的转变，更重要的是它在凝聚党内共识、达成组织团结方面，把国民党远远抛在后面。

纵观中国的国家转型漫长历程，如果说前两个环节（多族群的疆域国家的形成及其向现代主权国家的过渡）解释了现代中国为何在规模上很"大"的话，第三个环节则回答了它为什么在结构上很"强"的问题。20世纪的中国，不仅没有像土耳其那样，经过帝国裂变，其疆域回归主体民族的腹地，而且也没有像战后土耳其共和国那样，走上西式议会民主的道路，而是以建立一个高度集中统一的国家而达到高潮。所有这些，皆与"帝国到民族国家"的目的论相悖，后者对民族国家做了双重界定，即不仅是一个由共享文化或族群传统的人民构成的主权国家，而且是体现"主权在民"理念的民主政体，而在 20 世纪的国际政治上，"民主"被等同于欧美式的代议制多党政治，为"二战"后的众多亚非国家，以及苏联解体后的东欧国家所纷纷仿效。

事实上，中国曾有两次践行西式代议制民主的机会，一次是在民初北京政府时期，另一次是在 1946 年南京政府时期。两次试验均昙花一现。1913 年 4 月开始的第一届国会，因为地方派系与中央的武力对抗而时断时续，无法正常运作；而 1946 年的"宪政"试验，也因为国共内战的爆发和国民政府"动员戡乱"条文的实施而名存实亡。在这两次转变过程中，西式代议制民主之所以失败或中断，而被一党独大、走向集中统一的国家体制取代，有多重因素在起作用，其中最根本的原因，乃在政府体制内部或共享的国家架构内部之制度化了的权力下移，致使各省或各区域的自主力量日渐坐大，与中央争夺对财政、军事和行政资源的控制；此一过程始于晚清，而在民国时期进一步加剧。因此，20 世纪前半期中国的建国方向，不是朝着西式议会制民主过渡，而是针对地方离心势力与中央政府的博弈、抗衡和挑战，不断趋向权力集中。

如果再跟土耳其加以比较，我们可以更清楚地看出为什么中国向现代民族国家的过渡，以高度集中统一的国家的肇建为其阶段性结局。奥斯曼和晚清国家虽然都经历了财政体制的非集中化,但后果却大不相同:在奥斯曼帝国,财政非集中化以包税的形式发生在政府体制之外,从中受益的是作为个人的地方显要,他们并不一定掌握各省的行政和军事权力,所以,他们跟中央结盟事实上有助于延长帝国的寿命。相比之下,晚清中国的非集中化发生在政府体制之内,各省督抚自主收税、截留税款,用于地方事业,结果强化了自身权力。晚清的权力下移因此走向了制度化和官僚化,使得各省实力派构成对朝廷的真正威胁,最终带来民国初年各区域财政军事政权的崛起。土耳其开国领袖凯末尔在奥斯曼帝国分崩离析之后,由于没有内地各省割据势力的存在,可以轻易建立一个中央集权的国家;凯末尔本人也凭借其领袖魅力,在执政期间,建立了个人对土耳其国家的实质性控制。"二战"期间,土耳其保持中立,国内政治稳定,不存在任何反对势力用武力颠覆政府的空间。战后土耳其跟西方结盟,使多党制民主在大权独揽的凯末尔去世后成为其政府的必然选择。相比之下,民国时期的中国国家,必须把主要精力用于清除各区域的地方势力,为此不得不追求一个更加集权、更为强势的中央政权。共产党要打败和取代国民党政权,取得革命的胜利,则必须在组织上比对手更加集中,在思想上更加统一。内战结束之际,毛泽东形成对苏"一边倒"的地缘战略,更使得共产党领导下的权力高度集中的政治体制,成为新中国领导人的唯一选项。

三、现代中国的形成

（一）什么是"中国"？

以上截至 1940 年代国家转型的三个环节，综合起来，可视作累层叠加的国家形成过程。如果对此一过程做谱系分析，可以清晰地区别出现代中国国家的以下四个层次。

（1）国家内涵的最底层，是原初型"中国"，即清代之前中原华夏王朝所代表的以汉人为主体的高度同质化的单一族群国家；就其地理范围而言，到明代已经覆盖长城以南的两京十三省，清代则为内地十八省，至晚清再加上东北三省。中共二大宣言将此区域表述为"中国本部"或"本部各省（东三省在内）"[①]；西方文献中有

[①] 中央档案馆编：《中共中央文件选集》第一册（1921—1925），北京：中共中央党校出版社，1989 年，第 111、115 页。

关历史的中国的讨论,至今仍沿用"China proper"这一术语。[①] 对本族群所体验的历史、传统和所尊崇的文化价值的认同,是此原初型族群国家构造中最核心的内容。

(2)清朝前期历史的最大意义,是在原初型华夏国家的基础之上,打造了一个真正意义上的多族群的、疆域的国家,使"中国"增添了一层全新的含义。中国不再限于原先汉人聚集的中原和华南地区,而是进一步延伸到周边的满、蒙、藏、回各区域。中国的疆域不仅大为扩展,而且其边界也从原来的多变和模糊不清,变得日渐稳定和清晰。尽管中国仍处在西方正在形成中的主权国家的世界体系之外,但在整个非西方世界,清朝的固定疆域和政府对其版图的有效治理,使中国成为最接近主权国家、最有条件迈向现代主权国家的政治体之一。

(3)晚清历史的重要性,在于通过军事自强和内政外交变法,不仅成功地保存了其版图的基本格局,而且把中国从一个疆域国家,进一步改造为一个初具雏形的主权国家;其既有的疆域,尽管

---

① "China proper"这一术语曾在 19 和 20 世纪西方文献中被广泛使用,其所指的是清代主要由汉人聚居的、在中央集权的官僚制度统治之下的内地十八省。但这一术语的渊源可以溯至 18 世纪。例如 William Winterbotham 即曾把清朝描述为由三个部分组成,即"China Proper""Chinese Tartary"和"states tributary to China"(William Winterbotham, *An Historical*, *Geographical*, *and Philosophical View of the Chinese Empire*, London:Ridgway and Button,1795,p. 35)。这一术语的中译("中国本部")借自 20 世纪早期的日文翻译,曾被国民党和共产党人借用(参见孙中山《孙中山选集》第 1 卷,北京:人民出版社,1956 年,第 186—338 页)。但是中国的民族主义知识分子多拒绝这一术语,斥之为外国列强(尤其日本)用来为侵略中国辩护的工具(例见钱穆《中国历代政治得失》,北京:生活·读书·新知三联书店,2012 年,第 103 页)。

在与国外列强的遭遇中，受到零碎的侵损，但是经过国际间的确认，已经成为国际法上有效的领土。不过，中国之基本成为一个对其领土拥有完整主权的国家，则是在第二次世界大战结束之际；经过国民政府的不懈努力，中国最终取消了晚清以来所签订的有损其主权的不平等条约，收回了曾经被日本侵吞的土地。

（4）最后，在其历史谱系的最新层面，中国呈现为一个由其宪法规定的共产党领导下的社会主义国家。针对晚清国家权力的非集中化和民初日益膨胀的地方割据势力，依靠政党的意识形态和组织力量，自下而上推进国家统一和权力再集中，是 1949 年之前中国的现代国家形成之最关键的一环；国民党的建国运动，共产党革命的最终胜利，以及 1949 年后的国家权力结构，离开这个大背景，便无法理解其历史意义。

今日的中国国家，同时具有以上四重含义。原初型中国的历史传统和文化价值，依然是今日中国国家所倡导的爱国主义教育的核心内容。此一族群的、文化的中国，至今依然是将全球各地华人联结在一起的最大公约数。它的形成，贯穿了上古以来的整个中国历史；至于华夏先民如何从新石器时代散落于黄河中上游的原始部落经过数千年的繁殖，将其势力延伸到华东、华南、西南地区，成为人类历史上规模最大且高度同质的族群，在迄今为止的历史著述中仍未得到很好的解释，依旧是世界历史上的一个最大的谜团，但这已经超出了本章的范围。真正能够界定"近现代中国"（modern China）的，是上述谱系中的第 2 至第 4 层面：三者对于现代中国的国家构成，均不可或缺。首先，就疆域和人民而言，它是一个囊括内地各省和边疆各地区的、多民族的国家，这是今日中国区别于原初中国的根本之处；其次，就性质而言，它是一个得到其他国家承认的、拥有完整主权的现代国家；最后，就现今中国的内部治理体制而言，它是政治上高度统一和权力结构相对集中的国家。

中国的国家转型，一言以蔽之，并不是帝国与民族国家之间的断裂，而是上述四个层面由底部到表层不断叠加的结果；每增添一层，中国的国家形态即会有新的变化，被赋予新的含义；并且，在经济社会完成全面转型之前，在达到国家既定的统一目标之前，在与周边国家及全球大国之间的地缘政治格局定型之前，中国的国家再造过程，依然在进行之中。

（二）什么是中国的"近现代"？

有了这样一些基本认识，现在我们可以对中国的"近现代史"（modern history）加以重新界定。首先需明确的是，这里所谓中国近现代史，是关于"中国"作为一个"现代国家"的形成历史，而一个现代国家须具备四个最基本的要件，即疆域、人口、主权和政府。[1] 我们对现代中国国家形成历史的解读，因此必须至少包括这样三个最基本的问题：（1）它是怎样成为一个包括内地和边疆的多族群国家的？更具体地说，它是怎样从地理范围局限于中原和华南的原初型中国扩充至它现有的边疆地区，并且维持对内地和边

---

[1] Thomas Grant, *The Recognition of States*: *Law and Practice in Debate and Evolution*, Westport, CT: Praeger 1999; David Raic, *Statehood and the Law of Self-Determination*, The Hague: Kluwer Law International, 2002.

疆的有效治理的？（2）它是怎样成为一个现代主权国家的？具体而言，在被卷入世界范围的主权国家体系之后，它是如何维持自身的生存尤其是既有疆域，并在国际上获得对其主权的确认的？（3）现存的政府体制是在怎样的历史背景下及通过何种路径形成的？

本章所论述的中国国家转型的三个环节，分别围绕上述三个问题次第展开。1949 年前的中国近现代史，不妨将其界定为中国从一个原初型的华夏国家，经过多族群的疆域国家的拓展，进一步走向统一集权的现代主权国家的历史。如果要对这段历史加以分期的话，它大体上包括以下四个阶段：

（1）多族群疆域国家的形成时期：从 1640 年代清朝入关取代明朝，成为中原统治王朝，从根本上改变了原先华夏王朝的地缘战略格局，到 1750 年代清朝经过半个世纪的征战，将蒙古、新疆和西藏正式纳入自己的版图；中国作为一个多族群的疆域国家的格局，至此基本形成，并为日后向现代主权国家的转型，奠定了基础。可以把清顺治帝于 1644 年发布告祭天地文"兹定鼎燕京，以绥中国"作为这个时期的起点。它不仅象征着清朝接续明朝统治"中国"的正统王朝地位，更预示着满人的独特地缘战略将给中国的疆域构成和治理体制带来根本的改造。

（2）多族群疆域国家的稳定时期：乾隆帝于 1755 年平定准噶尔之后立碑纪功，象征着多族群疆域国家（"皇清之中夏"）的建构已经基本完成；它突破了原初型中国之汉人中心的化内、化外樊篱，从根本上区别于以往"汉唐宋明之中夏"。此后，清朝借助两套不同的治理体制（内地的中央集权官僚制度和边疆的理藩体制）对全境进行了有效治理，维持了疆域国家的基本稳定。但是其特定的地缘格局和资源禀赋所孕育的低度均衡的财政体制,使清代国家对 18 世纪晚期已经浮现出来的人口压力和 1840 年代突发的地缘危机,缺乏制度上的准备和有效的应对。

(3)向现代主权国家过渡时期:从 1840 年代起,中国在遭遇欧洲列强和日本的次第重创之后,调整地缘战略,以非集中化的方式重构财政和军事体制,从而维护了 1750 年代以来业已定型的疆域基本格局。1860 年代以后,晚清政权在外交和行政体制上,开启了向近代主权国家的全面过渡;而 1861 年 1 月总理各国事务衙门的设立,则可视作此一过程的象征性起点。但国家主权的恢复和甲午以后被迫割让给日本的领土的收复,要到 1945 年抗战胜利前后才基本完成。

(4)统一集权的现代国家肇建时期:从 1920 年代开始,针对晚清以来军事、财政和行政体系的非集中化,以及民国初年加剧的地方割据,各个区域性财政军事政权倾全力打造一个全国性的、权力集中的政府体制;不妨把孙中山于 1923 年 3 月在广州建立陆海军大元帅大本营,视作此一过程的象征性起点。但这一任务最终是在解放战争时期由共产党所领导的力量,在全新的地缘政治环境中,充分发挥其政治优势和不断扩大的财政军事实力,通过击败国民党势力加以完成的。

(三)国家形成的"中国道路"

中国迈向现代主权国家的道路,之所以不同于其他国家的历史经验,主要是因为它从自身的前近代历史和近代历史上所获得的三项遗产，即清代以前已经形成的华夏王朝国家，清代前期的边疆整合，以及 19 世纪后半期国家财权、军权和行政权的非集中化。经过三个世纪的国家转型所产生的现代中国，之所以在规模、结构上"大而强"，正是这三种遗产交相作用的结果。其超大的规模，首先源自华夏民族自身数千年来的开疆拓土和对周边部落的同化，由此得以形成一个原初形态的"中国"。清朝正是依靠它所沿袭自明代的原初中国，才得以重新打造一个规模更大的新中国：来自内地各省的巨量财源，使之能够发动屡次征讨，建立新的边疆；同时，清朝作为一个外来的王朝所独有的地缘战略格局，也使之有必要进行边疆整合，以确保它对内地的控制。正是清代以前原初中国的遗产和清朝的开疆拓土这两者的结合，解释了现代中国为什么得以建立在一个如此辽阔的领土之上。

作为一个现代国家，中国在结构上如此紧固，首先还是获益于原初型中国所馈赠的遗产，即在同质人口的基础上所产生的一个高度集权和统一的政府体制，后者对来自国家内部的离心力起到有力的抑制作用，并排除了权力分配上产生多元机制的可能性；而在中世纪的欧洲，在君主、教会、贵族及自治城市等之间所形成的权力多元格局，是司空见惯的。现代中国国家形成的另一个重要背景，则是前面一再强调的晚清和民国早期国家权力的非集中化。20 世纪前半期中国国家之再造，便意味着消除军阀，使国家机器的权力再趋集中，其结果乃是国民党和共产党领导下的党治国家的次第兴起，两支力量均致力于打造一个组织紧密的政党，推动国家走向统一集权。

清代以前原初型中国之作为一个王朝国家，清代前期中国被打造为一个多族群的疆域国家,与19世纪后期中国之过渡到一个主权国家,以及20世纪中国之走向再集权,所有这些过程之间,所显示的不仅是历时的、逐层的变化,还有疆域、族群、国家形态上的连续性。此一过程截然不同于国家形成的经典论述中所流行的"帝国—民族国家"二分法,及其所隐含的从帝国到民族国家的目的论,即把传统帝国或殖民帝国的分崩离析,与随之而来的诸多民族国家的独立及照搬西式民主,视为非西方世界之国家建造的理想路径和常规形态。当然,在近现代中国,一个政治上高度统一、集权的现代国家的建立,并不意味着从17世纪中叶开始的国家转型过程,到1949年已经终结。相反,虽然现代中国国家在此之后展现了令人惊异的结构性稳定,同时在促进国家工业化和1980年代以来的经济全球化方面取得举世瞩目的成就,但是,它的再造过程仍未完成。

展望21世纪,中国的国家转型仍面临诸多挑战,举其要者,当有以下三端:一是通过内地与边疆之间的经济整合,通过重构原先以汉族为中心的国家历史书写,在相互尊重各自的文化遗产和特性的基础上,在汉族和非汉族人群之间培育共享的民族意识和国家认同。二是重塑国家与人民之间的关系,从1949年和国家工业化时期以集中化的权力结构为手段、以民族主权和国家安全为最高目标,过渡到这些目标达成之后,进而以人民的基本权利和福祉为立法和决策的优先考量。这两项任务,对于建构一个和谐稳定的真正意义上的现代国家,不可或缺。三是重新界定中国与其他国家之间的关系,积极参与或主动建构区域整合和全球治理机制,以造福于所有参与国;同时依靠自身的文化吸引力、知识创造力、政治活力和对全人类福祉的承诺，打造其在世界上的软实力。只有在今后数十年内成功达成这些目标，中国才能真正成为一个受世人尊重的现代国家和一个拥有举足轻重地位的全球性大国；现代中国的国家转型，以及整部中国"近现代史"，才能画上一个完美的句号。

第四章　晚清国家转型的路径与成败：以"三重均衡态"分析为中心

迄今为止,有关晚清重大事件和历史过程的解读,有两种截然不同的视角。一种见之于人们所熟悉的"失败"叙事。的确,自1840年鸦片战争始,晚清中国不仅在对外关系方面屡遭列强入侵,被迫签订了一系列割地赔款、丧权辱国的不平等条约,而且在内政方面的各种变革努力,无论是自上而下的改革,还是自下而上的起义或革命,最终均未取得成功。至于晚清历史为何充满失败的记录,既往的历史叙事和学术研究提供了各种解释。其中一个显而易见的因素,是19世纪以来列强对华的军事和经济侵略。外国资本主义的入侵,不仅打断了中国自身的经济和社会演进历程,而且通过攫取一系列在华特权和利用不公平贸易手段,阻碍了中国民族工商业的成长,导致中国积贫积弱。这一历史叙事,事实上构成了从20世纪50年代起在中国近代史学界占主导地位的革命史范式的核心特征之一。而在 20 世纪 80 年代兴起的"文化热"和现代化研究中，国内学者越来越多地倾向从内部寻找原因，把近代中国的失败归结于自身的种种"落后"症状，包括清朝统治者重农抑商的经济政策，精英阶层重文轻武、因循守旧，以及对外关系上排外仇外的态度和颟顸无能的表现等。

海外学者在 20 世纪五六十年代也把晚清的失败归咎于儒家意识形态和相关制度的羁绊。[1] 70 年代以后，人们倾向从 19 世纪之前的历史中寻找近代中国落后的原因，并把焦点投在经济、技术和社会层面。其中影响较大者，先后有伊懋可提出的"高水平均衡陷阱说"（the high-level equilibrium trap），黄宗智的"内卷化"（involution）理论，以及彭慕兰的"大分流"（the great divergence）说（详见第二章）。他们之间的不同在于，伊懋可和黄宗智都认为人口压力及由此带来的劳动密集化是中国经济落后于欧洲的根源，而且这种落后在明清时期一直存在；彭慕兰则认为中国的落后只是发生

---

[1] 如芮玛丽在其"同治中兴"研究中，声称清朝的国防、教育和外交近代化之所以失败，是因为官僚士绅的保守主义，而其根源在支撑当时社会和政治秩序的儒家观念和行为方式上（Mary C. Wright, *The Last Stand of Chinese Conservatism*: *The T'ung-Chih Restoration*, *1862-1874*, Stanford: Stanford University Press, 1957）。费维恺也以轮船招商局和其他企业为例，考察了晚清的"早期工业化"，发现这些企业失败的根源，在于中国社会所固有的制度上和意识形态上的种种障碍。其中最显著的例证，莫过于企业经营中臭名昭著的"官督商办"模式，它阻碍了为现代企业的成功所必须的非私人的、合理化的及专业化的组织的成长（Albert Feuerwerker, *China's Early Industrialization*: *Sheng Hsüan-huai〔1844-1916〕and Mandarin* Enterprise, Cambridge: Harvard University Press, 1958）。饶林森也把清廷之未能建立一支有竞争力的海军归咎于儒家意识形态及由此产生的传统制度（John L. Rawlinson, *China's Struggle for Naval Development*, *1839-1895*, Cambridge: Harvard University Press, 1967）。

在 1800 年以后,而在 1800 年之前,中国和欧洲的生产力水平和人均生活水平并无实质差别,都有因人口压力而陷入劳动密集化困境的趋向。

不过,除了以上种种"失败"叙事,近几十年来,强调中国在 19 世纪走向近代过程中取得"成功"或"进步"的论说也日渐增多。20 世纪 80 年代,国内学者曾展开有关近代中国"历史主线"的讨论,其中一种观点认为鸦片战争后的中国除了沦为半殖民地这一"向下沉沦"的过程,还有从封建主义过渡到半封建或半资本主义这一"向上发展"的过程,且认为从 19 世纪 60 年代开始的洋务运动,开启了中国"资本主义化"或"近代化"的先河。① 此后在日益兴盛的中国近代化或早期现代化研究中,越来越多的研究者关注晚清在国防、外交、工商、教育、公共卫生等领域所取得的成就,从而推动了中国近代史学界的现代化范式的流行。②

同样的趋势见于海外近半个世纪以来的中国近代史研究领域。例如,艾尔曼(Benjamin Elman)对中国近代科技史的研究即试图论证,晚清从 19 世纪 60 年代起在通过译书引进西方科技以及制造业和军事的近代化方面,曾经在整个东亚地区长期处于领先的地位;只是甲午战争的灾难性结局,才导致人们回望过去,认为中

---

① 对 20 世纪 80 年代国内近代史学界这一学术转向的相关分析,参见李怀印《重构近代中国——中国历史写作中的想象与真实》,岁有生、王传奇译,北京:中华书局,2013 年,第 178—193 页。
② 李怀印:《重构近代中国——中国历史写作中的想象与真实》,岁有生、王传奇译,第 221—243 页。

国在与日本的竞争中成了输家。① 有关 1870 年代和 1880 年代的轮船招商局和其他洋务企业的研究，也强调这些举措在打破外国垄断、发展本国工商业方面所取得的成就。至于文化传统在晚清近代化过程中的作用，人们也不再聚焦其消极的一面，而是强调经世致用的儒学传统对洋务事业的正面影响。②

以上各种解释，视角不一，所关注的问题也往往不在同一层面。海外学者解读中国为何"落后"的问题，焦点多在经济、技术和人口层面，且集中于 19 世纪之前。而相当多的晚清史研究，无论来自国内还是海外学者，所关注的要么是鸦片战争以后中国走向近代的种种"进步"或"成功"，要么是晚清内政外交屡遭"失败"的根由，焦点多在国防、外交、洋务、政治、思想等领域。这些研究，对晚清历史无论是持"唱盛"还是"唱衰"的立场，所提供的多为局部的画面。迄今为止，从现代国家的形成或转型的宏观角度进行的较为全面系统的探索尚不多见。下面试图就此做初步尝试，旨在在上一章总体论述的基础上，专就晚清时期的国家转型问题，进一步予以申述。

所谓"现代国家建造"（modern state-making）或"国家形成"（state formation），是早期近代和近代世界从 16 世纪开始延续数百

---

① Benjamin A. Elman, *A Cultural History of Modern Science in China*, Cambridge, Mass.：Harvard University Press, 2009.

② 参见 Ting-yee Kuo and Kwang-Ching Liu, "Self-Strengthening：the Pursuit of Western Technology," in Denis Twitchett and John K. Fairbank, eds., *The Cambridge History of China*, vol. 10, Cambridge：Cambridge University Press, 1978, pp. 491-542；Stephen Halsey, *Quest for Power：European Imperialism and the Making of Chinese Statecraft*, Cambridge：Harvard University Press, 2015。

年的漫长历史过程。在此之前，世界上并不存在真正意义上的民族国家或主权国家，只有大大小小不同形式的政治实体，诸如帝国、属国、公国、领地、城邦等。在中世纪晚期的欧洲各地，这些名目不一的政治体杂乱多变，其数目在 200—500 个。清朝则以"天朝上国"自居，周边大大小小的邻国与其维持着程度不等的朝贡关系，彼此之间同样不存在近代意义上的主权国家概念。但从 16 世纪开始，欧洲各地便已开启了国家重组和建造过程。经过长期的竞争、兼并，到 19 世纪中叶，这些政治体的数量已剧减至 100 个以内，到 19 世纪末，只剩下 30 个左右。[①] 其中绝大多数为近代民族国家，在国际法框架下拥有领土主权，国与国之间边界分明，法律上平等相待。

　　至于国家形成背后的动力，既往的研究指出了各种不同的制约和驱动因素。早期的研究多侧重地缘政治角逐尤其是国与国之间的军事竞争。政治学者蒂利（Charles Tilly）尤其强调战争通过刺激以征税为中心的国家行政体系的正规化对近代国家形成的重要性，因此有"战争制造国家，国家制造战争"之谓。[②] 后来的研究更深入决定地缘竞争胜负背后的经济结构和社会组织，以及在此基

---

① Charles Tilly, *Coercion*, *Capital*, *and European States*, *A.D. 990－1992*, Malden: Blackwell, 1990, pp. 42, 45, 46.

② Charles Tilly, "Reflections on the History of European State-Making," in Charles Tilly, ed., *The Formation of National States in Western Europe*, Princeton: Princeton University Press, 1975.

础上形成的国家财政汲取能力。① 以"财政—军事国家"(fiscal-military states)为核心的分析架构因此在最近一二十年日益流行。② 除了地缘、军事和财政因素,也有研究者指出历史文化传统、宗教、法律,以及触发国家形成过程启动的特定时空背景等诸多因素,导致各国走上不同的建国道路。③

　　跟近代以来其他国家一样,中国在 19 世纪同样开启了一场漫长而艰巨的现代国家建造历程。但这种建造过程,不同于欧洲和非西方世界大多数国家所经历的从无到有的"国家形成"过程,而

---

① 如 Charles Tilly,"War Making and State Making as Organized Crime,"in Peter Evans, Dietrich Rueschemeyer,and Theda Skocpol,eds.,*Bringing the State Back in*,Cambridge, UK:Cambridge University Press,1985,pp. 169−191;Charles Tilly,*Coercion*, *Capital*, *and European States*, *A.D. 990−1992*;以及 Michael Mann,*The Sources of Social Power*, *Vol. I*:*A History of Power from the Beginning to A.D. 1760*,Cambridge:Cambridge University Press,1986;以及 Karen Rasler and William Thompson,*War and State Making*: *The Shaping of the Global Powers*,Boston:Unwin and Hyman,1989。

② 如 John Brewer,*The Sinews of Power*:*War*, *Money and the English State*, *1688−1783*, London:Routledge,1989;Brian Downing,*The Military Revolution and Political Change*: *Origins of Democracy and Autocracy in Early Modern Europe*,Princeton:Princeton University Press,1992;Jan Glete,*War and the State in Early Modern Europe*:*Spain*,*the Dutch Republic and Sweden as Fiscal-Military States*,New York:Routledge,2002;以及 Christopher Storrs,ed.,*The Fiscal-Military State in Eighteenth-Century Europe*:*Essays in Honor of P. G. M. Dickson*,Burlington:Ashgate,2009。

③ 如 R. W. Kaeuper,*War*, *Justice*, *and Public Order*:*England and France in the Later Middle Ages*,Oxford:Clarendon,1988;Martin van Creveld,*The Rise and Decline of the State*, Cambridge:Cambridge University Press,1999;Thomas Ertman,*Birth of the Leviathan*: *Building States and Regimes in Medieval and Early Modern Europe*,Cambridge:Cambridge University Press,1997;Alan Harding,*Medieval Law and the Foundations of the State*,Oxford:Oxford University Press,2002;以及 Philip Gorski,*The Disciplinary Revolution*: *Calvinism and the Rise of the State in Early Modern Europe*,Chicago:the University of Chicago Press,2003。

是一场"国家转型"（state transformation），即从 19 世纪之前的"早期近代疆域国家"向近代主权国家过渡。之所以用"早期近代"界定之，是因为 19 世纪之前的清政权已具备了同时代欧洲各国的若干特征，包括一个高度世俗化的中央集权官僚制度、一个富有效率的正规化税收体系、择优录取的用人制度、完备的法律体系及一支正规化的常备军。所有这些，都迥然有别于欧洲早期近代国家形成之前的"前近代"状态，诸如：国家权力高度分散于地方领主、公国、教会、城邦等五花八门的政治或宗教实体，世俗政权的主要职位均被垄断在世袭王侯贵族之手，税收主要依赖效率低下、浪费严重的外包手段，防卫主要依赖雇佣军，等等。欧洲国家经过数百年的"国家形成"或"国家建造"（state-making）过程，才摆脱了这些"前近代"症状，具备了早期近代国家的上述特征。

之所以谓之"疆域国家"（territorial state），是因为清朝的疆域到 18 世纪 50 年代，不仅已经稳定下来，而且基本上做到了与周边国家明确划界，一如早期近代欧洲国家。所以，把这两个特征综合起来，将 18 世纪中叶业已定形的清朝称作"早期近代疆域国家"（early-modern territorial state），应是恰当的。[①]

1840 年鸦片战争后，中国被迫开启了"国家转型"的历程，即由一个早期近代疆域国家转型为一个现代主权国家。这一过程历时半个多世纪，到 1911 年清朝终结、1912 年中华民国肇建之时，方告一段落。此一转型过程是如此复杂且充满曲折，对它的解读和评

[①] 李怀印：《全球视野下清朝国家的形成及性质问题——以地缘战略和财政构造为中心》，《历史研究》2019 年第 2 期；Huaiyin Li, *The Making of the Modern Chinese State, 1600-1950*, London：Routledge, 2020, pp. 9-11, 23-51.

判自然不宜简单地以"失败"或"成功"论之。同时，从国家转型的视角理解晚清历史，也不宜局限于某个层面或某个片段，而应该超越既往的零碎化研究，尽可能地把握晚清中国的近代转型过程的整体画面。尤有进者，解读晚清的国家转型过程，视角不宜限于晚清本身，而须从清代前期的历史中探寻其发展脉络，且须联系清朝之后的国家演变来判断晚清的进展或不足。而要从整体上把握国家转型这样一个宏大而复杂的过程，又须有一个合理而可行的分析架构。所谓合理，即这一架构须考虑到制约或驱动国家转型的最关键因素；所谓可行，即这些因素不能无限增多，而只能限定在可操作范围之内。如前所示，影响国家形成或转型的因素很多，既有源自外部的，也有植根国内的，就其内容而言，则涉及经济、社会、政治、财政、军事等各个侧面，乃至一个社会或阶层的文化、心理和价值体系，以及统治者的个人才智等。但在有限的篇幅之内，我们只能去粗取精，抓住其中几个最为核心的"关键变量"。和上章一样，本章强调以下三组因素。

（1）地缘格局，即一个国家相对于周边其他国家所具有的实力，以及由此建构的国与国之间的关系。对于起步较早的国家来说，国与国之间的竞争尤其是军事对抗，往往构成其迈上现代国家形成道路的原动力；而对于起步较晚的国家来说，来自外部的威胁和压力通常也是促成其精英阶层致力于打造近代国家的契机。总之，无论在近代西方还是非西方世界，如何在激烈竞争的国际环境中取得优势地位或者避免沦亡危机，很大程度上决定了一个国家的地缘战略、建国目标和内政方针。

（2）财政构造，即一个国家的财政收入与支出的构成及相互关系。财政收入的高低,取决于两方面因素,即该国政权的汲取能力和意愿,与可供汲取的剩余经济资源(经济总产出减去维持总人口生计所需的经济资源)。而财政支出的多寡,取决于国防开支的规模及维持国内治理体系的成本。财政收支之间的关系,亦即一个国家的财政能力的大小,从根本上说,取决于其所依赖的经济基础或社会经济结构,但它比经济基础或生产方式本身更能直接地影响着一个国家的军事实力和实现其战略目标的潜力。

(3)政治认同,关键在于一个国家的中央与地方之间的权力分配关系或权力集中程度,不同社会群体和利益集团之间的权力分配,以及由此产生的对国家政权及其政策目标的认同程度。权力越统一和集中,且不同利益群体对国家目标的认同度越高,那么,国家协调和控制各种人力物力资源的能力越强,效率也越高,实现其战略目标的可能性便越大,反之亦然。

以上三组因素交织在一起,共同制约一个国家的形成和转型过程,比起其他因素来,也更能形塑其对内治理和对外竞争的能力。因此,以下对清朝国家形成和转型过程的分析,将始终围绕以上三个方面的因素加以展开。这里的核心论点是,清朝从1644年迁都北京到18世纪50年代完成疆域整合,在此一个多世纪的时间里,形成了地缘格局、财政构造和政治认同方面的"三重均衡态"。这种均衡态既推动清朝走向盛世,同时也构成陷阱,阻碍清朝国家能力的进一步提升。1800年以后,清朝在财政、地缘和认同关系上日益失衡,延续近一个世纪的三重均衡态最终在19世纪50年代被彻底颠覆。19世纪60年代至90年代初,三重均衡态逐步重新建立起来,使"同光中兴"成为可能,但它比1800年以前更加脆弱和短暂。甲午以后，这种均衡态再度丧失，并让位于"三重不均衡态"。概而言之，嘉道以后清朝国力衰退的根本原因，在于其 18 世纪即已形成的均衡陷阱。而同光时期三重均衡态的再现和丧失，既给晚清国家转型的努力带来部分成功，使其得以维持在盛世时期业已奠定的疆域格局，开启向主权国家的过渡过程，同时也导致清季十年国家转型的失败和清朝的最终覆亡。

一、"盛世"背后：18 世纪清朝的三重均衡态

18 世纪的中国，经历了康熙、雍正、乾隆三朝"盛世"。过去人们言及盛世，多把它当作一种历史叙事，侧重历朝的文治武功。这里则将其视为一种独特的历史现象加以探讨，侧重剖析这种现象背后的各种支撑因素，以及其与近代中国历史发展之间的关联。我们将会发现，康乾盛世实际上是由地缘战略、财政构造和政治认同三大要素构成的三重均衡态的表征，但这种均衡态的形成有其特定的条件；它在塑就清朝鼎盛时期空前国力的同时，也使其治理形态的演进和财政军事能力的增长趋于停滞，进而对 19 世纪晚清中国的国家转型路径产生了深远影响。

（一）地缘格局的均衡态

先来看 18 世纪清代中国地缘均衡态的形成。清朝以前的华夏王朝，远自秦、汉，晚至宋、明，作为农耕民族所建立的以中原为

中心地带的汉人政权,对于来自北方和西北部以游牧、狩猎为生的少数民族的袭扰和入侵,大部分时间均采取被动的防御姿态,其地缘战略是不对称的。从山海关到嘉峪关绵延数千里的长城,成为抵御外来侵袭的最重要设施,大体上也构成了中国北方农耕与游牧区域的分界线。能否抵抗游牧民族的入侵,直接牵涉到历代汉人王朝的安危。消除"边患"成为其地缘战略的首要任务,也耗竭了这些王朝的大部分财力。

事实上,宋朝和明朝,作为10世纪以来两个最主要的汉人王朝,均因不敌蒙古人或满人的南下而衰落、覆灭。但1644年以后清朝入主中原,从根本上改变了这一不均衡的战略格局。自从17世纪50年代清朝完全取代明政权、控制内地各省之后,关内、关外连成一片,长城的军事价值不复存在。清朝的陆地疆域也在此后的近半个世纪,一度稳定下来;其有效控制范围,涵盖以汉人为主体的内地十八省(含1683年收复并隶属福建省的澎湖和台湾),以及入关之前即已掌控的满人部落聚集的东北全境和以察哈尔蒙古人部落为主的漠南蒙古地区。

但清朝在17世纪50年代所形成的地缘战略均衡只是暂时的。康熙年间,不仅内部有三藩之乱,历时8年方才平定,外有沙俄入侵黑龙江流域,终以1689年双方签约得以解决,而且在此前后迎来了更为严峻的挑战,即漠西蒙古准噶尔部的对外扩张。先有该部首领噶尔丹于1688、1695年率军东进,攻略喀尔喀蒙古,在乌兰布通和昭莫多被清军击败;后有该部首领策旺阿拉布坦于1716年派兵南下,侵入西藏,致清廷于1720年派大军进藏,将其逐出藏区,从此留兵驻扎拉萨。雍正年间,准噶尔部首领噶尔丹策零于1731、

1732 年东犯喀尔喀蒙古，先在科布多以西地带击溃清军，后在光显寺反遭清军追击而败逃，随后双方定界游牧，战事暂时平息。乾隆年间，清廷利用准噶尔部上层争夺汗位之机，于 1755—1757 年先后发兵西征，最终全歼该部，并乘胜击败以大小和卓为首的回部，从此控制了天山南北两路。

经过以上半个多世纪的用兵，清朝的有效统治范围进一步扩大，疆域大体稳定下来，其地缘战略格局也在此后出现了历时近一个世纪的均衡态。这里所谓均衡态，有两层含义。第一层（也是最基本的）含义是，清朝的疆域从 1644 年入关之后，便涵盖了游牧地带与农耕地带两个部分，从而从根本上改变了以往这两个地带之间的不对称战略关系（除了极少数情况下是由中原农耕地带的王朝对游牧地带的部落采取攻势，大部分情况下正好相反）；这两个地带之间延续数千年的军事对峙和冲突从此不复存在，从而大大减轻了内地农耕人口为了抵御周边游牧部落入侵所承受的沉重财政负担。但仅仅将游牧地带与农耕地带合二为一，并不意味着清朝的国防安全问题已得到解决。因此，更为重要的是第二层含义，即清朝还必须通过与漠西蒙古准噶尔部的反复较量，以及对青海地区和硕特部的战争，一步步建立起对漠北蒙古、西藏、青海和新疆的统治，不留任何缺口，把周边漫长的非农耕地带（某些研究者所谓"内亚"地区），全部打造成由朝廷直接驻防的边疆，由此建立起牢固的防卫体系。清朝在 18 世纪中叶基本达到这一战略目标。其地缘安全从此有了全面保障；在 19 世纪中叶西方列强到来之前，不再存在任何致命威胁。

也正因此，清朝的正规军事建制，包括其兵力规模和武器装备,在 18 世纪 50 年代以后的一个世纪里,基本上维持在原有水平,甚至因为长期处于和平状态而走向松弛和衰退。这是清朝地缘格局均衡态的最突出表征。这与早期近代欧洲的列国竞争、相互兼并的状态,以及各国为了生存而全力推动其防卫力量的常规化、正规化,不断更新武器装备,从而经历了一场"军事革命",适成鲜明对比。①

(二)财政构造的均衡态

清朝之所以能够战胜其主要战略对手准噶尔部,不仅是因为清朝作为原本以狩猎、掳掠和农耕为业的满人所建立起来的政权,本身是在不断的作战过程中成长起来的,并且在长期的征战中积累了大量的军事经验和足够的自信;更为重要的是,其军事能力获得了内地所提供的财政支撑。清朝在 17 世纪后期稳定对内地的统治之后,便在财政构造上逐渐形成一种均衡态,即国库常规年收入与支出均处在大体稳定、长期略有上升的状态,并且在正常状态下总是收入略大于支出,从而产生一定的盈余。作为国库收入最大项的田赋,在整个 18 世纪,始终固定在每年 3,000 万两上下。但随着人口增加和商品交易量扩大,包括盐税和关税在内的各种间

① 关于早期近代欧洲的军事革命,参见 Geoffrey Parker, *The Military Revolution*: *Military Innovation and the Rise of the West*, 1500-1800, Cambridge: Cambridge University Press, 1988; Clifford Rogers ed., *The Military Revolution Debate*: *Readings on the Military Transformation of Early Modern Europe*, Boulder: Westview Press, 1995; 以及 Frank Jacob and Gilmar Visoni-Alonzo, *The Military Revolution in Early Modern Europe*: *A Revision*, London: Palgrave Macmillan, 2016。

接税的数额在缓慢上升，清朝国库的总收入从 17 世纪晚期的 3,400 万两左右，上升到 1720 年代每年 3,600 万两上下。而到 18 世纪后半期和 19 世纪前半期，清朝国库的正式收入，每年在 4,000 万至 4,300 万两之间浮动，同一时期的国库正式开支，则通常在 3,200 至 3,600 万之间浮动，由此每年产生 500 万至 800 万两的盈余。这种盈余最直观的指标，是户部银库的库存，经年累积，其数额在康熙年间最高达 4,700 多万两（1719 年），雍正年间最高达 6,200 多万两（1730 年），而到乾隆年间最高达 8,300 多万两（1778 年），相当于国库岁入总数的近两倍。①

　　18 世纪的清朝财政构造之所以呈现上述均衡态，可以从三个方面加以解释。先看供给侧。清朝常年岁入之所以能够保持稳定，根本原因在于作为最大财源的田赋收入的稳定。而田赋收入之所以稳定，关键在于土地生产率和人口规模都保持在一个适度的水平，从而确保了土地产出在满足现有人口的生计需求之外，还可以产生足够的剩余，使其转化为土地所有者上交给政府的田赋（地丁银）；而银价的基本稳定（纳税所需的银两与日常交易所需的铜钱之间保持一个相对稳定、适度的比率）则是确保土地所有者的纳税能力的另一项前提条件。

　　再看需求侧。清朝常年岁出要维持一个相对稳定的水平，须满足两个前提条件。一是边陲安宁，没有重大战事及由此带来的巨额用兵开销。18 世纪 50 年代后的近一个世纪里，这一条件基本

---

① 史志宏：《清代户部银库收支和库存统计》，福州：福建人民出版社，2009 年，第 104 页；倪玉平：《从国家财政到财政国家：清朝咸同年间的财政与社会》，北京：科学出版社，2017 年，第 50—51 页。

得到满足,虽然局部的边陲用兵还时有发生,但其对清朝所构成的战略威胁,已不可与往日的准噶尔部同日而语。二是内地治理的低成本,这在 18 世纪及 19 世纪上半期的大部分时间里基本得以满足,因为土地税率一直维持在较低的水平,使得清朝国家不必将其行政机构延伸到县级以下,即可以依靠半官半民的保甲组织或其地方变种的运行,完成田赋征收任务;同时,依靠乡绅阶层、地方宗族及其他各种民间组织的合作,也能够维持地方治安。

最后看清廷如何应付重大额外开销。所谓重大额外开销,主要针对两种非常事态,一是国内发生严重自然灾害,为赈济灾民或治理水患,需要投入大量资金;二是内地或边疆地区发生重大战事,为了平息民乱或边患,需要筹集巨额兵费。幸运的是,康、雍、乾三朝国库拥有巨额盈余,基本上可以应付这些额外开销。事实上,当时的清廷之所以有底气对准噶尔部用兵,正是由于大量盈余的存在,足以支付用兵所产生的开销。清廷做出边陲用兵的决策,往往是在盈余充足之时;每当发生战事,盈余就会急剧下降。战事过后,盈余止跌反弹。待盈余再次上升之后,清廷又会再次对边陲用兵,由此形成若干个清晰可辨的"周期"。① 因此,户部银库存银成为当时清廷解决边患问题的最主要财政渠道。换言之,在整个 18 世纪和 19 世纪前半期,清朝不必通过增加土地税率或其他征税手段,仅仅凭靠自己的财政盈余,辅之以富商的自愿捐输,即可以

① 李怀印:《全球视野下清朝国家的形成及性质问题——以地缘战略和财政构造为中心》,《历史研究》2019 年第 2 期。

应付异常情况下的巨大额外开销。①

　　事实上，清廷不仅无须在边陲用兵时增加国内百姓的田赋负担，而且可以在和平年代国库盈余增加而没有适当去处的年份，宣布在全国分批实行田赋蠲免，这跟近代国家形成之前的欧洲各国为筹措财源几乎到了竭泽而渔的地步截然相反。无论是巨额国库盈余的存在，田赋税额的稳定和低税率，还是康、雍、乾三朝反复实施的田赋蠲免，所反映的都是早期近代以来为世界各国所仅见的清朝财政构造的均衡态。

（三）政治认同的均衡态

　　最后，还有政治层面的均衡态。清朝以满人政权的身份入主中原后，面临着以往汉人王朝统治中原本土所未曾遭遇的障碍，即汉人精英阶层乃至普通民众对政权的认同问题。事实上，有清一代，满汉矛盾始终是一个难解的结。清朝入关之初，清廷主要是靠交换的方式取得汉人精英的顺从，最显著的例子是为降清的前明守将吴三桂等人在云贵闽粤一带设立三藩，在所授地域拥有自己的军队和独立的财权、用人权，造成割据一方的局面。这些汉人精英的臣服，因此也是有条件的；一旦其利益受到中央的侵犯，他们

---

① 雍正帝曾不无自满地说，"西陲用兵以来，一应军需皆取给于公帑，丝毫不以累民"（《清世宗实录》第3册，台北：华文书局，1964年，第2138页）。乾隆帝在1769年针对缅甸战事所作的批语中，也说过几乎同样的话："滇省自征剿缅匪以来，一切军需事宜，及军行经过各省，俱系动支正项，丝毫不以累民。"（《清高宗实录》第17册，台北：华文书局，1964年，第11988页）

便会起而反抗清廷,最终发生"三藩之乱"。

　　总体来讲,清朝入主中原后,依靠两手巩固其政权。清朝前期,硬的一手用得比较频繁,即以镇压的手段,对付汉人中间出现的一切反满言行。但随着统治的稳定,清廷越来越注重软的一手,致力于弥合满汉之间的分歧和裂痕。事实上,清朝政权从入关之初,即强调其"得天下之正",把自己定位为继承前明、统治中国的正统政权;内地十八省的治理体系大体上也继承了明朝的架构。与此同时,满人统治精英本身在入关之后便快速汉化,越来越多地接受汉人的语言文字和风俗习惯。在意识形态和文化教育方面,清朝尊奉儒学,提倡礼教,倡行科举和乡约制度,赢得了绝大多数汉人士绅的认可和忠心。最为重要的是,清朝在国家治理方面,把儒家"仁政"的理念落到了实处,从入关之初,即废除明末的"三饷",到康熙时期宣布"盛世滋生人丁,永不加赋",在整个 18 世纪和 19 世纪前半期,清朝的田赋征收一直处在较低水平,税率大体维持在土地产出的 2%—4%,直至清季依然如此,不仅在整个中国历史上,而且在同时代的世界各国,均处于最低的行列。①

　　清朝之所以能够长期执行轻徭薄赋的政策,当然不仅仅是因为其亟须通过践行儒家的仁政理念,证明其统治的正当和正统;更重要的是如前所述,清朝的地缘战略格局的均衡态,使其军事开支相对于全国经济产出始终维持在一个极低的水平。国家有限且稳定的财政需求,再除以庞大的纳税人口,使得清朝在 1900 年之前的

---

① Yeh- chien Wang, *Land Taxation in Imperial China*, *1750 - 1911* , Cambridge：Harvard University Press, p. 128.

人均纳税负担，一直维持在一个前所未有的低水平。[1]

除了满汉关系，如何处理好中央与边疆的关系，对清廷稳固其统治地位同样重要。清廷治理边疆的目标与治理内地全然不同。内地对清廷的重要性，在于这些以农耕为主的省份构成了中央财政的几乎全部来源；有效地治理内地各省，也是其统治整个中国、建立起华夏正统王朝地位的根基所在。而边疆的重要性，主要在于它们为清朝统治内地提供了国防安全的保障，而不在于其财政上对中央的贡献。事实上，清廷除了在年班时接受边疆王公贵族们象征性的贡品，对边疆地区在物质上别无所求；边疆对中央没有上交地方税款的义务。[2] 相反，中央为了维持边疆驻军及军政人员

---

[1] 湖广总督张之洞于 1906 年创办两湖总师范学堂，手书《学堂歌》，称颂大清"深仁厚泽"十余朝，"仁政最多钱粮最少，汉唐宋明谁与本朝高"（朱峙三：《张之洞与两湖总师范学堂》，载中国人民政治协商会议全国委员会文史和学习委员会编《文史资料选辑》合订本第 34 卷，北京：中国文史出版社，2011 年，第 73 页），不完全是矫饰之词。

[2] 1906 年，土穆特蒙旗十二参领奏禀清廷，谓该旗"自国初赏居斯土以来，藉租课，惟饷糈，朝廷不利丝毫之取。旗民深荷覆载之德，二百余年如同一日"（《十二参领禀请发给筹办新政款项》，光绪三十二年，转引自张永江《试论清代内蒙古蒙旗财政的类型与特点》，《清史研究》2008 年第 1 期），如果仅就蒙旗与中央的财政关系而论，亦非虚言。

的开销,不得不在财政上倒贴边疆各地。① 所有这些,都跟同时代欧亚大陆的其他军事帝国或殖民帝国,把最大化地榨取税款或贡赋,作为其统治所征服地域的最主要目的,构成鲜明对比。正因为清廷的统治对边疆地区并没有带来任何财政负担,也正因为清廷不插手边疆的内部行政事务,同时还因为清朝统治者对边疆的宗教事务扮演了护主的角色,从蒙古到新疆和西藏的广大边疆地区(更不用说作为清朝发祥之地的东北地区),一直接受、服从清廷的统治,极少出现在欧亚大陆其他帝国历史上屡见不鲜的离心倾向和叛乱现象。相较于 18 和 19 世纪欧洲大陆在民族主义激荡下各中小民族为反抗外来统治纷纷揭竿而起,独立建国运动汹涌澎湃,帝国体系四分五裂,清朝 18 世纪的中原地区和 18 世纪 50 年代以后的边疆,总体来讲可谓风平浪静。

(四)三重均衡陷阱

以上所讨论的清朝在地缘格局、财政构造及政治秩序方面所形成的三重均衡态,彼此交织在一起,相辅相成,密不可分。正是

---

① 1906 年,张荫棠奉命入藏筹划藏事改革,有谓"我中国并非利西藏土地之财产,反为西藏靡费千百数万,以救我唐古特黄种同胞"(张荫棠:《致外部丞参函述筹藏详情及参劾蕃官原委》,转引自陈鹏辉《试论清末张荫棠藏事改革中的财政改革》,《西藏民族大学学报(哲学社会科学版)》2018 年第 1 期)。清廷驻藏大臣衙门每年正常开支(含驻拉萨官兵粮饷和俸禄)为 75,000 多两,由户部拨款(赵忠波、黄全毅:《19 世纪前期西藏财税状况探析——以〈铁虎清册〉为中心》,《中国藏学》2020 年第 1 期)。至于清廷在新疆的开销,据李鸿章估计,自乾隆年间新疆入版图后,即使平时无事,每年尚需兵费 300 余万两白银(顾廷龙、戴逸主编:《李鸿章全集》,合肥:安徽教育出版社,2008 年,第 24 卷,第 825 页)。

由于地缘格局上的均衡态，亦即清朝中国与周边国家之间不再存在战略竞争的关系，才有可能出现财政构造上的均衡态，亦即军事开支的有限和稳定性这一主要因素所导致的清朝国库收入与支出水平的相对稳定，且收入略大于支出，产生一定的积余；同时，也正是因为清朝地缘格局和财政构造的均衡态，才有可能产生政治层面的均衡态，使清朝中央有可能在内地实行以低税政策为核心的"仁政"，同时在边疆建立宽松、多元的间接治理体系，维持整个国家的稳定，缔造中国历史上少有的长期安宁局面。

然而，三重均衡态在支撑清朝盛世局面的同时，也构成了阻碍其进一步提升国力的陷阱。由于不存在外部竞争，中央没有必要维持一支庞大的军队，更没有必要为军队的不断扩充和装备的持续更新而投入巨额开支。因稳定的军事建制和常年军事开支，清朝的财政需求也基本稳定。而内地各省以其庞大的纳税人口，即使在人均税率极低的条件下，也能产生足够的收入，满足其财政需求。因此，清朝国家没有必要为了提高汲取能力而打造一个庞大的官僚机器，将其行政触角向县级以下进一步延伸；依靠非正式的无须国家财政负担的保甲组织或其变种，地方州县足以完成田赋征收任务，维持社会治安。正因如此，相对于中国庞大的人口，清朝的军队规模和政府官员人数所占比重，在同时代世界各主要国家中，都是最低的。相对于中国的经济总产值，清朝的军事开支和供养军政官员的开支所占比重，也是同时代世界各主要国家中最低的。然而，清朝国家在享受低成本的治理优势的同时，却丧失了提高国家对内汲取能力和对外竞争能力的动力。

所有这些，跟早期近代欧洲的情形再次形成鲜明对比。16 世纪以后欧洲列国竞争的加剧,导致各国为了支撑对外战争以及军事组织和装备的不断扩大、升级,用尽各种手段汲取本国经济资源。以 17 世纪的法国为例,国王为增加财政收入,主要依靠向金融家借贷,用外包方式征收间接税,以及让贫苦农民承受沉重的直接税(taille)。由此出现国王的债务攀升,政府腐败现象猖獗,国家财政收入损失巨大,乡村抗税事件此起彼伏。① 总体来讲,在 16 至 18 世纪列国竞争的早期近代欧洲,为满足不断攀升的军事开支而提高国家的征税能力,并进一步为此而强化国家机器对社会的渗透能力,使官僚机器走向集中化、制度化和科层化,成为国家形成的最根本动力。由此产生的早期近代欧洲各国,往往被称作所谓财政—军事国家。相形之下,18 世纪处于清朝"盛世"的中国,由于边疆地区防卫体系的牢固建立和巨额国库盈余的存在,统治者既没有扩大和提升军事能力的必要,也没有加强赋税征收机器的迫切需求。清朝向现代国家的转型,在整个 18 世纪和 19 世纪前期,始终未能提上日程。

(五)均衡态的终结

三重均衡态在 18 世纪乃至 19 世纪前半期清代中国的存在,是有条件的和低水平的。如前所述,地缘格局均衡态的前提条件是清朝国家不存在势均力敌的对手,中国与周边国家不存在战略博

---

① Richard Bonney, *The King's Debts: Finance and Politics in France, 1589–1661*, New York: Oxford University Press, 1981 and *Society and Government in France under Richelieu and Mazarin, 1624–1661*, New York: St. Martin's Press, 1988.

弈关系。但这一条件并非给定的、绝对的。早在 17 和 18 世纪,随着西洋各国航海贸易的扩张和资本主义世界体系的初步形成,荷兰和英国的东印度公司均已经把自己的贸易范围延伸到远东各地,随之而来的还有西洋各国传教士的活动足迹,包括他们所传授的先进科学技术。18 世纪的清朝统治者对欧洲的科学和技术充满好奇并有选择地加以利用,但对西洋人的宗教和贸易始终怀有戒备之心,最终发展到加以禁止和限制。但是到 19 世纪上半期,经过工业革命洗礼的西方列强,为了进一步扩张对华贸易,最终还是用坚船利炮敲开了清朝的国门。中英鸦片战争,尤其是中国与英法两国之间的第二次鸦片战争,最终颠覆了地缘战略格局的均衡态;清朝在外来强敌面前节节败退,从此进入"丧权辱国"的时代。

清朝财政构造的均衡态也是有条件的和暂时的。就供给侧而言,到 18 世纪末和 19 世纪前半期,由于两个前提条件的消失,清朝国家的财政供给能力被严重削弱。其一是 18 世纪后期人口的急剧增长,导致人均耕地面积大幅下降(从 1766 年每个农夫平均耕种 25.22 亩降至 1812 年的 14.94 亩),人均粮食产量随之下降(每个农夫的产粮总额从 1766 年的 7,037 斤下降到 1812 年的 4,286 斤),可供汲取的农业剩余也随之减少(粮食剩余,亦即粮食净产值减去用于维持生计的粮食消耗,从 1766 年的人均 439 斤降至 1812 年的 120 斤)。[①] 换言之,农户缴纳田赋的能力也受到影响。其二是由于 19 世纪前半期鸦片走私贸易的迅速扩大导致白银外流,中国国内市场上白银价格不断攀升,白银与铜钱的比率随之上升,进

---

① Huaiyin Li, *The Making of the Modern Chinese State*, *1600–1950*, London: Routledge, 2020, pp. 65–66.

一步削弱了农户用白银缴纳田赋的能力。在白莲教起义被平定后、鸦片战争爆发前的近40年里，尽管没有重大战事发生，并无巨额用兵开销，但清朝户部银库存银数额并没有如同康雍乾"盛世"时期那样在用兵之后迅速回弹至6,000万乃至8,000万两以上的高位，而在一直在1,700万至3,300万两的低位徘徊，其根本原因即在农业人口的纳税能力大不如前。至于需求侧，第一次鸦片战争的巨额开销及战后对外赔款，导致户部存银降至1842年的1,301万两和次年的993万两，为1686年以来的最低点。[1] 1851年爆发的太平天国运动在不到两年时间内席卷中国南方，控制了作为清朝最重要财源的江南地区。清朝财政入不敷出，其均衡态至此被颠覆。[2]

事实上，太平天国运动所冲击的不仅是清朝财政构造的均衡态，还有统治集团内部权力关系和政治认同层面的均衡态。太平天国公开标榜自己的反满立场，再次撕开了清初以来统治者竭力弥合的满汉裂痕。更为重要的是，在镇压太平天国的过程中，清朝的权力重心也在从中央向地方督抚、从满清贵族向汉人官僚转移。以满汉关系为核心的政治均衡态受到前所未有的冲击，从此发生了质的变化，即汉人官僚对清廷的无条件忠诚，逐渐转变为"有条件的忠诚"（详见下文）。总之，在19世纪前半期，随着三重均衡态的次第消失，清朝的"盛世"早已成为过去，迎来的将是国运的巨大不确定性，以及晚清政权艰难的转型历程。

---

[1] 史志宏：《清代户部银库收支和库存统计》，第104页。

[2] 1861年全国实收田赋569万两，仅相当于1841年（2,943万两）的19%（倪玉平：《从国家财政到财政国家——清朝咸同年间的财政与社会》，第37、109页）。

二、何以"中兴":晚清时期三重均衡态的再现

(一)地缘均衡态的重建

清朝的生存在 1860 年曾达到最紧要关头。在北方,始自 1856 年的第二次鸦片战争,经过双方历时数年的冲突和交涉,陡然加剧,大沽、京师先后失守,英法联军长驱直入,火烧圆明园。在南方,一直驻守在太平军政治中心南京外围的江南大营被攻破,清朝全面失守经济上和财政上对其最重要的长江下游地区。此时的清政权可谓危在旦夕。然而,令人讶异的是,清朝在 1860 年以后悄然步入所谓"同光中兴"的佳境。经过 30 年的"自强"运动,到 19 世纪 80 年代后期,清朝在引进西方科技和国防近代化方面俨然走在东亚各国前列;内忧外患已经日渐消弭,中国以重新崛起的大国形象展示在世人面前。

"同光中兴"之所以成为可能,关键在于晚清权力结构在此期间发生了实质性变化,形成"地方化集中主义"(regionalized centralism)的新格局。而 1860 年清廷为挽救危局,协调各方共同对付太平军,任命曾国藩为兵部尚书、两江总督,对其授以督办江南军务的大权,是这场转变的关键点;对于清廷来说,这虽属无奈之举,却也构成了此后 30 多年晚清政权摆脱危机、走向"中兴"之契机。所谓地方化集中主义,指的是 19 世纪 60 年代以后清朝中央与地方的权力关系的重大调整。大前提是中央仍保持对地方督抚在人事任

命、重大军政举措及地方财政收支正式管道方面的有效调控;在此前提下,中央允许督抚们在地方治理方面拥有过去所不具备的便宜行事之权,包括招募、指挥非正式的地方兵勇,为满足地方军需而增设非正式的地方税种(主要是厘金),为新增税种自行设置征收机构并委任办事人员,利用新增财源举办各项军事和民用事业,以及越来越频繁地从下属当中向中央举荐地方各级官员人选等。事实上,正是由于清廷的放权,太平天国起义才得以平息;也正是由于督抚们拥有了比过去大得多的对所在地域的财政、军事和行政的控制权,一系列"洋务"新政在他们的主持和中央的支持下才得以在此后的 30 多年间次第展开,因而才有了江南机器制造总局、金陵机器制造局、福州船政局、轮船招商局等企业的诞生。地方化集中主义的权力和资源再分配机制,是这些举措背后最有力的支撑。

1884 年新疆建省和 1888 年北洋水师的成军,标志着历时近 30 年的"中兴"大业达到了巅峰。此时的中国在地缘战略关系上已经重新建立起一种均衡态。昔日屡遭欧洲列强欺凌、动辄割地赔款的耻辱已成既往;1870 年代初曾经让朝廷上下十分纠结的"海防"与"塞防"之争,都有了落实,并取得了当初不敢企望的重大进展乃至圆满解决。以陕甘总督、钦差大臣左宗棠牵头的对入侵新疆的阿古柏势力的西征,由于装备了自行仿制的西式武器,加上经费上有中央的全力支持和左宗棠个人的调度,成功解决了事关成败的远途后勤支援问题,取得了战场上的完全胜利。1884 年中法两国为交涉越南问题而交战,虽然开战之初福建水师遭受突袭而损失惨重,但中方最终在陆路大获全胜。为结束战争,中国第一次作为平等的对手与欧洲强国坐下来谈判，不再像过去那样割地赔款。而战争之初水师的失利，也促成战后清廷下决心大力投入海军建设。数年后，北洋水师建成，其规模之大，实力之强，一时遥居远东各国之首。负责主持水师建设的北洋大臣、直隶总督李鸿章，对水师捍卫海疆的能力颇为自信；他在 1891 年五六月间校阅北洋舰队之后，称"海军战备尚能日异月新"，就防守渤海门户而论，"已有深固不摇之势"。①

李之所言，就当时而论，并非虚妄。1880 年代后期的大清，就海军乃至总体国防实力而言，跟过去相比已经有了巨大的提升；与包括日本在内的周边东亚邻国相比，并不遑多让。在引进西方的先进科技包括西学的翻译和传播方面，中国同样居于东亚地区领先地位。② 到了 1890 年代初，无论在国人还是外人看来，大清在遭受道光、咸丰和同治初年的重重内忧外患之后，正在恢复元气，重新展现东方大国的气象，因而有"同光中兴"之谓。就中国与周边国家之间的战略关系而言，在 1890 年前后，的确出现了一种新的态势。这种海内外一片晏然、国力冉冉上升的景象，让晚清上层精英产生了一种信念，即中国的地缘战略安全问题已经获得解决。③ 因此，对国防建设的投入力度开始放缓，北洋水师在 1888 年建成之后

① 中国史学会主编：《洋务运动》第 3 册，上海：上海人民出版社，1961 年，第 146 页。

② Benjamin A. Elman, "Naval Warfare and the Refraction of China's Self-Strengthening Reforms into Scientific and Technological Failure, 1865–1895," *Modern Asian Studies*, 2004, Vol. 38, No. 2, pp. 283–326.

③ 梁启超论 1884 年中法之役后的情形时称"自越南谅山一役，以主待客，小获胜仗，彼等于是铺张扬厉之，以为中国兵力足挫欧洲强国而有余矣。坐是虚骄之气，日盛一日，朝野上下莫不皆然……"（梁启超：《中国积弱溯源论》，《梁启超全集》第 2 集，汤志钧、汤仁泽编，第 275 页）

也不再扩充，朝廷上下对潜在的外来挑战放松了警觉。

（二）财政均衡态的重建

晚清国家的财政构造，到19世纪80年代，也出现了新的均衡态，也就是在政府开支大幅上升的同时，国库收入也同步增长，再次做到了收支平衡，并且收入略大于支出，产生了国库盈余，且盈余额逐年上升。同光年间的"中兴"事业，之所以取得重大进展，除了地方化集中主义架构的支撑，财政均衡态的重新形成构成了另一个关键性的推助力。

新的财政均衡态之所以得以形成，首先是由于19世纪后半期的国库收入构成发生了根本变化，即由太平天国运动爆发前的200多年间一直以缺乏弹性的农业税（田赋）为主，逐渐转变为一种充满扩张潜能的全新形态，即以各项商业税种为主，并辅以过去所没有的近代融资手段。这一转型的关键性起点，是1853年在扬州附近设点开征的厘金，经清廷的允准迅速推向全国其他各地，作为一种应急手段，以补充镇压太平天国所亟需的军费，并且在战后作为一种归地方官员征收和管理的非正式税源延续下来。随着商业的恢复和市井的繁荣，厘金征收所带来的财政收入不断上升，仅就正式上报朝廷的数据而论，到1887年已达近1,675万两白银，相当于田赋收入的一半多；而地方督抚隐瞒未报的厘金收入可能达到实际征收数额的百分之七八十。[1] 另一项急剧增加的税源是海关税，

---

[1] 史志宏、徐毅：《晚清财政：1851—1894》，上海：上海财经大学出版社，2008年，第123页。

随着中外贸易的扩张，从 1840 年代的 400 多万两，剧增至 1887 年的 1,932 万两。这两项税种相加，远远超过了过去作为国库收入主渠道的田赋。总体上，晚清国家的财政收入，从鸦片战争前的 4,000 万两左右，增至 1880 年代的 8,000 万两上下，即翻了一番。这还仅仅是官方数据。如果把各省督抚，以及下级地方官员实际征收但未上报而截留自用的数额加起来，在 1880 年代的大部分年份可能在 1 亿 5 千万两上下。即使只看官方数据，也可发现在 1880 年代清朝中央的历年开支总额，通常略小于收入总额，因而每年可以产生三四百万两的盈余，1888 年起每年在六七百万两，1891 年达到 1,000 多万两。① 可见，"同光中兴"不仅仅是表象，而是有实实在在的国库盈余作为支撑的。②

同光年间财政均衡态的重新出现，折射了晚清中国的一个优势，姑且谓之"大国的红利"，即中国巨大的消费人群和疆域规模所产生的庞大市场，使得政府可以通过加征国内和国际贸易税项，产生巨大的财政收入数额，即可满足国家在国用正项之外的开支，填补平息内乱、对外战争或重大洋务举措所产生的资金缺口。但是，这样一个长项，恰恰同时也构成了晚清中国的一个根本性的短项，即可以再次绕过现代国家转型这一环，不必像早期近代和近代欧洲国家那样，在列国竞争和军事革命所带来的国库严重透支的情

---

① Huaiyin Li, *The Making of the Modern Chinese State*, p. 91.
② 需强调的是在同治朝及光绪朝前期，户部收支状况虽日渐好转，但远未达到充裕境地。甚至在进入 19 世纪 80 年代后，清朝的财政收入在应付边疆危机方面依然被动，常有捉襟见肘的窘境（刘增合：《晚清保疆的军费运筹》，《中国社会科学》2019 年第 3 期）。但在 19 世纪 80 年代后半期和 90 年代初，国库收支已做到平衡有余，当无疑义。

况下,通过以建立、健全征税机构为核心的国家机器科层化、集中化过程,增强国家的财政汲取能力。而没有迈过现代国家形成这道门槛,晚清国家的财政能力的瓶颈迟早会到来。①

(三)政治均衡态的重建

最后,在政治认同层面,同光年间同样再度出现了一种均衡态。有清一代,政治认同的核心问题始终是如何处理好满汉关系。如前所述,清朝前期依靠硬软两手,对这一问题的处理总体上是成功的。汉人精英阶层大多从儒家的君臣礼仪伦理出发,认可了同样尊崇儒家纲常说教的清朝政权及其所建立起来的政治秩序,搁置了满汉之间的族群差异。但1851年太平天国运动的爆发,将满汉对立再次推上台面。太平军从一开始便以蓄发易服强调汉人身份,视满人为外来"妖孽",在政治宣传中竭力渲染满人的异族身份和满汉对立。其战斗力之强,进军速度之快,仅用两年时间,即席卷大半个中国,构成清朝入关以后最严重的政治危机。事实上,太平军本可以"排满"为旗号,争取更多汉人的支持。但不同寻常的是,太平军自己所尊奉的,并非被汉人士子视为天经地义的本土儒家说教,而是在许多方面与儒家纲常伦理截然对立且经太平天国领袖改造过的基督教义。这反而为依然忠于清廷的汉人精英提供

① 光绪朝前20年间,清廷虽曾力图规复军兴期间难以为继乃至局部瘫痪的钱粮奏销制度,清查积亏,强化考成,但在整个财政体制的统一和集权方面难有突破。不仅解协饷制度难以正常运转,各省督抚赖以兴办新政的厘金等财源也多不在朝廷掌控之中(参见刘增合《"财"与"政":清季财政改制研究》,北京:生活·读书·新知三联书店,2014年,第1—79页)。

了把柄。曾国藩《讨粤匪檄》开宗明义地称，太平军起事，不仅是对清廷的一种叛逆之举，更是对"孔孟人伦"的根本挑战；讨伐太平军，不仅是为了保大清，更是为了拯救"中国数千年礼义人伦诗书典则"。① 正是在共同捍卫儒家政治秩序的基础上，满汉精英联手镇压了太平天国运动，使摇摇欲坠的清政权得以幸存。在镇压太平天国过程中及之后，越来越多汉人精英得到重用，被任命为封疆大吏；一度被太平军撕裂的满汉关系，因此得以弥合，并在此后几十年里，朝着满汉平等、融合的方向，比过去走得更远。②

　　政治层面均衡态再现的另一个表征，是清朝政权的制度架构及其背后的意识形态在太平天国运动之后重新得到确认和延续。经过太平天国运动和第二次鸦片战争的剧烈冲击，到 1860 年代，朝廷上下的有识之士形成了一种新的认知，即清朝要图存、自保，必须改弦更张；这跟第一次鸦片战争之后的十几年间清朝内部毫无动静、一切规章制度因循守旧截然不同。但无论是曾国藩、左宗棠

---

① 曾国藩：《讨粤匪檄》，《曾国藩全集》第 14 册《诗文》，长沙：岳麓书社，2012 年，第 140—141 页。

② 如 1865 年，清廷下诏，已在外省落业之旗人，"如有不安本分滋生事端者，即由该地方官照民人一律惩治。其愿入民籍者，即编入该地方民籍"（《清穆宗实录》第 5 册，台北：华文书局，1964 年，第 3550 页）。芮玛丽据此认定，"在 18 世纪以来一直在发展的满汉一体，到 19 世纪中叶已经达到完全成熟的状态"（Mary Wright, *China in Revolution: The First Phase, 1900-1913*, New Haven: Yale University Press, 1968, p. 21），此后"将满人与汉人隔开的最后一些限制大多已经不复存在"（Mary Wright, *The Last Stand of Chinese Conservatism: The T'ung-chih Restoration, 1862-1874*, New York: Atheneum, 1966, pp. 21, 53）。芮玛丽的判断显然过于乐观。事实上这些谕旨并未得到认真执行，满汉分隔和不平等的问题在 19 世纪后期依然存在（参见 Edward Rhoads, *Manchu and Han: Ethnic Relations and Political Power in Late Qing and Early Republican China, 1861-1928*, Seattle: University of Washington Press, pp. 35-63）。

和李鸿章这些为倡办"洋务"奔走最卖力的封疆大吏,还是张之洞和刘坤一这样的后起之秀,均认为中国所欠缺而亟须补上的,仅仅是西方先进的工业文明和军事技术而已;他们对清朝政权体制和各项典章制度及其背后的儒家说教的正确性和有效性,均深信不疑。这就是所谓"中学为体,西学为用"的自强模式。自 20 世纪初以来,从梁启超开始,人们便回过头来对同治、光绪年间所流行的这套模式不断有所反思,多认为这是当时主政者思想上的文化保守主义使然。① 其实,以李鸿章为代表的洋务领袖的想法,在当时已经够大胆、超前,他们本身便已承受着来自守旧派的质疑和诋毁。李鸿章、张之洞这些洋务领袖人物之所以不谈国家根本制度的变革,是因为在其看来当时并没有这方面的迫切需求。要说明这一点,这里有必要先简要讨论一下近代以来国家转型的动力和路径。

(四)晚清政权的三重均衡陷阱

一个国家的现代转型动力的大小,归根到底取决于其所处的地缘政治格局所产生的压力与既有的财政军事构造的承受能力这两者之间的紧张程度。为了在国际竞争特别是战争中生存下来而提高国家对国内人口的财政汲取能力,则是国家形成的最根本原因。蒂利作为研究早期近代以来欧洲国家形成的集大成者,为此区分了三种不同的路径:(1)在经济落后、工商业不发达的国家,如俄罗斯和匈牙利,商业税源带来的国库收入较少,政府因此以农业

---

① 参见梁启超《中国四十年来大事记(一名〈李鸿章〉)》,《梁启超全集》第 2 集,第 417—419、458—459 页。

人口为主要榨取对象，并为了征收人头税和土地税而建立了一个庞大的官僚机构，且允许土地贵族对于底层民众持有广泛的强制权力，将农民变成农奴，走上所谓"强制密集"道路；(2)在资本集中、工商发达的地区，如威尼斯和荷兰，国家转而以易于征收的商业税种和各种信贷手段作为主要的财政来源，并为此与商业寡头和资本家讨价还价，由此产生或加强了议会或国会这样的立法机构，而无须建立庞大的国家机器，是为"资本密集"道路；(3)介于这两者之间的"资本化强制"模式，主要出现在英法等国，那里来自城市工商业和乡村的财源对国家同样重要，资本和土地拥有者在相对平等的条件下相互作用，共同支配国家机器。①

相较之下，同光时期，由于地缘政治均衡态的再度形成，清朝为满足军事扩张需求而提高财政汲取能力的紧迫性，远远低于早期近代欧洲国家。尽管中国的工商业发达程度及其在国民经济中所占的比重，远远低于欧洲的"资本密集"和"资本化强制"国家，但晚清政权无须走向"强制密集"道路，即通过加强对农民的控制和榨取，来满足其快速上升的财政需求。恰恰相反，直到 19 世纪末，清朝政权始终小心翼翼维持着土地税"永不加征"的古训。凭借着人口庞大、市场广阔的优势，清朝统治阶层可以通过开拓新的或既有的商业税源（包括厘金、海关税和盐税等），轻易地增加其财政收入，而无须为攫取更多的经济资源与任何社会势力讨价还价。因此，在更大、更急迫的财政需求到来之前，国家财政汲取机制乃至整个官僚机构的全面改造，无从提上主政者或地方政治精英们的

---

① Charles Tilly, *Coercion, Capital, and European States, A.D. 1990-1992*, pp. 137-160.

议事日程。

　　总之，太平天国运动平定之后再度主导晚清国运的由地缘战略、财政构造和政治认同构成的三重均衡态，比清朝国家在18世纪所经历的三重均衡态，显得更加脆弱，历时也更加短暂。之所以更加脆弱，不仅因为地缘战略上的均衡态是暂时的——在已经消退的来自欧洲老牌列强的军事威胁与即将到来的近邻日本的更致命冲击之间，中国获得了难得的历时三十多载的战略缓冲期，但仅仅是缓冲而已；也不仅仅因为"大国的红利"只是一时的，财政供给能力的瓶颈迟早会到来。而且还因为，太平天国运动之后重新建立起来的传统政治秩序和表面上得到弥合的满汉关系，其赖以存在的基础也更加脆弱。其中最关键的变化，是汉人官僚对清廷的态度，已经从既往无条件的臣服，变成了"有条件的忠诚"。

　　太平天国运动之前，汉人督抚乃至整个汉人政治精英集团在朝廷面前毫无讨价还价的余地。不仅儒家的君臣等级观念和朝廷对反满言行的严厉镇压，使这些封疆大吏及地方士绅在强大的皇权面前变得小心翼翼，而且在高度中央集权的行政和财政体制下，这些汉人督抚也没有任何杠杆可以自保。但在平定太平天国运动期间及此后，在"地方化集中主义"框架下形成的权力再分配格局，大大提高了充当洋务领袖的地方督抚的话语权。这些封疆大吏各自形成了自己的利益集团，在相当程度上控制了本区域的财政、军事和行政资源。他们对朝廷的忠诚变成有条件的，即只有在他们的集团利益得到朝廷尊重的时候，才会听命于中央；否则会不可避免地走向自主乃至最后宣布"独立"。1900年义和团高潮期间南方督抚们共商"东南互保"，只不过是对清廷的一个预警而已。

三、"新政"的宿命:三重非均衡态的产生及其后果

(一)地缘格局的非均衡态

从中日甲午战争到 1911 年清朝覆亡,短短 16 年间,中国的变革之剧前所未有。首先是地缘格局发生了颠覆,从过去几十年间内乱渐息,外患远去,大清在洋务新政的道路上一度走在东方各国的前列,隐隐然重新成为区域性大国,到 1894 年 7 月突然与日本交战,海陆两路全面溃败,最终在与日本的谈判中,以割让台湾和澎湖列岛、赔款 2.3 亿两白银等条款收场。5 年之后,一场更大的灾祸再次降临。从 1899 年底开始在华北地区迅速蔓延的义和团,在清廷的默许下进入北京,围攻外国使馆区,导致列强组成八国联军进犯中国,北京在庚申之变 40 年后再度落入外敌之手。清廷最后不得不在 1901 年 9 月签订和约,赔偿各国 4.5 亿两白银。短短 7 年时间,清朝遭受两次重创,从往日再度崛起的大国骤然跌入受尽列强欺凌、丧权辱国的深渊。同光年间的地缘均衡态不复存在,取而代之的是甲午以后的敌强我弱和彻底失衡。

地缘环境的剧变,构成了清朝国家走向转型的契机。甲午战争的失败和《马关条约》的签订,对晚清国人来说可谓"创巨痛深"。如果说此前中国所遭受的外侮,包括两次鸦片战争,只是给清廷上层集团和沿海城市的部分精英带来警醒,而内地普通民众乃至士绅阶层依然未受触动,照旧生活于传统的精神世界的话,那么,甲

午之战,中国大败于以往为士大夫所不屑一顾的东邻"蕞尔小国",
则对全国上上下下的士绅精英构成了巨大刺激,此后便是内政与
外交相互激荡,带来一环扣一环的惊心动魄的剧情,先有京内外士
子们日益高涨的"强学""变法"的呼声,导致1898年光绪帝所主导
的戊戌维新的匆匆登场及其在守旧派的反击下的骤然夭折;接下
去便是在一片仇外氛围下必然出现的庚子国变和《辛丑条约》所带
来的奇耻大辱。紧接着剧情发生翻转,两年前还对维新采取仇视
态度的慈禧太后,下决心"变法自强",宣布推行"新政",在国家根
本制度和所有的大政方针上彻底改弦更张。"现代国家建造"这一
根本性议题,在屡经18世纪清朝盛世和晚清同光年间的推迟之
后,终于在20世纪初被正式提上日程,自上而下地在全国推广
开来。

但"新政"能否成功,取决于两个关键因素:一是清朝的财政构
造是否具有足够的潜力支撑"新政"措施的各项开销,一是卷入"新
政"各项措施的朝野各方能否凝聚共识,塑造新的政治认同,确保
"新政"的顺利推进。下面先看清末十年的财政构造。

(二)财政构造的非均衡态

甲午之前几十年中,晚清政权的财政构造曾经一度恢复了太
平天国时期曾遭破坏的均衡格局(收支平衡、收入略大于支出)。
但甲午以后,尤其是辛丑之后,政府开支急剧上涨,入不敷出的状
态愈演愈烈。清朝的财政构造发生了根本性变化,同光年间重新
建立的低度均衡不复存在,代之而起的是清季十年的高度不均衡。

导致清季财政失衡的，首先是甲午以后沉重的对外赔款和偿债负担。《马关条约》所规定的2.315亿两对日赔款，相当于1894年清朝全年国库收入（8,100万两）的三倍，或1894年之前20年北洋水师总投入（2,300万两）的十倍。《辛丑条约》议定后，清廷的财政负担更为沉重，对外赔款本金加利息合计超过9.8亿两。1902年后，每年支付庚款本息2,000多万两，加上各种外债本息，共计4,500万两。其次是举办各项"新政"的巨额开销。"新政"中最重要的项目是编练新军，计划练成36镇，至1911年清朝垮台，已练成14镇和18个混成协，总计约168,100人。[1] 每镇年均花费300万两以上，如果36镇及附属部队全部练成，每年总开销多达1.2亿两。[2] 1911年军费预算5,876万两，加上军事学堂、兵工厂等项目，共计8,000万两以上。[3] 此外，作为新政在地方上的主要项目，各省还需平均花费200万—300万两举办警政，100万两建立和维持新的司法系统，另需100万两建立学堂体系。九个省份有关预备立宪的具体方案显示，它们1910—1916年在教育、司法、警察、自治和工业发展方面的总预算将达到4.1867亿两；如果其他九省的预算也大致如此，那么全国在这几年的新政总花费将达到8.37亿两。[4] 总之，巨额的赔款负担加上新政的全面铺开，导致政府的财政支出在1894年后逐年飞涨。相较于甲午之前年均支出约8,000万两，1903年增长到近1.35亿两，1908年为2.37亿两，1909年为

[1] 或谓至1911年练成22镇，参见蔡美彪等《中国通史》第12册，北京：人民出版社，2015年，第202页。
[2] 邓绍辉：《晚清财政与中国近代化》，成都：四川人民出版社，1998年，第211页。
[3] 蔡美彪等：《中国通史》第12册，第206页。
[4] 周育民：《晚清财政与社会变迁》，上海：上海人民出版社，2000年，第399—400页。

2.70 亿两。至 1911 年,清政府年度财政支出预算达到 3.38 亿两,是 1894 年支出的四倍以上。[1] 该年的预算显示,其开支主要用于军队和警察(27.16%)、战争赔款(16.79%)、交通运输(15.36%)和行政管理(8.48%);其他的预算开支则包括金融(5.82%)、司法(2.15%)、民政(1.43%)、教育(0.83%)、工业(0.52%)及外交、海关、建筑、公债和边防等方面。[2]

当然,同一时期,清朝的财政收入也在快速增加。相较于 1894 年 8,100 万两的岁入,1903 年已增至近 1.05 亿两,1908 年达到2.35 亿两,1911 年更达 2.97 亿两。支撑财政收入上涨的最重要渠道还是盐税、厘金和海关税等商业税种。其中,海关税数额最大且稳步增长,从甲午前的 1,700 万两左右,增至 1902 年的 3,000 万两,1911 年达到 3,600 万两,表明国内进口商品市场及国内经济整体规模均在扩大。其次是厘金,1908 年以前年征收 1,300 万至 1,700万两。排在第三位的是盐税,从甲午前每年 700 万两左右,飙升至1,900 年的 1,300 万两,而到清政府覆亡前,已成为数额最高的商业税种,高达 4,600 万两。这几项商业税款加在一起,在 1894 年为4,255 万两,1911 年达 1.3164 亿两,占晚清国库收入的 44%。相比之下,田赋在晚清时期虽然也有所增长(从甲午前的 3,300 万两上下,增至 1903 年的 3,700 多万两和 1911 年的 4,800 万两),但在政府财政收入中的比重却在下降,从 1849 年的 88%,降至 1894 年的40%,到 1911 年仅占 16%。[3] 因此,清政府的财政收入结构在其最

---

[1] Huaiyin Li, *The Making of the Modern Chinese State*, p. 135.

[2] 刘锦藻编:《清朝续文献通考》,杭州:浙江古籍出版社,2000 年,第 8245 页。

[3] Huaiyin Li, *The Making of the Modern Chinese State*, pp. 91—92.

后几十年间发生了逆转，即从原先主要依赖于农业收入，并且很大程度上呈静态、固化的传统模式，转变为主要依赖商业税和借贷，富有弹性并不断扩张的新模式；就其财政结构而言，晚清中国已经跟 1850 年代以前的旧王朝有根本的不同，而更加接近世界其他地区的现代民族国家。

值得注意的是，清末十年，虽然政府岁入也在快速增长，至 1911 年，其全部财政收入（2.97 亿两）已经达到 1894 年财政收入（8,100 万两）的 3 倍，年增 7.94%，但财政支出增长更快，从 1894 年的 8,000 万两增至 1911 年的 3.76 亿两，年增 9.53%。结果，财政收支的不平衡问题日益严重，赤字逐年上升，1899 年近 1,300 万两（占政府财政收入的 14%），1903 年达 3,000 万两，1910 年达到 4,100 万两，1911 年更达 7,900 万两（占政府财政收入的 26%）。[1] 相较于甲午前数十年晚清财政结构的低度均衡，甲午以后财政构造的根本特征是高度不均衡。甲午前之所以还能够维持低度均衡，是因为总体上清廷还能够坚持"量入计出"的传统理财原则，亦即财政支出的增加，是以财政收入的增长为前提条件的。相形之下，1894 年之后，情况恰恰相反，是"量出计入"，即政府财政支出的急剧增长，驱使政府扩大财政收入来源，但财政收入的扩大远远滞后于支出的增长，结果造成财政结构失衡。这种失衡状态，过去曾在战时发生，起初出现在 1670 年代平定三藩期间，后在太平天国期间再度出现，不过在清朝自 1680 年代以来漫长的财政史上，这种失衡状态属于非正常现象。但是，1900 年之后十年间，它却成

---

[1] Huaiyin Li, *The Making of the Modern Chinese State*, pp. 91–92.

了清朝财政构造的常态。

　　这里值得进一步思考的是,上述非均衡财政的常态化,如果跟新政启动十年之后清朝即突然崩溃这一事实联系起来,是否意味着新政时期的财政制度已处于危机之中,换言之,清廷在其最后十年是否因为新政的全面展开而汲取过度,以至于损害其统治合法性? 要回答这一问题,至少须考虑以下两方面的因素。其一是 19 世纪后半叶及 20 世纪初,国际市场上银价长期下跌,导致国内银贱钱贵。清末 17 年间,国内白银的购买力下降了 33.07%(从81.97%降至48.90%)。[①] 因此,清政府财政收入虽然纸面上在此期间上涨 3.67 倍(从 1894 年的 8,100 万两增至 1911 年的 2.97 亿两),但就其实际购买力而言,仅仅增加 2.18 倍;政府实际收入的年增长率仅仅为 4.69%,而非 7.94%。

　　另外一个因素是与可汲取资源相比较而言的晚清财政增收潜力。以往研究为我们提供了清朝后期国民生产总值的不同数据:1800 年为 20 亿两,1888 年为 33 亿两,1894 年为 42 亿两,1903 年为 58 亿两,1908 年为 69 亿两。[②] 如果这些数据可信的话,那么,清朝官方岁入数字占中国经济产值的比重,1800 年仅为 1.5%,1894 年为 1.92%,1903 为 1.81%,1908 年为 3.4%。如果以 69 亿两作为 1911 年中国经济产值的保守估算,那么政府岁入仅占当年经济总

① 王玉茹、燕红忠:《世界市场价格变动与近代中国产业结构模式研究》,北京:人民出版社,2007 年,第 272—273 页。

② 刘瑞中:《十八世纪中国人均国民收入估计及其与英国的比较》,《中国经济史研究》1987 年第 3 期;John K. Fairbank and Kwang-ching Liu, eds., *The Cambridge History of China*, Vol. 11, Cambridge: Cambridge University Press, 1980, p. 2;周志初:《晚清财政经济研究》,济南:齐鲁书店,2002 年,第 259 页。

产值的 4.3%。① 当然，官方岁入记录远低于地方政府和官员的实际征收税额。梁启超在 1909 年估计，全年各项政府收入总计为 1.3 亿两，如果加上督抚"外销不报之数"以及地方官吏、胥役、奸商层层盘剥中饱之数，"大约人民所负担，总在四万万两以外也"。② 即使我们认可梁启超的估计（4 亿两），当时的赋税负担也仅占中国全部经济产值的 5.79%。

可见，尽管新政时期清朝的财政收入快速增长，但清季十年的赋税负担也许并不像传统观点认为的那样过于沉重。③ 换言之，财政不均衡态本身对清廷而言并不是致命的。④ 导致清朝很快覆亡的主要原因，恐怕不在新政加重了普通民众的赋税负担，而是应该在其他方面，下面将展开此点。

（三）政治认同的非均衡态

甲午以后，左右新政结局，乃至决定清王朝命运的，是财政构

---

① Huaiyin Li, *The Making of the Modern Chinese State*, p. 138.
② 梁启超：《中国改革财政私案》，《梁启超全集》第 1 集，第 597 页。
③ 一个显著的例外是主要针对城镇小业主的杂税的征收。清政府 1911 年的预算表明，各项杂税已取代海关税，成为政府财政收入的最重要来源。1894 年前，杂税仅占全部财政收入的 12%—14%，1911 年，杂税占到了 40%（Huaiyin Li, *The Making of the Modern Chinese State*, p. 92）。难怪新政时期，尤其清末最后几年，卷入各地骚乱的主要是交纳各种杂税的非农业人口，而不是交纳田赋的农民（参见 Roxann Prazniak, *of Camel Kings and Other Things*: *Rural Rebels against Modernity in Late Imperial China*, Lanham: Rowman & Lifflefield, 1999）。但这些骚乱多局限于当地，对清朝而言并不致命。
④ 参见 R. Bin Wong, *China Transformed*: *Historical Change and the Limits of European Experience*, Ithaca: Cornell University Press, p. 156.

造不均衡的表象背后更深层的因素,即权力结构和政治认同的非均衡态。如前所述,甲午前的 30 年间,晚清政权之所以能够在政治层面维持低度均衡,得益于前文所说的"地方化集中主义"格局。甲午以后,尤其是辛丑以后,新政的实施伴随着清廷在财政、军事和行政等领域的全面集中化努力,在带来财政收入剧增的同时,也打破了既往的政治均衡态,侵害了汉人政治精英的核心利益,驱使他们弃守自 1860 年代即已形成的"有条件的忠诚",最终走向清廷的对立面。

清季国家权力的全面集中,主要发生在最为紧要的财政和军事层面。集中财权的举措之一是 1908 年决议清理整顿财政。为此,中央向各省派出正副监理官,负责监督各省新成立的财政清理局的运行,编写各省财政收支详细报告,尤其是其中长期瞒报中央的内容。各省督抚负责在限定时间内向中央上报其预算,以免受到降职和减俸一年的处分。与此同时,裁撤各省所有非正规财政机构,改革或取消布政使司,代之以新成立的财政局或财政公所,并且禁止各省督抚擅自举借外债和发行纸币。①

清廷集中财权的另一项重大举措,是改革食盐产销管理制度。1909 年清廷成立由满人贵族领班的督办盐政处,其中心任务,除了打击私盐贩运活动以及地方官员侵蚀盐课、接受盐商贿赂等不法行为,最重要的,是剥夺各省督抚的盐务管理权,包括盐务方面的人事任命和收入管理权,将其置于中央直接控制之下。这些集权措施效果明显。短短数年内,上报中央的厘金总额,从财政清理之

---

① 刘增合:《光宣之交清理财政前夕的设局与派官》,《广东社会科学》2014 年第 2 期;邓绍辉:《晚清财政与中国近代化》,第 264—269 页。

前的 1,200 万两,剧增到 1911 年的 4,300 万两(度支部当年预算)。更令人吃惊的是盐税的增长,从财政清理之前的 1,300 万两,剧增至 1911 年的 4,600 多万两(预算),超过厘金和海关税,成为仅次于田赋的政府财政收入第二大来源。[1] 各省督抚从一开始便试图抵制中央的财政清查和整顿,拒绝按要求和盘托出瞒报的税收,不愿交出盐税管理权,但在中央的高压之下,不得不在相当程度上放弃其既得利益,尽管财政清查的结果远非其瞒报的全部数额;双方在博弈过程中都不得不有所妥协。

对清廷而言,更具挑战性的任务是通过建立新军,集中军权,由清廷新成立的练兵处统一编练 36 镇。在此过程中,朝廷与地方督抚之间也不可避免地产生冲突,因为后者(尤其是南方各省疆吏,诸如湖广总督张之洞、两江总督魏光焘)多不愿按照中央要求,增加税收以编练新军,并公开反对各军事单位的统一化和标准化,因为这将威胁到他们对地方武力的控制。在与中央争夺军权的博弈中,各省大员纷纷败下阵来;唯有直隶总督、北洋大臣袁世凯,以练兵处会办大臣的身份,掌握了编练新军的实权,成为一时的赢家。各省为编练新军上缴的大部分资金,均用在袁所编练的新军六镇上面。

清廷在新政期间的全面集权,不仅削弱了各省督抚的区域自主,导致中央与地方关系的失衡,使清季的权力格局由甲午前的地方化集中主义,向"去地方化"的全面集权过渡,同时还触及当时最为敏感的满汉关系,牵动每一位汉人精英的神经。而清季满汉关

---

[1] Li Huaiyin, *The Making of the Modern Chinese State*, pp. 91−92.

系的转折点,是 1908 年 11 月慈禧太后去世。在此之前,慈禧太后还能起到纽带作用,把清廷与汉人疆吏联结在一起;慈禧太后在听政几十年间,依靠汉人官僚处理军国大事,使朝廷渡过了一场场危机,而汉人官僚也因受到重用而对清廷忠心耿耿。但是,新政期间,那些有阅历、可信赖的汉人老臣先后谢世(李鸿章死于 1901年,刘坤一死于 1902 年,王文韶死于 1908 年,张之洞死于 1909年)。结果,1908 年慈禧去世后,控制朝廷的皇族亲贵,由于跟各省及中央的汉人官僚无甚私交,只好将自己孤立在满人圈子里。他们在管理国家事务上缺乏经验,又不愿轻信汉人官僚。在同汉人官僚尤其是其中的强势人物相处时,他们始终缺乏安全感。

面对各种政治改革建议,皇室想当然地视之为限制满人特权、提升汉人权力的举措。满汉之间的隔阂,曾经是精英们的公共话语中的一大禁忌,现在却主导了满人亲贵的自我意识。权倾朝野的袁世凯自然成为亲贵们的首要防范目标。结果不出所料,清室在 1909 年 1 月以袁世凯患"足疾"需要休养为由,免除他的职务。放逐袁世凯,仅仅是让袁不再具有效忠清廷的义务;对袁世凯及其追随者而言,太平天国运动以来汉人官僚对清廷的有条件忠诚最终消失殆尽。这种有条件的忠诚,其实不仅限于封疆大吏,而且也早已扩散到社会精英中间。上海预备立宪公会的发起人张謇在1909 年底组织代表赴京请愿时,有"诚不已,则请亦不已"之言,[①]与清廷叫板的意味已甚明显,这在过去是不可想象的。

概言之,加强中央集权,促进整个国家机器——包括其财政、

---

① 张謇:《送十六省议员诣阙上书序》,载《张謇全集》第 1 卷,南京:江苏古籍出版社,1994 年,第 128—129 页。

军事和行政系统——走向制度化、正规化、集权化，本来是现代国家建造的题中应有之义，清末新政的初衷和方向并没有错。问题在于清廷在弱化督抚权力的同时，并未真正实现中央集权的目标，只是导致亲贵专权，内斗加剧，政出多门，实际上无力掌控从督抚手中收回的权力。论者谓之"内外皆轻"，可谓击中要害。[①] 更为严重的是，作为新政最核心部分的政治体制改革和权力重新分配议题，在满汉分裂的背景下遭到扭曲，成为满人亲贵与汉人精英之间的一场零和游戏。满人把仿行宪政和组建责任内阁等同于削弱皇权和亲贵特权，热心立宪的汉人精英则把请愿速开国会当作限制皇族垄断和滥用权力的最有力手段。1911年4月，在各地次第发起的请愿运动和强大舆论压力下，责任内阁最终成立，十三名大臣中，汉人仅占四席。10月，武昌首义爆发。由立宪派主导的各省咨议局及部分巡抚，此时早已对朝廷失望。清朝最终在各省宣告独立的声浪中寿终正寝，便在情理之中。

四、晚清国家转型的独特路径及其成败

清代中国经历了从"国家形成"到"国家转型"的过程。国家形成始自清朝迁都北京，控制中原地区，终至1750年代完成疆域的整合。19世纪40年代以后，晚清中国开启了从早期近代疆域国家向现代主权国家转型的过程。这一过程曲折多艰，国家主权和领土

---

① 李细珠：《晚清地方督抚权力问题再研究——兼论清末"内外皆轻"权力格局的形成》，《清史研究》2012年第3期。

完整受到一定程度的侵害。然而,相较于绝大多数非西方国家沦为帝国主义列强殖民地的遭遇,相较于世界近代史上所有其他帝国在衰亡过程中走向四分五裂的命运,晚清中国大体上维持住了1750年代以来即已定形的疆域格局。这是近代以来中国的国家转型最为醒目之处。下面拟从三个方面总结晚清国家转型的路径及其成败。

(一)晚清中国何以"落后"

1840年以后的中国,相较于英法等欧洲列强,相较于1890年代以后的日本,在经济、技术、政治组织和军事实力方面,无疑显得"落后"。如前所述,以往对晚清中国落后挨打的解释,往往只注重19世纪内外两方面的因素,即晚清政权本身的闭关自守和腐败无能,与外国列强的帝国主义本质和侵略野心。本章已经证明,除了这些最直接的原因,19世纪中国"落后"的根源,乃在18世纪业已形成的"三重均衡陷阱"。正是这一陷阱,使清代中国失去了在经济技术、政治组织和军事能力方面不断提升和演进的动力。这三重陷阱一环扣一环。首先是地缘政治格局的均衡态,即17世纪中叶清朝统治下的中国,已经从一个以汉人农耕社会为主体,对北方游牧民族采取守势的国家,转型为一个囊括长城内外游牧和农耕两大地带的国家,造成了游牧社会的征战能力与农耕社会的财政能力的优化组合,这种组合使清朝能够在同等军事技术条件下,凭借巨大的财力,战胜周边所有对手。但是在18世纪中叶消灭准噶尔部以后,由于不再存在来自邻国的直接威胁,清朝政权也失去了扩充和提升其军事能力的动力，而长期的和平环境又进一步导致其军事组织和战斗能力的萎缩；相较于同时代欧洲军事技术和作战能力的快速发展，中国的落后是必然结局。

其次是财政构造的均衡态。国内和周边的长期安宁，以及相对稳定的军事和行政开支，导致清朝国库收入与支出的大体稳定，收入略大于支出，且有足够的盈余应对国用常项之外的开销。但这种在传统农业经济基础上形成的以田赋为最主要来源的财政均衡态，带来两个严重后果。其一是财政上对田赋的依赖导致统治者把稳定农业放在其经济政策的首位，为此贬抑工商业和对外贸易；而缺乏制造业和内外贸易的刺激，中国的科学技术不可能有突破和推广的条件，中国的经济也不可能具备发生工业革命的条件。这跟同时代欧洲各国为寻求财政扩张而力行重商主义，最终导致制造业扩张和工业革命南辕北辙。其二是这种财政构造缺乏足够的弹性和扩张能力。一旦支撑农业人口纳税能力的前提条件——适度的人口与耕地比率及稳定的银钱比率——发生变动，或者出现严重的外来威胁或内部动乱，导致军事开支的剧增，便会出现供应不足或需求过量、入不敷出，而财政失衡反过来又会削弱国家应对危机的能力。

再则是权力结构和政治认同的均衡态。地缘均衡态的形成，使清朝政权有可能通过施行以轻徭薄赋为核心的"仁政"，辅之以压制与笼络两手对付汉人精英，成功地处理本来十分棘手的满汉关系；与此同时，财政均衡态的形成，也使清朝政权有可能通过实施"零汲取"（中央无须边疆上缴地方税款）的策略，成功地处理同样棘手的中央与边疆之间的关系。因此在清朝的内地和边疆都出现了历史上少有的长期稳定、安宁状态。但这种政治均衡态也产生了巨大的惯性,使清廷内外的统治精英均对其治理体制和意识形态的合理性、有效性确信无疑,把来自中国之外的一切不同于大清体制法度的思想、制度乃至器物视为异端,动辄以"夷夏大防"为由对其加以贬斥,使各种从内部展开的制度改革和创新举措变得异常艰难。

所有这些,都与同时代欧洲在列国竞争的环境中所形成的地缘、财政、认同的高度不均衡,形成鲜明对比。相较于欧洲各国之在启蒙主义、重商主义和民族主义的激荡下科学技术日新月异、产业革命蓬勃发展、民族建国浪潮汹涌澎湃,18世纪后期的中国显得悄无声息。当1840年代中西方终于发生碰撞时,双方力量对比,高下立见。19世纪的清政权在处理中外关系方面的保守政策,以及在应对外来危机方面因循守旧、颟顸无能的表现,只是其落后挨打的表层原因。18世纪后期日益严重的人口压力所带来的农业内卷化,以及中国由于缺乏西欧国家摆脱内卷化所需要的能源和原材料资源而形成的"大分流",同样也仅仅能解释19世纪的中国在经济上落后于西方的浅层原因。晚清中国全面落后于西方的根本原因,端在17世纪50年代已初步成形、18世纪50年代以后牢固存在的三重均衡陷阱。

(二)大国的优势与劣势

清代中国之大,不仅在于其疆域之辽阔,更为重要的是其人口之众及经济规模之巨。清朝疆域之扩充和巩固,尤其是环绕内地的各边疆的建立——从东北的满洲，到北部的内外蒙古、西部的新疆和西南部的西藏——为内地的稳定和繁荣提供了前所未有的和平环境。而一个人口众多、经济规模巨大的内地，为清朝提供了充沛的财源，使其足以维持当时世界上最为庞大的一支军队和富有效率的官僚机器，而不必提高对内地经济的汲取程度，因为相对于内地庞大的人口和资源，清朝的财政需求在现有的地缘政治格局下毕竟是有限的。清朝的国库岁入，与其他国家相比固然是一个庞大的数目，但在国内生产总值中所占的比重却始终维持在一个极低的水平。[①] 以较少的投入维系着一个庞大的国家机器，从而有可能使清朝在内地实行低汲取、在边疆实行零汲取的治理政策，这是清朝作为一个大国最为突出的优势。

1840 年以后，清廷的财政收支一度严重失衡。为了应对外患、平息内乱，晚清政权耗费浩繁，不得不在田赋之外开辟新的财源。短短几十年间，国库岁入从鸦片战争前的 4,000 万两剧升至 1880 年前后的 8,000 万两，再进一步膨胀至清朝末年的近 3 亿两。所有这些，都是在传统农业依然主导中国经济、现代工商业发展极为有限的情况下发生的。凭借新的财源，晚清政权不仅有能力支付所有战争赔款，避免了沦为列强殖民地的命运，而且有能力从事大规模国防近代化建设，有能力用兵边陲、收复新疆，确保了清朝自 18

[①] 与地跨欧亚非三大洲的奥斯曼帝国相比，在 1800 年前后，中国人口为其 14 倍，税收为其 6 至 10 倍。中国人口为 3 亿左右，奥斯曼为 2150 万人。清朝岁入在白银 4000 万两左右，奥斯曼政府收入则为白银 150 吨左右，如果算上骑士从各自封地上所收到的自用税款，总额约为 250 吨（K. Kivanc Karaman and Sevket Pamuk, "Ottoman State Finances in European Perspective, 1500−1914," *The Journal of Economic History*, Vol. 70, No. 3, 2010: 593−629）。

世纪 50 年代鼎盛时期以来所形成的疆域格局的基本完整，避免了所有其他帝国在衰落之时走向四分五裂的宿命。大国的优势在此过程中再次彰显出来。

但晚清中国作为一个大国，其劣势也是明显的。清朝国家的治理能力，在周边环境相对安宁、国内人口规模比较适度的条件下，固然没有问题；但是，一旦出现外来挑战与内部动乱交相侵袭的局面，这种权力高度集中、相对于其人口来说规模较小的治理体系，在应对其辽阔疆域上所出现的内外危机时，就会显得捉襟见肘。其自然而然的应对方式，便是把中央的部分权力和责任下移到地方，由各省督抚开拓、掌控新的资源，这便是所谓"地方化集中主义"的肇端。这种新型的权力再分配格局的运作，在 19 世纪 60 年代—80 年代收到预期效果。

以中国经济规模之大，只要给区域掌权者以适当的动力和刺激，确可动员足够的资源，使当局克服国内外危机的道道难关。一度岌岌可危的大清王朝，居然出现了意想不到的"中兴"局面。"中兴"只是表征，背后的支撑则是此一阶段再度形成的地缘、财政和政治三重均衡态。然而，这种均衡态是暂时的、有条件的。它在维持"中兴"表象的同时，也使晚清政权失去了朝着现代国家的方向进一步转型的动力；一旦内忧外患得以暂时解除，财政构造的集中化和科层化，军事能力的更新换代，以及行政控制和协调能力的强化，便不再构成主政者的首要关心。挽救晚清政权的地方化集中主义，因此适成其再度陷入停滞和被动挨打局面的又一陷阱。

甲午以后新一轮地缘、财政和政治三重不均衡态的出现，逼使清廷把国家的现代转型提上议事日程；完成这一转型需要数倍于以往的财政投入,同时也需要朝廷上下、内外臣工打造前所未有的共识。不幸的是,清末上层统治集团解决财政和认同危机的努力,仅仅加剧了满汉精英之间的分裂和晚清政权在权力结构和认同层面的失衡,最终导致清政权不期然而然的覆亡。作为一个大国,晚清中国的现代转型,注定是一个漫长而多艰的过程。

(三)晚清国家转型的成与败

晚清中国的转型过程,留下了很多失败的记录。鸦片战争以后一系列中外不平等条约的签订,不仅给清廷带来支付战争赔款的巨额负担,而且导致中国的领土完整受到严重侵害。虽然直至其覆没之际,清朝依然能够维持由内地十八省和东北、蒙古、新疆、青海和西藏等边疆构成的疆域格局的大体完整,但1840年以后,它先后被迫割让了香港岛、台湾、澎湖列岛、黑龙江以北和乌苏里江以东大片地区,以及西北边境部分地区。与此同时,外国租界在部分口岸城市的设立,订约各国在华领事裁判权及在华投资、经商、传教等各项特权,以及进口商品的固定关税税率等,都对中国的国家主权造成严重损害。

晚清政权的最大失败发生在20世纪初的新政时期。作为新政核心内容的国家体制的重建,最终演变成满汉政治精英之间重新分配权力的一场角逐。满汉关系本来一直是清王朝的"阿喀琉斯之踵",慈禧太后执政期间一直避免触碰,竭力维持其微妙平衡。但1908年慈禧太后去世后,满汉关系急剧失衡,最终导致汉人朝野精英放弃对清廷的忠诚。这种源自太平天国时期的汉人精英集团的有条件忠诚,既在 1860 年代后对晚清政权的起死回生起过关键作用,又在 1900 年后成为颠覆清王朝的最强大杠杆。尤有进者,新政期间财政构造的严重失衡,导致清廷偏离了两百多年来在边疆地区实行的零汲取和听其自主的传统制度,在蒙古地区推行改旗设省、拓垦牧区、终止对蒙旗王公的财政支持、要求其报效朝廷等政策,导致外蒙古上层精英离心离德,在清朝覆亡之后反复寻求脱离中国,最终在 1924 年建立共和制,并经 1945 年公投,于 1946 年获得中华民国政府的正式承认。

但晚清中国的历史并非只有失败。恰恰相反,相对于绝大多数非西方国家在西方殖民主义浪潮的冲击下纷纷沦亡或解体的厄运,19 世纪的中国算是较为成功的。晚清的成功,集中体现在如下两个方面。

其一,晚清政权自 1840 年起经受了历时二十多年的外患内忧反复冲击之后,通过"地方化集中主义"权力再分配机制,借助大国的红利,再次构造了地缘格局、财政构造和政治结构的均衡态,不仅从危难之中挽救了自身的统治地位,而且避免了疆域四分五裂和沦为殖民地的命运。所谓"同光中兴",并非统治者聊以自慰的虚骄之言,而是体现在实实在在的业绩上。其中最值得称道者,莫过于在左宗棠主持下新疆的收复和建省;这对奠定现代中国疆域的贡献,不下于 18 世纪前半期清朝平定准噶尔部的用兵行动。而如果没有现代的军事能力和雄厚的财政资源做支撑,这是难以做到的,也是不可想象的。更不用说这一时期先进科学技术的大规模输入和人才的培养,为日后中国各个领域走向现代化构筑了必要的条件。

其二，在整个 18 和 19 世纪，清朝政权依托内地各省的充沛财力，在对边疆上层精英以赏赐、庇护、册封乃至通婚等手段加以笼络的同时，在东北、蒙古、新疆和西藏等地区的治理方面，一直实行听其自主和零汲取甚至倒贴的财政政策，因而成功维系了边疆上层精英对朝廷的向心力，避免了这些地方的失控和分离。相较近现代世界史上各帝国在走衰过程中，边疆和外围地带纷纷脱离，最终疆域毫无例外地缩回本土——所谓从"帝国"到"民族国家"——的过程，清朝在 18 世纪中叶奠定其疆域后一直能维持其总体格局的能力，无疑是令人瞩目的。

总之，如果我们以疆域、人口、主权及政权这四个学界公认的最重要的构成要素，来界定一个现代国家的话，那么，就疆域和人口而言，晚清中国总体上取得成功，维持住其疆域格局和人口族群构成的基本形态，实现了从清朝到民国"五族共和"的平稳过渡。就主权而言，晚清政权在向现代主权国家转型并维持本国主权方面，丢失部分领土和主权，甲午战败、割让台湾为其最大败笔，大体上可以说半成半败。最后，就政权而言，晚清政权在重塑自身合法性和维持其统治地位方面，最终归于失败。

总体来说，晚清中国的国家转型的任务完成了一半。剩下的一半留到 1912 年民国肇建之后，其中恢复国家主权的完整，至第二次世界大战结束时已经基本完成；外国在华租界、在华领事裁判权和固定关税等特权，至此已经全部取消。政权建设经过数十年奋斗，在 1949 年取得突破，为此后的经济发展和社会进步铺平了道路。而台湾问题的解决和中国的最终统一，将构成 21 世纪前期国家转型完成过程中最重要和最具挑战性的任务。

第五章 "国家工业化"：改革前 30 年中国经济增长路径的再认识

"二战"结束之后，世界逐步进入由美国和苏联主宰的两大国家体系之间对抗和冷战的状态。1949 年中华人民共和国成立前后，领导层便形成对以苏为首的社会主义国家阵营"一边倒"的战略，在 1950 年 2 月签订《中苏友好同盟条约》，从而在地缘战略安全方面获得相当程度的保障，并且在国内经济建设方面也由此获得了所需要的和平环境，以及来自苏联和其他东欧社会主义国家的技术援助。但中国不同于苏联领导下的社会主义国家阵营内部其他成员国；中国是一个拥有数千年辉煌文明历史和五亿多人口的大国。新中国的领导人从立国之初便具有一个新兴大国应有的抱负和宏图。这注定中国不会满足于社会主义国家阵营内普通成员国的身份，也不会答应苏联领导人所设计的社会主义国家政党之间的"父子党"关系。中国在社会主义国家阵营内部的这种特殊身份,注定了它与苏联之间的关系不会一帆风顺。

事实证明,1949年以后的中苏关系走得异常艰难,在经过50年代初期一段短暂的全面合作之后,不久便走向50年代中后期的相互竞争,最终不可避免地在60年代走向破裂和对抗。到60年代后期,中国发现自己面临最为不利的地缘环境,即同时对抗两个超级大国,从而将自己孤立在东西方两大国家体系之外。当中国领导层意识到来自苏联的大规模军事冲突的可能性远远超过美国在中国周边地区所制造的威胁的时候,其领导层的战略思路发生戏剧性变化,即从过去的与苏美同时对抗,转向1972年美国总统尼克松访华之后中美关系逐步解冻,再到1979年中美正式建交之后,转向与美国、西欧和日本结成所谓"一条线"的战略合作关系,共同对付苏联霸权主义的威胁。

以上20世纪50到70年代的地缘政治环境和对外关系,对中国国内的经济和政治发展产生深远影响,也使得中国在经济增长路径和整体发展战略方面,与中国周边的国家和地区(主要是日本、韩国、新加坡等)呈现鲜明对比。其间最大的差别在于,中国领导人的大国战略思维,使其从一开始便寻求建立一个独立自主、自成体系的经济体系;而中国大陆周边的国家和地区在美国军事霸权的保护之下,在经济上追求全面融入美国所主导的西方资本主义世界体系,通过在这种体系内部的分工和贸易,来发展自身经济。

对1949年以后到1979年改革开放之前30年中国的发展战略和经济成就,不能离开上述地缘环境和对外战略,孤立地加以评判,尤其不能像一些受西方新古典经济学训练的经济学者那样,以西方资本主义国家体系的市场经济逻辑和中国周边地区受美国霸权庇护所获得的经济业绩,来衡量1949年以后中国的经济发展历程。

中华人民共和国前30年的经济发展战略,并非如某些新古典经济学家所想象的那样一成不变,而是根据不断变化的地缘战略格局,一直处在调整之中,总体来看,具有与"亚洲四小龙"这类经济体的战后经济成长过程截然不同的特征。后者充分发挥了自身在工业化起步阶段的"比较优势",以劳动密集型产品的出口加工为起点,带动整个经济结构的转型升级。20世纪50年代至70年代的中国大陆经济发展,不具有同时代的"亚洲四小龙"在美国的军事霸权庇护下及其所主宰的世界贸易格局中所享有的独特条件,其"国家工业化"战略追求的是"工农业总产值"这一指标所体现的具有自我持续能力并且部门齐全的现代经济体系的建立和综合经济实力的提升。这一时期,中国在工业制造能力、大规模农田水利设施和现代交通运输网络的建设,以及基础教育和公共卫生等方面所取得的成就,无法以现代经济增长研究者所习用的"人均国民生产总值"加以衡量。这一时期中国工业企业和农业集体组织的微观管理和生产效率问题,也不能简单地以缺乏激励和监督机制来加以解释。

一、为什么"比较优势"命题是非历史的?

新古典经济学派的一个重要命题是所谓经济增长的"比较优

势"战略。也就是在一个开放的资本主义世界经济体系内部,每个国家应该根据自身的资源禀赋,重点发展最符合自身优势的产业部门,通过扩大对外贸易,加入世界范围的产业链分工,驱动整个国民经济的增长和国民收入的提升,而人均国内总产值的高低,便理所当然成为判断一个经济体是否成功的最重要尺度。1979 年中美建交之后,中国的地缘战略发生颠覆性变化,由此带来经济增长战略总体思路的调整和转变,即从过去坚持独立自主、自力更生,转向强调对外开放,亦即对美国所主导的西方资本主义世界经济体系开放。具体到沿海地区的经济政策上,整个八九十年代所提倡的是通过"三来一补",刺激地方经济的增长。也正是在这一大背景下,"比较优势"论日益流行于中国经济学界。其倡导者在呼吁中国大陆模仿周边"亚洲四小龙"的经济增长经验的同时,为了给自己的论说提供反证,也对改革前 30 年中国大陆经济增长历程进行了解读;其基本出发点便是用西方资本主义体系内的市场经济逻辑和经济增长路径,尤其是"亚洲四小龙"的经验,来评判 1949 年以后中国大陆在完全不同的地缘政治背景下所形成的独特的发展战略。这一做法是非历史的和不公平的。

例如,国内一些学者在论及毛泽东时代以高积累和重工业优先发展为特征的经济战略时,便批评当时的决策者,"由于违背资源比较优势,人为地推行重工业优先增长的发展战略,使经济结构遭到严重扭曲,由此丧失了本来可以达到的更快的增长速度;过密的资本构成抑制了劳动力资源丰富这一比较优势的发挥,加剧了传统部门和现代部门相互分离的二元结构现象,由此丧失了本来可以达到的劳动就业和城市化水平;依靠高积累维持的经济增长扭曲了国民收入的分配,致使人民生活水平提高缓慢;扭曲的产业结构还导致经济的封闭性,造成既不能利用国际贸易发挥自身的比较优势,又不能借助于国际贸易弥补自身的比较劣势的局面"①。

新古典经济学家心目中理想的经济增长战略,当然只有在一个国家的国民经济全面融入了西方发达国家所主导的全球化的市场经济体系之后,才有可能实现。这一战略的学理上的根源,可以追溯到古典经济学家如亚当·斯密和大卫·李嘉图所提出的关于现代经济的基本假设,即一个国家通过市场的充分竞争,发挥自身的比较优势,形成专业化分工,从而提高生产效率和国民收入水平。第二次世界大战后兴起于美国并流行于非西方世界的现代化理论,以及诸多现代经济成长理论,则试图为非西方不发达国家提供经济成长的具体路径和追求目标。总的来说,这些理论力图使人们相信,各国可以根据自身在劳动力供给和资源禀赋上的独特优势,选择最适合自己的优先部门(对绝大多数第三世界国家而言,这便意味着劳动投入密集而资本及技术要求较低的低端产业部门),进而通过加入国际分工和本国劳动力从农业向制造业和服

---

① 林毅夫、蔡昉、李周:《中国的奇迹:发展战略与经济改革》,上海:格致出版社,1999年,第67—68页。后来林毅夫反复申论这一观点,称毛时代"中国经济的效率很低,这是因为:(1)工业结构偏离了经济的比较优势决定的产业结构,资源的配置效率低;(2)管理者与职工的工作积极性低,由此导致技术效率低"(林毅夫:《中国从计划经济向市场经济转轨的经验》,载林毅夫、姚洋主编《中国奇迹:回顾与展望》,北京:北京大学出版社,2006年,第46页)。另一位经济学家吴敬琏也有类似的看法,认为改革开放前的"传统工业化道路造成了畸形的产业结构和低下的经济效率","高指标、高积累、低效率的增长模式一直持续,农业、农村和农民受到严重损害,轻工业发展滞后、服务业十分落后的状况也一直没有改变"(吴敬琏:《中国增长模式抉择》,上海:上海远东出版社,2009年,第103页)。

务业的转移,提高劳动生产率。而衡量经济增长的最主要尺度,便是一个国家的人均国民生产总值或国内生产总值[①]。发展经济学家们因此把各国划分为以美元计算的低收入、中等收入(又进一步细分为中低收入和中高收入)和高收入国家。一个国家的经济增长目标,便成为从低收入国家过渡到中等收入国家,再进一步迈向高收入国家。

对于战后绝大多数第三世界国家和地区来说,这样一种按部就班的经济发展图景,只是画饼而已。例如,不少拉丁美洲国家曾经在五六十年代积极推进以低端产业的替代进口为主的工业化战略,但它们的大多数企业最终都因为无力与西方跨国公司抗衡而败下阵来;国民经济始终无法摆脱对西方跨国资本的依附地位,在经历了早期的增长之后,均陷入所谓“中等收入陷阱”。当然,在第三世界国家和地区,也有依照比较优势理论而成功实现经济增长的例外情形,这便是所谓“亚洲四小龙”,即韩国、新加坡和中国的香港、台湾地区。它们的工业化均从劳动力密集的低端产业下手,依赖转移劳动力和拓展对外贸易,均在 20 世纪 50 年代和 60 年代实现了经济起飞,70 年代以后进一步实现产业升级,从而带动各自的人均国内生产总值快速上升,并在 80 年代成功加入高收入国家和地区的行列。[②]

“亚洲四小龙”的成功,离不开这些儒家社会的民众的勤奋和

---

① Simon Kuznets, *Modern Economic Growth: Rate, Structure and Spread*, New Haven: Yale University Press, 1966.

② Anis Chowdhury and Iyanatul Islam, *The Newly Industrializing Economies of East Asia*, London: Routledge, 1993.

节俭，也离不开这些国家或地区的行政部门的威权统治和得力规划，而这些往往是东亚地区以外那些常年陷入动荡不安的非西方社会（拉美、非洲、中东和东南亚）所欠缺的。但"亚洲四小龙"得以成功起飞的一个根本前提，是它们均在战后被纳入了美国和西欧所主导的资本主义世界经济体系，在地缘政治上均作为美国的盟国或盟友而受到后者的保护，其精英阶层大多在欧美受过教育，他们的价值观和知识储备，使这些国家和地区很容易在对外贸易乃至教育、军事、政治体制和价值观上与西方先进国家融为一体，也使得他们在引进西方资本和技术、实现产业升级方面驾轻就熟。

问题是，1949年以后的中国，有没有条件按照新古典派经济学家的设计，加入欧美国家所主导的国际分工，从而发挥自身的"比较优势"？答案当然是否定的。1949年后的中国，既没有加入西方主导的资本主义世界经济体系，也拒绝被纳入苏联所主导的社会主义国家合作架构。毛泽东时代的中国，所追求的是在较短的时间内，建成一个自为一体的、可以自我维持的工业化经济体系。形成这样一个经济发展战略，大概是基于以下几个历史的和现实的原因。

首先，1949年以后，中国宣布对苏"一边倒"。1950年朝鲜战争爆发后，中国宣布抗美援朝，军事上与美国形成直接对抗的态势，地缘政治上受到美国及其盟国的围堵，经济上遭到后者的禁运，因此完全排除了加入西方资本主义世界经济体系的可能性。

其次，尽管1950年以后中苏两国在政治上和军事上结盟，但毛泽东对苏联始终存有戒心，不愿意放弃中国自身的独立自主，加入以苏联为中心的社会主义国家的国际分工体系。20世纪40年代的中共对苏关系，便是沿着摆脱二三十年代对共产国际的盲目依赖、走向独立自主的主轴展开的。40 年代后期的中共，克服外来压力，赢得了内战的胜利，掌握了全国政权，更不愿意依附于苏联，拒绝流行于苏联与东欧共产党国家之间的"父子党"关系。对于 1949 年成立的以苏联为核心的"经互会"组织，也始终保持距离，迟至 1956 年，才以"观察员"的身份有限度地介入，1961 年中苏关系紧张之后，连观察员的身份也予放弃。①

此外，还有深远的历史、文化原因。中国是一个有数千年历史的文明大国，在与周边国家的关系上，历来以天朝上国自居。这种文化上的自信和优越感，与近代以来中国遭受西方列强欺凌的历史记忆相激荡，使国人普遍具有民族复兴的强烈冲动。因此，1949 年中共执政之后，尽管国家的经济面貌"一穷二白"，但毛泽东等领导人有着强烈的大国抱负，对新中国的建设充满了自信和期许。

所有这些因素，加上中国传统农业文化中自给自足的心理的影响，都使得新中国成立后的中共领导人，无法接受中国在任何一种国际经济体系的内部分工中仅仅局限于或偏重于低端产业的发展，或者在生产技术、对外贸易和外交关系上长期依附于主导这一体系的核心国家。相反，从中华人民共和国成立之初，中共所追求的便是在中国建立一个独立自主、部门完备的现代工业体系，并在较短的时间内，迎头赶上东西方先进工业国。

---

① 中国未参加经互会的表面原因，是经互会在成立初期，仅仅对东欧共产党国家开放，但如果 50 年代初的中国愿意主动加入的话，斯大林当会敞开大门。以当时的经济发展状况而论，经贸关系上一个农业中国与工业苏联的结合，最符合苏联的利益。

二、"国家工业化"战略的特点何在？

毛泽东时代的"国家工业化"战略,在制定目标和实现这一目标的路径方面,受到《联共(布)党史简明教程》等教科书的影响,是以20世纪20年代和30年代苏联的社会主义工业化为先例和蓝本的,因为这一模式在他们看来已经被证明是成功的。

这一模式与新古典经济学家所信奉的经济增长模式的最大不同在于,它并不以涵盖农业、制造业和服务业三大部门的"国民生产总值"为计算口径,并不以"人均国民生产总值"的增长(或者从低收入向高收入国家的转型)为目标,并不以扩大对外贸易为驱动力,并不以劳动力从第一产业向第二和第三产业的转移为实现路径。相反,毛泽东时代的国家工业化战略所追求的,是实物经济总量和再生产能力的扩张,因此,它的最重要的衡量指标是"工农业总产值"的增长,而不是人均国民生产总值的提高。而实现工农业总产值增长的最重要路径,是"以工业为主导,以农业为基础"。换言之,工业部门生产能力的扩张,是工农业总产值增长的主要动力,而工业部门本身的扩张,又是靠汲取农业部门的资源,通过经济资源从农业向工业的转移来实现的(至少在工业化的初期,来自农业部门的资金积累,构成工业再生产能力扩张的主要来源);这与"亚洲四小龙"在起步阶段主要靠外贸和外资的拉动,形成了鲜明的对比。

与此同时,由于致力于一个完整的工业体系的建立和自我维持能力的培育,对重工业的投资必然成为经济发展战略的重中之重;而对轻工业和农业的投资,在建设资金紧张的情况下,不得不退居次要地位。这一战略,反过来又制约了劳动力从农业向制造业转移的能力,因为重工业作为资本和技术密集型的产业,对劳动力的需求远远低于低端产业。所有这些,又与"亚洲四小龙"在起步初期,以资金和技术要求较低的消费品工业为侧重点,创造了大量就业机会,从而带来劳动力从农业向制造业的大规模转移,形成了鲜明对比。

毛泽东时代中国经济社会发展规划,因此主要从以下两个方面展开。

一是"铺摊子",即在原先残缺不全、零星分布的近代工矿和交通业的基础上,搭建一个全新的、部门齐全的现代制造业、能源工业和交通运输体系,其中许多部门的建设几乎是从零开始,而第一个五年计划期间(1953—1957年)受苏联援助的156个大型项目,构成了迈向这一目标的最重要步骤。六七十年代连接全国各中心城市的现代交通运输网络的建成,一大批"三线"项目在中西部各地的展开,以及能源工业和国防建设的重大突破,使上述体系更为健全。所有这些,均为改革开放以后中国经济的腾飞奠定了基础。

一是"打底子",即对整个社会特别是对作为经济建设主体的劳动者在精神上和体质上的改造。20世纪50年代的一系列运动,包括土地改革、工商业社会主义改造、婚姻法的宣传以及镇压反革命运动、"三反"、"五反"等,不仅改变了中国的所有制结构,根除了种种社会痼疾,改良了社会风气,更重要的是从根本上冲击了几千年来扎根于中国人深层意识的封建等级观念和阶级秩序。原先

"东家"与"下人"之间的鸿沟不复存在。"翻身"之后"当家作主"、男女平等的意识越来越流行于城乡各地的劳动人民中间,整个社会(尤其是底层民众)的精神面貌发生了根本性的变化。加上整个毛泽东时代持续不断的群众扫盲,小学和初中教育在城乡各地的普及,"破除迷信,解放思想"的灌输,客观上都有助于亿万民众挣脱千百年来人与人之间的身份等级的枷锁,摆脱精神上的蒙昧状态,为后来的个人意识的觉醒和个人合法权益的维护准备了条件。到 70 年代后期,农村赤脚医生制度的推广和农村合作医疗制度的建立,疟疾、天花、血吸虫病等流行病的医治,也显著地改善了劳动人民的健康状态和身体素质。

所有这些,都是"人均国民生产总值"这样一个单一的尺度所无法衡量的,甚至也是"工农业生产总值"所无法涵盖的。

值得强调的是,毛泽东时代的"国家工业化"战略,尽管以重工业的发展为优先目标,致力于建立一个自成一体、自我维持的现代工业体系,但并不意味着这一时代经济发展战略的一成不变。大体上,毛泽东时代的经济管理体制经历了第一个五年计划时期在苏联体制影响下的高度集中,到"大跃进"时期(1958—1961 年)力图摆脱苏联体制而下放权力,再到 60 年代前期为了纠正"大跃进"的错误而在调整、整顿中再度强调权力集中,最后在"文革"后期又下放权力给地方和企业。在调整的过程中,重工业优先的政策往往适当收缩,农业和轻工业部门的投资则得到加强。外部的地缘政治环境也直接影响到农、轻、重发展次序。总的来说,在与苏联或美国的紧张关系加剧时,重工业和国防建设加大投入;一旦外部压力舒缓,则农业和轻工业的投入得以增加。

毛泽东时代中国的对外经济关系，也绝非新古典派所想象的那样闭关自守。整个 20 世纪 50 年代，中国的经济建设获得了苏联和东欧共产党国家在技术上的全面援助。60 年代初中苏关系恶化之后，中国的技术进口开始转向以日本和西欧为主。而毛泽东"三个世界"理论的提出，突破了过去以意识形态和社会制度划界的樊篱，为扩大对外交往打开了大门。在整个 70 年代，随着中美、中日关系改善，中国从西方国家引进技术和对外商品出口的势头也在加快。与此同时，中国对第三世界特别是众多非洲国家提供了常年援助，在国际舞台上赢得了越来越多的支持者。

三、企业的微观管理有无激励机制？

与宏观经济发展战略同样重要的是微观管理，因为后者直接决定了宏观战略在具体实施过程中的成效。这一方面，新古典派的解读也是负面的，认为在毛泽东时代，企业没有自主权，因此"就不能根据工人的努力程度决定工资标准，就必然造成劳动激励不足。劳动激励与劳动奖惩具有正相关的关系。要提高劳动激励，必须实行多劳多得的分配制度。问题是在传统经济体制下，企业没有自主权，无权选择雇佣对象，也无权解雇工人，更为棘手的是，在这种体制下，城市职工的报酬是固定的，与个人劳动努力及企业绩效都没有联系，即无论职工个人干多干少还是职工群体干多干少，都不会影响职工个人收入。由于职工个人多劳不能多得，职工必然劳动激励不足"①。

这里有两点需要加以澄清。首先,毛泽东时代的企业,在职工的劳动报酬方面,没有实行如同新古典派所理解的"多劳多得"的收入分配制度,并不仅仅是因为企业本身没有自主权。20 世纪 50 年代初期,全国各地的国营企业曾经按中央有关部门的要求,仿效苏联的做法,在劳动报酬方面,尽量实行计件工资制,并且拉开不同工种和技术水平的工人之间的工资档次,以此强化劳动激励。但这一做法实行不久便被放弃,企业转而普遍采用标准的以工龄为主要依据的工资制,并且在随后的几十年里几乎冻结工资等级的定期调整,只有少数几次工资普调,同时还取消了以劳动业绩为基础的奖金制度。

之所以从强调物质刺激,转向采用"平均主义"的做法,是因为中国的国情跟苏联截然不同。苏联地广人稀,资源丰富,但劳动力稀缺,职工在不同企业之间跳槽频繁,企业为了稳住职工队伍,不得不以物质激励为主要手段。中国的情况恰恰相反,劳动力供应充沛,而企业的就业岗位稀缺,因此国家对于以物质激励为主要杠杆进行劳动管理,本来就没有足够的动力。更为重要的是,要在"一穷二白"的基础上搞工业化,国家不得不尽量压缩用于个人消费的物质资源,而强调物质刺激,不仅带来分配不均,还会导致消费者与国家争夺有限的物质资源。既要尽最大可能把物质资源从消费方面转移到生产方面,又需要保障每一位职工的个人生计,这两方面因素相互作用的结果,必然会是在劳动报酬方面走向低水

---

① 林毅夫、蔡昉、李周:《中国的奇迹:发展战略与经济改革》,第 83 页。

平的平均分配，即保证人人有份，但分量仅足以维持生存。这是毛泽东时代放弃计件工资制、冻结工资定期普调的根本原因。所谓企业缺乏自主权，只是表面现象。

其次，新古典经济学家们的解读之所以是有误导性的，还在于他们把毛泽东时代的企业职工，简单地等同于充分竞争的市场经济条件下具有选择自由，且以自身物质利益的最大化为唯一追求的理性人，以为企业职工的日常劳动表现，仅仅取决于物质刺激的有无这样一个单一因素。其实，工资报酬仅仅是影响职工日常劳动投入的因素之一，甚至不是主要因素。除此之外，还有其他的非物质的因素。其中之一，是职工相对于其他社会阶层的自我身份认同。要成为企业职工，尤其是国营企业的正式职工，并不容易；他们尽管工资收入很低，但享受从生到死的一整套福利待遇，社会地位远远高于集体企业的职工和临时工或合同工，更非城外的农民可比。刚刚转正的职工，尤其是从农村招工进厂的职工，都会觉得自己的机会来之不易。这种身份认同，跟他们在工作岗位上的敬业精神是连在一起的。

话语的力量也不容低估。工商业社会主义改造完成之后，国家的宣传灌输使越来越多的工人相信，资本家剥削不复存在，工人已经成为工厂的"主人翁"，在生产和劳动管理上，自己"当家作主"。工人与管理层的关系，与改造之前的老板与雇工之间的关系相比，发生了很大变化，工人对"单位"的认同，远远高于改造前对厂方的认同。尽管"爱厂如家"只是一种宣传，但相当一批工人，尤其是上了年纪的职工，对自己所在的工厂是有归属感和责任心的，而他们对其他职工的影响和带动作用,也不宜低估。[1]

最为重要的是,工人从来不是脱离了群体的单个理性人,而是工人群体(生产小组和车间)的一分子,其一言一行,都受到群体准则的约束,而这种群体准则,又是由企业内部的政治文化、规章制度和人际关系等一系列因素塑就的。因此,职工个人的日常生产行为,并不仅仅以物质刺激的强弱为依归,而是上述诸因素共同作用的结果。一份基于对各地各行业退休职工的深入访谈所进行的研究揭示,除了"文革"高潮时期的极端情形,在正常情况下,绝大多数的职工都是能够在自己的岗位上按规章要求完成生产任务的,迟到早退、消极怠工、盗窃公共财物乃至破坏生产的情形,并不常见。企业职工的劳动效率,并未因为所谓物质激励不足,而显得如同新古典派所想象的那样低下。[2] 否则我们难以理解,毛泽东时代中国的工业生产,为什么一直保持快速增长的态势。从完成国民经济恢复任务的 1952 年,到改革开放前的 1978 年,中国工业产值由 349 亿元增至 4,237 亿元,年均增长 10%。[3]

四、农业和农村发展为何缓慢?

再来看看集体化时代农业生产的情形。

---

[1] 参见 Huaiyin Li, *The Master in Bondage*:*Factory Workers in China*,*1949-2019*,Stanford:Stanford University Press,2023。

[2] 李怀印、黄英伟、狄金华:《回首"主人翁"时代——改革前三十年国营企业内部的身份认同、制度约束与劳动效率》,《开放时代》2015 年第 3 期。

[3] 国家统计局:《中国统计年鉴 1990》,北京:中国统计出版社,1990 年,第 49 页。

国内一些学者认为，农业具有"生存空间分散性高和生产周期长"的特点，这使得"劳动监督极为困难"。还称，"农业的这一特征迫使人民公社体系中的管理者选择较低程度的监督；而没有严格的劳动监督，就不能对劳动者的努力做出准确的度量，劳动者也就得不到与其付出的劳动相对应的报酬。事实上，生产队为每一个年龄相仿、性别相同的劳动者制定了相同的工分标准（工资率），因而劳动报酬与劳动者的实际工作态度和效果完全脱节。……那些不努力劳动甚至偷懒的人，为集体带来的产品损失也是在全体劳动者之间平均摊。这就造成集体农业生产中劳动激励不足，搭便车成为十分普遍的现象"。①

这里同样有几点需要辨明。其一，生产队里所实行的工分制，并非新古典派所想象的"一刀切"，而是分为计件工分和计时工分，事实上对劳动者有足够的激励。在计件工分制下，社员个人或小组每天的工分多寡跟当天所完成的工作量直接挂钩。对于无法按个人或小组计件的农活，则采用按个人或小组计时的办法。无论哪种方式，社员多劳多得。为了养家糊口，多赚工分，社员不得不起早摸黑，参加集体生产劳动。因此，对绝大多数社员来说，集体生产劳动的最大问题，其实并不是什么"搭便车"，而是太苦、太累。

其二，社员是否因为集体劳动监督不易，而无法准确计工？其实，计工在正常情况下并不是个问题，无论计件、计时，生产队都有一套行之有效的办法，大多简便易行，社员对工分的计算方式本身，与干部之间并没有太多争执。

---

① 林毅夫、蔡昉、李周：《中国的奇迹：发展战略与经济改革》，第 83—84 页。

其三,社员在干活时是否偷懒,集体劳动在多大程度上存在后来为改革制造舆论时所描绘的"出工一窝蜂,干活大呼隆"现象,要看每个地方的实际情况。新近对各地村民的访谈和研究表明,在自然环境恶劣、土地贫瘠、人们对工分的现金值预期较低,而生产队干部管理不得力的地方,的确普遍存在人心涣散、"出工不出力"的问题。但同样重要的事实是,在不存在集体劳动之外的就业机会、生产队的粮食和现金分配构成社员家庭收入的最主要来源的条件下,特别是在生产队的规模较小,集体经营的好坏与社员家庭的生计紧密相连的条件下,社员在作为一个团体进行劳动时,干活拖拉、草率、不负责任,乃至公开偷奸耍滑的现象,其实并不多见。这不仅是因为,在每天收工之际,干部需要在验工之后方可给每位社员记工;而且在小组干活之时,社员之间相互监督,做得太慢太差,会影响整体进度和相应的工分报酬。每位社员,特别是年轻人,还需要顾及自己在乡亲们面前的面子和在邻里间的声誉。村民们往往把一个人的劳动技能和态度,跟此人的人品和能力挂钩,这在血缘或邻里关系比较紧密的生产队尤为常见。①

因此,影响生产队社员的劳动投入和劳动态度的,有制度的、社会的和心理的多重因素,绝非新古典派所想象的农民作为理性经济人由于"激励不足"而普遍"搭便车"那么简单。

然而,不可否认的是,相对于工业部门在毛泽东时代的飞速发展,农业生产总值的增长十分缓慢,在1952年至1978年间,仅仅从

---

① 参见李怀印、张向东、刘家峰《制度、环境与劳动积极性:重新认识集体制时期的中国农民》,《开放时代》2016年第6期。

461 亿元增长到 1,397 亿元,平均年增 4.35%。[1] 而农民家庭的人均纯收入,至 1978 年,依然只有 133 元。[2] 当然,这些数字本身,并不能全面反映中国农业和农村发展在毛泽东时代的真实情况。全面的、大规模的农田水利建设,农业种植技术的提高,农村人口的健康水平和平均寿命的大幅提高,中小学教育的普及,社队企业的兴起,等等,所有这些,都是上述数字所无法反映的。但是,到 20 世纪 70 年代末,全国大多数地方农村人口的温饱问题还没有解决,是一个基本的事实。

导致农业和农村发展缓慢的原因,主要在以下两个方面。一是集体制度本身,其一直处在探索、变化之中,尤其是在 20 世纪 50 年代和 60 年代初,经历了从互助组和初级社到高级社、人民公社的急剧转变,直至 1962 年实行"三级所有,队为基础"之后,才基本稳定下来。以生产队(平均规模为 30 个农户)为基本核算单位,同时允许每个农户保留一块"自留地",事实上是农村集体制度的最后一道防线,再往后退则必然是包产到户和分田到户,即从集体经营转变为家庭承包。而农户在家庭承包责任制下的生产积极性,高于参加集体生产劳动,这已经为 1979 年以后农村改革的实践所证明。

另外一个同样重要甚至更为根本的原因,在于毛泽东时代的农业发展战略。在无法依赖外来资本和技术的条件下,中国工业化的早期起步,主要依靠农业部门的输血,也就是将农业部门在满

---

[1] 国家统计局:《中国统计年鉴 1990》,北京:中国统计出版社,1990 年,第 49 页。
[2] 国家统计局:《中国统计年鉴 1990》,北京:中国统计出版社,1990 年,第 313 页。

足农村人口最基本生存需求之后的剩余资源,尽最大可能地转移到工业部门,作为原始积累,用于工业生产能力的扩张。转移的办法,主要是靠农业税和统购统销。通过这两种渠道转移的农业剩余,在 1953—1984 年间,可能达到 4,200 多亿甚至 6,000 亿元。[①] 以江苏秦村某生产队为例,这里在 1970 年代,通过农业税和统购统销的剪刀差转移给国家的生产队集体收入,每年平均达到 11,800 元,人均 45 元左右(或户均 225 元)。如果这些资源没有被转移,而是用来改进农民生存条件,或者用于投资农业和农村的现代化,结果会大不相同(当地村民在 1970 年代盖三间砖瓦房的费用在 350 元至 400 元;户均 225 元相当于砖瓦房一半以上的价值;人均 45 元相当于 60 斤猪肉。11,800 元则可为生产队购买 7 台拖拉机,或 15 台水泵,或 25 台脱粒机,或 42,000 公斤化肥)。[②]

这并不是说,毛泽东时代国家对农业的投资并不重视。恰恰相反,从 20 世纪 50 到 70 年代,中国农业生产基础设施的现代改造力度,是历史上前所未有的。但投入的办法并不是自上而下依靠国家,而是完全依赖农业集体组织(也就是公社、大队和生产队),由后者来负担农田水利建设及其他所有公共项目的投入。这反过来进一步挤压了用于农户分配的集体收入,使得农民收入水平的提高和生活条件的改善更为缓慢。

[①] 崔晓黎:《统购统销与工业积累》,《中国经济史研究》1988 年第 4 期。

[②] Huaiyin Li, *Village China under Socialism and Reform: A Micro-History, 1948–2008*, Stanford: Stanford University Press, 2009, p. 247.

五、怎样评价毛泽东时代中国经济发展的成败？

毫无疑问，1949 年以后中国的宏观经济发展战略，在形成和实施过程中，发生了一系列本来可以避免的失误。

如前所述，制定宏观经济发展战略的最基本依据，是中国的地缘政治环境。外来压力的大小，决定了国民经济各部门的优先发展目标和轻重缓急。如果大国关系处置得当，有些重大失误是可以避免或减轻的。比如，20 世纪 60 年代初在与以赫鲁晓夫为首的苏联领导层交往过程中，如果能够把控好中苏两党之间的紧张关系，尤其是意识形态论战的话，中苏两国之间的国家关系也不至于走向决裂和对抗，60 年代的中国也不至于同时面临来自两个超级大国的军事威胁，从而在制定经济发展战略时，会把更多的资源倾斜于跟民众生活直接相关的轻工业和农业方面。

当然，除了外来压力的影响，领导层在经济发展具体问题和战略思路上随着时间推移所形成的新认识和内部分歧，也带来宏观经济战略的调整。其中某些失误也是可以避免的。例如在农业集体化过程中，对于从初级社到高级社的过渡，是否过快、过急，甚至是否必要，当时存在争论，但谨慎、务实的一方最终被贴上"小脚女人"和"右倾"的标签而受到压制。"大跃进"时期，为了纠正运动初期的极端做法所做的努力，也因为庐山会议上的争论戛然而止。"文革"后期，邓小平复出之后所主持的国民经济各个领域的整顿，也因为"极左"势力的干扰而发生中断。

不过,我们要对毛泽东时代中国经济的发展战略做出合理的判断和评价,则要把改革开放前 30 年当作一个整体加以看待。更为重要的是,要判断这 30 年的成败,应该把它放到当时特定的历史情境之中,把中国所处的地缘政治环境,经济发展战略的总体目标,以及在经济和社会各个层面所发生的改变,全面考虑进来,加以综合研判,而不是把它从历史的情境中剥离出来,机械地、抽象地与具有不同地缘政治环境和采用不同发展路径的国家或地区相比。

具体而言,1949 年以后的中国大陆地区,与发挥了自身"比较优势",成为新古典派心目中经济发展样板的"亚洲四小龙",不具可比性。

前者面对来自单个甚至两个超级大国的压力,不得不始终追求国民经济自我维持能力的培育和总体国力的快速上升,而后者在军事上受美国及其盟国的保护,可以从直接带来国民财富增长和生活水准提高的低端产业部门入手。

前者的经济建设焦点在于夯实基础和健全体系,尤其是对国民经济的自我持续发展至为关键的重工业,而把轻工业和农业摆在次要地位,而后者正好相反,以投入最少、创造财富最为便捷的出口导向的消费品生产为起点,继而延伸到重化工业和高科技产业。

前者在制定发展战略时,不以扩大民众就业机会和提高收入水平为优先目标,相反必须以压缩消费来增加投资,限制劳动力从乡村向城市流动,而后者因为消费品生产的扩大和低端产业就业机会的增多,会直接带来民众生计的显著改善和收入的快速增长。

前者完全依赖来自内部的资本积累，以牺牲国民消费和最大限度地转移农业剩余为主要路径，后者则严重仰赖外国资金和技术，并且由于产业由低端向高端的逐步升级而形成自身的"造血"功能，而无须以压缩消费和牺牲农业为工业化起步的代价。

总之，关于毛泽东时代中国经济发展的一个基本事实是，到 20 世纪 70 年代末，经过 30 年的建设，中国已经初步形成了一个部门齐全的现代工业体系，以及支撑这一体系的纵横全国的现代交通运输网络；同时，在国防建设和重大科技项目的研发方面，也取得重大突破。在农业方面，大规模水利建设，已经使全国绝大多数农业地区，告别了过去频繁发生的洪涝和旱灾，并且借助现代农业种植技术的普遍推广，能够确保农业产量的基本稳定和逐年提升。义务教育的普及，以及以赤脚医生为特色的医疗保健制度的普遍建立，极大地提高了占全国人口 80% 以上的农村居民的总体素质和健康水平。所有这些，都是"人均国民生产总值"这一指标所无法体现出来的。

新古典经济学家在评估毛泽东时代中国经济发展的实际状况时，刻意强调改革开放前夕人均国民生产总值处于较低水平这一事实，认定当时的中国处于世界上最穷和最不发达国家的行列。他们不愿意承认和提及的是，到 20 世纪 70 年代中后期，中国的小学学龄儿童的入学率，已经接近 100%，初中学龄儿童的入学率，在 1979 年也已经达到了 79%，居于所有"低收入"国家的最前面，甚至也超过了绝大多数所谓"中等收入"国家。[1] 中国的人口平均预

---

[1] The World Bank, *World Development Report 1982*, New York：Oxford University Press, 1982, p. 154.

期寿命,在改革开放之初的 1980 年已经达到 64 岁,在所有低收入国家中,仅次于斯里兰卡,同样超过了大多数中等收入国家;而 1 周岁以下婴儿死亡率和 1—4 周岁幼儿死亡率,在所有低收入国家中,均处于最低水平(仅高于斯里兰卡)。[1] 难怪到了 70 年代,部分研究发展问题的学者已经开始把中国视为第三世界国家解决贫困问题的榜样。[2]

但是,同样不可否认的是,为了取得这些成就,全社会付出了巨大的代价。政治运动之外,经济决策的人为失误也造成了人力和物力的巨大浪费。最为重要的是,在经济和社会制度的变革浪潮中,作为劳动者的个人,失去了迁徙和就业的自由,以及控制自己所创造的财富的权利。1979 年以后所启动的经济改革,便是以归还劳动者这样的权利和自由拉开了大幕。而一旦改革开放的大门开启,借助毛泽东时代所奠定的精神和物质基础,日渐融入世界市场的中国,便会释放出令世人惊叹的能量和活力。

---

[1] The World Bank, *World Development Report 1982*, p. 150.

[2] 例见 Ajit Singh, "Political Economy of Socialist Development in China since 1949," *Economic and Political Weekly*, 1973, vol. 8, no. 47, pp. 2097−2111; Thomas Weisskopf, "China and India: Contrasting Experiences in Economic Development," *The American Economic Review*, 1975, vol. 65, no. 2, pp. 356−364; Thomas Weisskopf, "The Relevance of the Chinese Experience for Third World Economic Development," *Theory and Society*, 1980, vol. 9, no. 2, pp. 283−318; Jon Sigurdson, "Development of Rural Areas in India and China," *Ambio*, 1976, vol. 5, no. 3, pp. 98−107。

第六章　中国何以崛起：改革开放以来的
经济奇迹与中国的"元实力"

　　改革开放以来，特别是从2000年起，中国经济总体实力的迅速上升，已经成为世人瞩目的现象。以中国经济总量（GDP）在世界主要国家中间的排名而论，1990年中国仅居第11位，不仅落后于美国、日本、德国、法国、英国、意大利、加拿大和西班牙等西方主要工业国，也低于伊朗和巴西这样的发展中国家。然而，经过十年的高速增长，到2000年，中国超过意大利，排名第六；2002年，超过法国，排名第五；2006年，超过英国，排第四；2007年，超过德国，位居第三；2010年，超过日本，高居第二，仅次于美国。这样的崛起速度，在世界经济史上是绝无仅有的。

　　中国经济的腾飞，对所有其他国家都是具有震撼性的。中国与美国之间曾经有着似乎遥不可及的距离。1990年，中国的GDP仅相当于美国的6%，2000年仍不到美国的12%，但到2008年已达

31%，到 2017 年进一步达到美国的 60.7%。2022 年中国的名义 GDP 攀升到美国的 70.5%①。事实上，如果不是按照官方汇率计算，而是采用所谓本国货币的平价购买力来测算的话，则中国的 GDP 早在 2013 年已经超过美国，2016 年为美国的1.14倍。

中日两国之间自 19 世纪后期便展开激烈竞争和军事对抗，长期以来日本占了上风。迟至 1990 年，中国的 GDP 依然只有日本的 11%，2000 年仍不到 25%。但在 2010 年，中国经济总量首次超过日本。更令人吃惊的是，仅仅四年之后，即 2014 年，中国的 GDP 已经达到日本的 2 倍以上，2016 年更达到日本的 2.4 倍（以本国货币平均购买力计算，则为整整 4 倍）。中国自晚清以来的对日劣势已经被根本扭转，经济总量上处于绝对强势的地位。

再与相邻的印度比较。这两个发展中国家的整体经济实力曾经不相上下。1990 年印度的 GDP 为中国的 88%，2000 年下降到中国的 38%，2010 年仅为中国的 27%，2017 年进一步降至不到中国的 21%。换言之，中国的总体实力已经是印度的 4 至 5 倍。

最后与俄罗斯比较。这个在冷战时期位居世界第二的超级大国，1950 年代曾经为国人所仰视的"老大哥"，到苏联解体前夕的 1990 年，经济总量依然相当于当时中国的 1.4 倍，而经过此后几十年的休克疗法和大起大落，到 2016 年，仅仅相当于中国的 11%。

放眼近现代各国，在 1980 年代之前，经济增长速度唯一接近中国的，是第二次世界大战后的日本。这个在战后曾经是一片废墟的岛国，经过二十多年的经济恢复和高速增长，再度成为世界主要

---

① https://www.worldometers.info/gdp/gdp-by-country/

工业国之一。1967 年,日本的 GDP 首超英国和法国,1972 年超过德国,1988 年超过苏联,成为世界第二经济大国。1995 年,日本的 GDP 已经达到美国的 71%。但自此之后,日本的经济增长率骤然下跌,长期在 1% 到负 5% 之间徘徊;到 2017 年,日本的 GDP 依然处在与 1995 年大致相近的水平,仅仅为美国的 25%,经历了所谓"失去的二十年"。[1]

相比之下,今天的中国无论是经济总量还是抗外来冲击能力,均远远高于当年的日本。如果没有意外的重大灾难发生,中国的经济总量超过美国将毫无悬念。西方主流媒体多认为,中国至迟在 2030 年之前将赶上美国。[2] 据诺贝尔奖得主、经济史学家弗格尔(Robert Fogel)预测,到 2040 年,中国的 GDP 将占全球的 40%,而美国的 GDP 仅占 14%。[3] 而在另一位诺贝尔奖得主、芝加哥大学经济学教授科斯(Ronald Coase)和他的合作者王宁看来,这样的估计可能太高了,但也"可能太低了",因为中国的经济生产率还有巨大的增长空间。[4]

如何解读近几十年来中国经济的高速增长及其在全球经济中

---

[1] 以上各国历年 GDP 数据,均来自世界银行(World Bank)统计资料(见 https://knoema.com/mhrzolg/gdp－by－country－statistics－from－the－world－bank－1960－2016)。

[2] 例见美国《新闻周刊》(https://www.usnews.com/news/articles/2015－12－28/americas-days-are-numbered-as-the-worlds-top-economy)和《财富》杂志(http://fortune.com/2017/02/09/study-china-will-overtake-the－u－s－as-worlds-largest-economy-before-2030/)的报道。

[3] Robert Fogel, "123,000,000,000,000," *Foreign Policy*,2010,no. 177,pp. 70–75.

[4] Ronald Coase and Ning Wang, *How China Became Capitalist*,New York：Palgrave Macmillan,2012,p. 180.

稳步提升的地位和影响力？迄今为止,海内外经济学家们的解释,往往集中在经济层面,聚焦于驱动中国经济增长的一系列显而易见的直接因素。例如,哈佛大学经济学教授帕金斯（Dwight Perkins)在回顾1980年代以来中国的经济变革历程时,把家庭联产承包责任制的推广、乡镇企业的兴起和大规模外来投资的进入视为中国经济增长的主要动力。① 北京大学经济学教授林毅夫及其合作者,除了指出由于农业生产责任制的普遍推行和国有企业扩大自主权而形成的微观激励机制,还特别强调中国在扩大对外开放过程中发挥自身的比较优势、充分参与国际分工所起的驱动作用。② 科斯和王宁在解读中国的经济起飞时,则特别强调"市场化转型"的重要性,即中国从1980年代之前的计划经济,经过1980年代国营企业的经营承包责任制、1992年的价格改革、1994年的税制改革和1997年以后的大规模股份制改造,完成了向市场经济的全面过渡。在他们看来,正是这种市场化转型,给中国带来了经济自由和私营企业的茁壮成长。作为市场经济的推崇者,两位作者热情洋溢地声称"中国的奋斗,就是世界的奋斗",并且呼应《时代》周刊的说法:中国经济的市场化是"我们时代的伟大故事,它是我们所有人的故事,不仅仅属于中国"。③

　　所有这些解读,当然都是正确的,却是不充分的,甚至没有抓住更为重要的和根本的原因。说它们正确,是因为相对于中国的

① Dwight Perkins, *The Economic Transformation of China*, Hackensack：World Scientific, 2015, chaps. 6-8.
② 林毅夫、蔡昉、李周:《中国的奇迹:发展战略与经济改革》,上海:格致出版社,1999年。
③ Coase and Wang, *How China Became Capitalist*, p. 153.

过去，尤其是改革开放前三十年的经济体制和增长速度而言，1980年代以来在农业、工业和其他各部门的一系列改革举措，的确克服了原有体制的弊端，极大地提高了生产效率，刺激了中国经济的快速增长。然而，如果我们不再是从纵向的角度寻找中国经济迅速成长的原因，而是从横向的国际比较的角度看中国的崛起现象，那么，上述经济学家所提供的解释，一下子会显得苍白无力。

先看农业领域。以家庭为主体的个体生产方式，在世界绝大多数国家，是十分普遍的现象，并非为中国所独有；事实上，在1950年代集体化之前，家庭农耕在中国也有了几千年历史。改革初期从集体制向家庭承包责任制的转变，最多只能说一时释放了原来在集体制下受到束缚的潜能。同样道理，改革以来的一系列市场化和非国有化的举措，也只能说释放了原来在企业依靠国家计划的所谓"大锅饭"和劳动者依靠企业的"铁饭碗"体制下受到限制的潜能；如果跟其他市场经济国家相比，同样不具说服力。经过这样的改革过程所形成的市场机制，以及非国有企业在经济总量和就业人口上占重要地位的现实，早已存在于世界上绝大多数的发达国家和发展中国家；事实上，它们中的大多数在市场化和私有化方面都超过了中国，却并没有出现中国这样的连续几十年快速增长的过程。

那么，支撑中国经济持续成长和国力迅速上升的终极力量到底何在？

为了回答此一问题，这里将撇开为经济学家们所关注的那些显而易见的经济因素，由以往的经济学视角，转换至人文社会视角，专注于那些植根于中国的历史和文化传统的若干因素，从而为近几十年来的中国经济增长的动力和中国今后几十年的发展前景,提出与以往不同的解读。

　　具体而言,下面将集中讨论这样五个因素,即国家规模、族群构成、价值体系、人力资本,以及国家定位。基本观点是,中国在这五个方面享有巨大优势。(1)中国的巨大规模,尤其是占世界最大份额的人口和市场规模,推动中国的制造业和服务业在全球化背景下迅速扩张升级;(2)中国人口虽然规模庞大,却在族群和文化上高度同质,为商品和信息交流、社会整合和秩序稳定,提供了得天独厚的条件;(3)中国社会对教育和智力开发的高度重视,使中国的经济增长享有巨大的人力资本优势,为各行各业生产率的提高打下坚实基础;(4)中国社会主体的非宗教性质和价值取向的世俗主义,为经济和社会进步提供了最根本的动力;(5)国家在特定的历史文化背景下对全球化时代的经济和社会转型起到至为关键的引领作用。

　　上述五个因素,如果单个地看,没有什么奇特之处,也并非为中国所独有。中国的独特之处在于,这五个因素同时存在,汇聚在一起,产生某种乘法效应,其作用远远大于单个因素简单相加对一国经济所起的有限效果。正是这些因素的五位一体,共同支撑着中国经济的迅速发展,构成举世无双的国家竞争优势。尤其值得指出的是,这五个因素有一个共同的特点,即它们都是中国历史和文化传统所孕育的产物,都是内在的和具有传承性的。相对于为经济学家们所关注的显性的制度及其对经济的直接作用,上述五个因素对经济社会发展和国家成长所起的作用大都是隐性的、间接的;相对于经济制度和政策的可变性和短暂性,它们具有持久、稳定的特征,对经济和社会发展所起的作用,比起不断变化和调整的经济制度来，也更为持久和更为根本。为方便讨论起见，我们不妨把这五种与中国特定的历史和文化传统相连的隐形因素对经济和社会发展所产生的终极驱动作用，界定为一种超乎各种具体制度和举措的影响力的"元实力"（meta-power）。

一、大国的优势

首先，这里所谓国家大小，并非仅指领土面积，甚至主要不是指国土大小，而是首先指一个国家的人口规模，以及人口规模与人均产出相乘所产生的经济总量及相应的市场规模。

有关国家规模与经济增长关系的论述，最早可以追溯到亚当·斯密。他在 1776 年出版的《国富论》中，指出交换产生分工，分工带来劳动生产率的提高，但分工的程度本身又受制于市场的规模。[1] 换言之，规模越大，分工越细，劳动生产率越高。1970 年代以后，国家规模作为经济增长中的一个重要因素渐受关注。研究者多认为人口规模与经济成长具正比关系；在其他条件相等的情况下，人口越多，市场规模越大，生产专业化水平越高，经济增长也越快。[2]

---

[1] Adam Smith, *The Wealth of Nations*, New York: Random House, 1994, p. 19.

[2] Nadim Khalaf, "Country Size and Economic Growth and Development," *Journal of Development Studies*, 1979, vol. 16, no. 1, pp. 67-72; Julian Simon and Roy Gobin, "The Relationship between Population and Economic Growth in LDSs," *Research in Population Economics*, 1980, no. 2, pp. 215-234; Glenn Firebaugh, "Scale Economy or Scale Entropy? Country Size and Rate of Economic Growth, 1950-1977," *American Sociological Review*, 1983, no. 48, pp. 257-269.

　　迄今为止,对国家规模与经济增长的关系,研究最多、影响最大的当数哈佛大学经济学教授阿勒锡拉(Alberto Alesina)及其合作者。他总结了规模(就人口和生产总值而言)所带来的诸多益处:(1)公共产品的生产和维持的人均成本较低,纳税人口越多,人均负担越轻。(2)大国不易遭受外来侵略,国家越大,安全越有保障。(3)大国可以协调、减缓国内不同地区之间的利益冲突,在公共产品的提供方面加强跨地区整合。(4)大国的国内部分地区一旦受灾,可获全国支援。(5)大国内部的贫富地区之间,可以通过税收和财政手段进行财富的再分配。(6)最重要的则是市场规模。虽然在国际自由贸易的条件下,市场本身并不完全受国境的限制,但国与国之间的各种障碍依然存在。总体而言,市场规模越大,各地区之间生产要素的流通障碍越少,从而有助于提高生产率。[1]

　　作为世界上人口最多的国家,中国在公共产品方面的低人均成本优势是显而易见的。以国防为例,2016 年中国的军费占全国GDP 的比重(1.9%),无论跟周边国家或地区还是联合国其他四个常任理事国相比,几乎都是最低的(美国 3.3%,俄罗斯 5.3%,法国2.3%,英国 1.9%,印度 2.5%,韩国 2.7%,越南 2.4%;日本例外,受其和平宪法限制,仅为 1%)。[2] 同样,人均国防开支仅为 153 美元,

[1] Alberto Alesina and Enrico Spolaore,"On the Number and Size of Nations,"*Quarterly Journal of Economics*,1997,no. 112,pp. 1027-1056;Alberto Alesina,"The Size of Countries:Does It Matter?"*Journal of the European Economic Association*,2003,vol. 1,no. 2-3,pp. 301-316;Alberto Alesina,Enrico Spolaore,and Romain Wacziarg,"Trade,Growth and the Size of Countries,"in Philippe Aghion and Steven Durlauf,eds.,*Handbook of Economic Growth*,Amsterdam:Elsevier,2005,pp. 1503-1504.

[2] https://www.sipri.org/sites/default/files/Milex-share-of-GDP.pdf

与联合国其他四个常任理事国相比也是最低的(美国1,886美元，俄国481 美元，法国858 美元，英国731 美元)。[1] 再以现役军人与全部人口比率为例，中国为1.6‰，也低于周边大多数国家或地区，在联合国五个常任理事国中最低(美国4.2‰，俄国7.1‰，法国3.0‰，英国2.4‰)。[2] 所有这些都意味着，中国可以把更多的人力和物力用于民用生产和建设方面。但值得强调的是，虽然相对于经济总量或就人均水平而言，中国国防开支远低于绝大多数国家，但巨大的经济和人口规模，意味着中国的国防开支的绝对额依然是一个庞大的数字，2016 年达到2,151 亿美元，在全球各国中仅次于美国(6,111亿)，[3] 从而确保中国的国防拥有足够的军事科技和装备实力，保障国土安全。强大的国防力量和地区和平反过来又有助于经济建设。事实上，中国自从1979 年对越自卫反击战之后，已经近四十年没有介入具有一定规模的国际战争。这样的和平安宁局面，在中国近现代历史上是仅见的，同时也是近几十年中国经济腾飞的一个基本条件。

中国的经济增长，受益于本国巨大的人口和市场规模，形成在世界各经济体中独特的竞争优势。这至少体现在以下四个方面。

第一，庞大的国内市场，使经济各部门、各行业内部有系统的、细密的分工成为可能；如此复杂的分工，借助业已形成的高度发达的运输和通信网络，在毫无贸易障碍的条件下进行生产和交换，从

---

[1] https://www.sipri.org/sites/default/files/Milex-constant-2015-USD.pdf

[2] https://en.wikipedia.org/wiki/List_of_countries_by_number_of_military_and_paramilitary_personnel

[3] https://en.wikipedia.org/wiki/List_of_countries_by_number_of_military_and_paramilitary_personnel

而有效降低了成本,形成了在全球各经济体中少见的高度竞争环境。以制造业为例,中国拥有世界上最完整的工业体系。按照联合国制定的《全部经济活动国际标准产业分类》,中国已拥有所有工矿业门类,包括40个大类工业行业、200多个中类行业和500多个小类行业。[①]各行业经过近几十年的竞争、组合,在全国各地形成了数以千计大小不等、技术含量各异的产业或贸易集群,所覆盖的行业,既有传统的服装、鞋业、玩具、小家电和日用品等劳动密集型产业,也有电子、机械、通信、能源和交通运输等资本和技术密集型行业。这些集群往往汇聚了数百乃至成千上万家企业,从事同行业内部不同产品或不同部件的生产,从而在特定地域范围内形成细密的行业分工和完整的供应链,有效降低了生产和交易成本。当然,大量的集群乃有待内部各企业的合理分类组合和有效链接,在全球产业价值链中的地位也有待提升,从低端代加工模式走向原创性技术和设计与加工、贸易相结合,从而提高产品和服务的附加值。[②]但经过几十年发展,中国已经形成了具有全球竞争力的诸多产业,各自凭借其高效率和低成本优势,不断扩大在世界市场上所占份额,在全球制造业各部门形成以中国产品价格为参照系的所谓"中国价格"。[③]

第二,巨大的人口规模和消费市场带来了中国本土产业的规

---

① 董志凯:《中国工业化60年:路径与建树(1949—2009)》,《中国经济史研究》2009年第3期。

② 吴利学、魏后凯、刘长会:《中国产业集群发展现状及特征》,《经济研究参考》2009年第15期。

③ Alexandra Harney, *The China Price: The True Cost of Chinese Competitive Advantage*, New York: Penguin Books, 2009.

模优势和与同行业国际巨头抗衡的实力，这在以信息产业为核心的所谓"新经济"中尤为明显。近一二十年来，该领域一批超大型企业迅速崛起，在搜索引擎和社交应用方面与国外同行一争高下，甚至在网络交易总量上超过全球同行业所有竞争者，并且在无现金支付方面独步天下。之所以有如此傲人的成绩，不仅是借助产业信息化和全球化所带来的相对于传统产业的技术优势，更离不开——甚至主要是依靠——国内庞大用户群体的支撑。当然，人口和市场规模本身并不必然带来企业的竞争实力，同样重要的还有企业管理者的竞争和扩张策略，以及国家对经济主权的维护；离开了政府对海外同业竞争者所设立的市场进入管制措施，这些企业的成长会遭到巨大的阻力。但一个庞大的人口和用户群体，是它们发展成为 IT 巨头所必不可缺的条件。这一点，只要看看世界上众多国家在搜索引擎、网上购物、网络支付、即时通信和社交媒体方面由 Google、Amazon、Facebook 等美国 IT 巨头支配的现实，便可见一斑；这些国家自身有限的市场和用户规模，使之无法形成与跨国公司相抗衡的本土企业，新经济所产生的巨额利润也大多流向海外。

第三，经济规模的扩张促成国家财政收入的不断提升，使国家有能力进行重大基础设施建设和高科技研发，从而提高中国经济的总体效率和国际竞争力。以 2016 年为例，全国财政收入达 31,160 亿美元，居全球第二位，仅次于美国的 57,316 亿美元，远远高于其他各国（日本 16,960 亿，德国 15,070 亿，法国 12,880 亿，英国 9,963 亿,俄国 1,865 亿,印度 4,765 亿)。① 正是依托迅速扩增的财力和融资能力,2000 年后的中国展开了一系列人类史上规模空前的建设项目。以高速铁路为例,从 2004 年启动,经过十多年的扩张,已经建成世界上最大规模的高速铁路网,到 2016 年,营业里程达 22,980 公里,2022 年达 42,241 公里,带动了沿线各地的市场繁荣。规划中的"八纵八横"高铁网络,将连接全国数百个城市,加速全国经济和社会整合,所产生的各项效益无法估量。高速公路建设从 1988 年起步,2000 年后加速扩张,到 2016 年达 13.1 万公里,2022 年达 17.73 万公里,同样构成世界上规模最大的高速公路系统。② 雄厚的财力还支撑了中国在航空、航天、交通、核能、电子、通信、国防等各个领域所展开的一系列世界级的建设项目,从中涌现出一批史无前例、技术复杂的超级工程。这些工程,对于绝大多数中小国家来说,都是不可想象的;只有在中国这样的财政投入和市场规模支撑下,才成为可能。

第四,巨大的市场规模和盈利能力,有助于中国经济的转型升级。数百年来,西方国家凭借其资本和技术优势,通过不公平的贸易条件,建构了一个全球范围的商业和金融体系,并不断强化和再生西方与非西方国家之间的不平等经济和政治秩序。社会学家沃勒斯坦(Immanuel Wallerstein)在其世界体系论中,将卷入此一体系的世界各国,形象地划分为三个类型,即居于"核心"地位的西欧、北美国家及亚洲的日本,位于"边陲"地带的众多亚洲、非洲和拉丁美洲低收入国家,以及介于这两者之间的"半边陲"地带的中等收

---

① https://en.wikipedia.org/wiki/List_of_countries_by_government_budget
② 国家统计局:《中国统计年鉴 2023》,www.stats.gov.cn。

入国家。① 不少中等收入国家，利用自身的廉价劳动力和自然资源优势，曾经以进口替代为导向，后又借助发达国家低端产业向海外转移的机会，展开了初级水平的工业化。然而，这些国家的本土企业，一旦跟国际体系接轨，均无法跟西方跨国公司抗衡，最终多被后者兼并，或者在技术上受其直接或间接控制，始终处于受"核心"国家主宰的全球经济体系的低端，生产的附加值较低，且其利润的相当部分被跨国公司瓜分并转移到海外，由此形成所谓"中等收入陷阱"，即国内制造业始终无法向高端发展，经济结构处于依附地位，国民收入水平长期停滞不前。迄今为止，能够成功完成经济升级的非西方国家寥寥无几，只有韩国、新加坡，以及中国香港和中国台湾地区。

经济转型升级的关键，在于本国制造和服务业从依附性的低端产业，向以技术创新为主要驱动力的高端产业升级，从而在全球范围占据各门类关键产品的设计、制造和销售链的最高端，由此控制整个链条所产生的大部分利润。中国众多规模不等和所有制各异的企业，在改革开放之后经历了与其他低收入或中等收入国家相近的命运，其中大多数处于全球产业链的低端，技术上处于依附地位，所产生的利润也在不同程度上转移给西方跨国公司。然而，中国不同于绝大多数中小规模的发展中国家的地方在于，经过近几十年的竞争和发展，在制造业的各个行业已经产生了一批新兴企业，其庞大的生产和销售规模所带来的巨额利润，加上政府产业

---

① Immanuel Wallerstein, *The Modern World-System I: Capitalist Agriculture and the Origins of the European World-Economy in the Sixteenth Century*, Berkeley: University of California Press, 2011.

政策的强力扶持,使它们具备了足够的实力,加入高端产品的研发及量产行列。以 OLED 面板产线为例,经过多年的巨额投入,到 2023 年中国 OLED 面板产能全球占比已上升到 43.7%,打破了三星对此一产业的垄断。中国的芯片产业也急起直追,2023 年芯片产能全球占比已达 29%,尽管先进工艺芯片的研发依然任重道远。可以想见,未来几十年,消费市场的不断升级和行业竞争的加剧,尤其是资金投入和科技研发力度的加大,将会催生出越来越多的具有领先技术和自主知识产权的本土企业。中国比其他任何发展中国家都更有可能从"半边陲"地带脱逸,挤入高收入工业化国家和地区的行列。

需要强调的是,大国优势的形成,需要一定的条件。其中最重要的是人口年龄结构和收入结构。1980 年代之前,中国人口增长较快,结构相对年轻,为各行各业大量需要的劳动力提供了充足的保障,但在经济发展水平落后、就业机会不充分、人均收入很低的条件下,巨大的人口规模也是一种负担。维持庞大人口的生计与工业化起步时期所需的资本积累之间产生矛盾,结果是为了后者而牺牲前者。改革初期,为了解决这一矛盾,亦即既追求民众生活水准的快速提升,又要保障工业化全面起步所需资源,唯一选择是急剧降低人口增速。经过四十多年的经济快速成长,中国人口的收入结构已经大为改善,其巨大的消费能量成为经济成长最强大的动力。但长期严格实行计划生育,使人口的年龄结构出现问题;通常在发达国家才会面临的生育率过低、人口结构老化问题,已经过早地降临到今天的中国。通过提高劳动生产率,降低人口老龄化所带来的压力,应该是今后解决这一问题的最主要路径。

二、族群的多样与同质

大国有大国的难处。归纳起来，主要体现在以下三个方面。首先，按照早先一度流行的"增长极限"论的说法，经济体的规模越大，所受到的资源制约越严重，相对于规模的收益越低，维持增长的难度也越高，即所谓"规模衰降"（scale entropy）。[①] 大国的工业化一旦全面起步，因其生产和消费的规模效应，对资源和环境所产生的压力尤为明显，这在近二三十来中国和印度日益严重的环境污染问题上已经得到确证。再就国民的总体生活水平而言，人口众多（尤其是人口密度高）的社会，由于人均自然资源较少，生活质量尤其是消费水准的提升也受到限制。即使已经成功迈入工业化社会的行列，那里的高收入也往往伴随着高物价，这在东亚地区尤其明显；其居住空间和总体生活质量，跟北美那些地大物博但人口密度低的工业化国家相比，有很大的差距。理论上，除非其人口密度降低到与北美国家相近的水平，差距将永远存在。

最为严重的是，大国往往存在人口庞杂的问题。国家规模越大，境内人口的种群往往越多样化，要在不同地区、不同种群之间的社会群体中间就公共产品的生产和财富再分配进行协调的难度越高。一般而言，种群、宗教和语言的异质性越高，不同群体之间产生矛盾和爆发冲突的可能性也在提高，政府维持社会秩序稳定

---

① Glenn Firebaugh, "Scale Economy or Scale Entropy? Country Size and Rate of Economic Growth, 1950-1977," pp. 257-269.

的难度和代价也相应地增加。[1] 族群碎化,也不利于教育;美国各地为了减少由此带来的问题,在城市和学区划界时,不得不把族群和收入的均质程度作为一个重要的考虑因素。[2] 族群分裂和隔离,还会导致不同族群背景的群体地位固化,向上流动面临较大阻力。[3] 族群碎化越严重的地方,其基础设施的质量、民众的识字率也越低,同时婴儿死亡率也越高(Alesina and Ferrara 2005)。

不同族群之间的对立和紧张,更有碍经济成长(Ashraf and Galor 2011)。大体上,欧洲和东北亚地区的人口同质性最高,国家也最富裕;撒哈拉以南的非洲地区各国,境内族群最为多样,经济上也最落后(Fisher 2013)。当然,人口异质只是影响经济发展和社会整合的因素之一,并非唯一的决定性因素。朝鲜是全球人口均质程度最高的国家,海地的均质度也高居第 10 位。[4] 但这两国 2004 年的人均 GDP 却分别只有 1,700 和 1,800 美元(按 PPP 计算),位居全球 229 个国家和地区中的第 215 和 214 位。[5] 不过总

[1] William Easterly and Ross Levine, "Africa's Growth Tragedy: Policies and Ethnic Divisions," *The Quarterly Journal of Economics*, 1997, vol. 112, no. 4, pp. 1203–1250; Alberto Alesina and Eliana La Ferrara, "Ethnic Diversity and Economic Performance," *Journal of Economic Literature*, 2005, vol. 43, no. 3, pp. 762–800; Klaus Desmet, Michel Le Breton, Ignacio Ortuno-Ortin and Shlomo Weber, "The Stability and Breakup of Nations: A Quantitative Analysis," *Journal of Economic Growth*, 2011, vol. 16, no. 3, pp. 183–213.

[2] Alberto Alesina, Enrico Spolaore, and Romain Wacziarg, "Economic Integration and Political Disintegration," *American Economic Review*, 2000, vol. 90, no. 5, pp. 1276–1296.

[3] Patsiurko et al. 2013; Churchill and Nuhu 2016.

[4] https://en.wikipedia.org/wiki/List_of_countries_ranked_by_ethnic_and_cultural_diversity_level

[5] https://www.cia.gov/library/publications/the-world-factbook/rankorder/2004rank.html

体而言,族群复杂程度,以及因为族群、宗教、文化的不同而引发的不同社会群体之间的冲突及其对经济的负面影响,则是无可否认的。这一点,只要观察一下中东、南亚和非洲地区不同族群、教徒之间永无休止的紧张对立、流血冲突乃至大规模杀戮,便不言自明。

中国拥有56个民族,实行民族区域自治制度的地方行政区域占全国总面积的64%。尽管如此,中国事实上却是人口构成同质性最高的国家之一。根据2010年全国人口普查公报,汉族人口占了全国总人口的91.51%。在有数据统计的全世界159个国家和地区中,中国人口的"族群碎化指数"(ethnic fractionalization index),低至0.154,居其中第138位。[1] 更为重要的一个基本事实是,在34个省级行政区中,以汉族为主体的27个省、直辖市的人口同质度更高,其中华东的江苏、浙江、山东、安徽和江西,以及华北的山西和陕西,汉族人口占其人口总数的99%以上,紧随其后的广东、福建和河南,也都在98%以上。[2] 有研究显示,中国沿海各省的族群碎化指数,仅为0.05,就全世界范围而言,仅次于朝鲜(0.002)、韩国(0.004)和日本(0.012)(Dincer and Wang 2011)。而上述27个省、直辖市的地区生产总值,占全国国内生产总值的93.2%。[3]

如此高度同质的族群构成,给经济成长和社会发展所带来的益处是显而易见的。第一,这里不存在困扰绝大多数发展中国家

---

[1] https://en.wikipedia.org/wiki/List_of_countries_ranked_by_ethnic_and_cultural_diversity_level

[2] 根据2001年国家统计局人口和社会科技统计司统计。

[3] 国家统计局:《中国统计年鉴2017》,表3-9。

的因族群、宗教和文化不同而引起的社会冲突和动荡。在种族关系紧张的社会里司空见惯的针对不同种群的"仇恨犯罪",在中国各地几乎不见踪影。因此,中国的社会治理成本,远低于其他多族群国家。

第二,族群、语言和文化的同一,也极大地促进了全社会的横向整合。在各省,任何一个具有初中文化水平、能够用普通话进行沟通的个人,几乎都可以毫无困难地在全国各地旅行、接受更高程度的教育,或者寻找工作,乃至定居下来并最终融入当地社会。而这些对于诸多语言或宗教互异、社会隔阂严重的第三世界国家的普通民众来说,是难以做到的,甚至是难以想象的。

第三,人口的同质还有助于社会的向上流动。相较于高度异质化社会里常见的族群歧视和偏见,以及由此形成的与生俱来的社会等级和根深蒂固的阶级鸿沟,中国社会长久以来所展示的高度同化力和人口的高度同质,使这种因族群、出身和信仰不同而形成的身份差异和固化,失去了制度性基础。任何人通过后天努力,都有可能改变自己的身份,挤入社会上层。这种向上的动力和对个人事业成功的追求,对经济发展的正面作用是不言而喻的。

第四,在内地各省以汉人和汉文化占绝对主导地位的社会里,其他的少数族群广泛接受和使用汉语普通话,在日常生活和工作上融入主流人群;换言之,内地社会的同化力极强,从而反过来消弭了不同族群之间的差异所带来的对日常经济和社会生活的负面影响。

第五,也是最重要的,族群和文化的同一,不仅在技术层面有助于知识传播和信息交流,而且在社会、政治层面也更容易形成共

识,产生强大的社会动员力、凝聚力和向心力,有助于全民族长远
战略目标的实现。

概而言之,中国虽然地域辽阔、人口众多,却避免了其他大国
所面临的严重的族群碎化和社会分裂问题,构成了世界上规模最
大的人口构成高度同质区域,不能不说是一项奇迹。这既源自千
百年来以汉人和华夏文化为主体的中华文明在不断吸收其他族群
和文化过程中所展示的巨大同化力和生命力,同时又得益于 1949
年以后全民义务教育的逐步普及、交通基础设施的巨大进步、各地人
口的加速流动,以及由此形成的各地区之间的空前程度的整合。所
有这些,均为中国经济的持续快速成长,提供了前述各项有利条件。

人口同质对经济成长的助益已如上述,不过仍有两点须予澄
清。其一,虽然高度同质的人口容易形成共识并产生巨大的社会
动员力,但共识的形成和社会动员的方向只有被正确引导,才会有
助于经济社会的健康发展和人类社会的共同进步,否则可能适得
其反,对社会和人类产生巨大的破坏力。德国和日本是两个高度
同质的社会,但它们所展示的强大动员力,曾经在 20 世纪上半期
给本国和其他各国带来巨大灾难。只有在排除了破坏性的政治和
社会动员之后,族群同质才会成为经济成长的助力。其二,如前所
述,族群同质本身并不必然带来经济增长,它仅仅提供了有利条
件,却非经济增长的充分必要条件。同质之外,还要看族群本身的
特性,尤其是其宗教文化和价值观。这便是下面将要进一步讨论
的问题。

三、世俗化的价值体系

　　植根于特定历史文化传统的伦理价值,如何影响一个民族的现代经济成长,这一问题自从德国社会学家韦伯在 1904—1905 年完成《新教伦理与资本主义精神》之后,尤其是在其于 1930 年译成英文后,一直是各国社会、经济和文化学者争论不休的议题。[①] 各国的民族文化传统,究竟在多大程度上影响各自的经济发展,有各种不同的解释。以俄罗斯为例。有人认为,尽管经历了长达七十多年的无神论教育,俄罗斯民众的信仰在东正教的影响下依然具有强烈的命定主义倾向。[②] 俄国著名经济学家、在 1994—1997 年担任俄罗斯经济部部长的亚辛(Evgeny Yasin)就俄罗斯民族的文化传统和价值观对该国经济现代化的影响,做过十分精辟的论述。他把俄国传统价值观概括为:重精神,不重物质利益;重集体主义,压抑个性,敬畏威权;重自我牺牲,忍耐服从;重共识和整体利益;讲运气和冲动,追求奇迹,不讲成本和日常努力;工作只图快乐,懒惰、消极、散乱问题严重;好大喜功,做事粗枝大叶;不重财富("财富是罪,贫穷是德"),不讲勤奋、节俭和企业精神;重正义感但不讲法律;等等。而苏联时期的历史又进一步强化了既有的俄罗斯文化特性,尤其是平均主义和家长制作风,助长了懒惰、寄生、不作

---

① Max Weber, *The Protestant Ethic and the Spirit of Capitalism*, New York: Routledge, 1992.

② Fredeirick Andresen, "Musings of a Russophile: The Roots of Russian Fatalism," (https://sputniknews.com/analysis/20110826166196481).

为、无所追求的生活态度。但亚辛强调,所有这些特性,皆跟俄国的社会结构有关,即直至1920年代中叶,绝大多数俄罗斯人仍生活在农民家庭,直至苏联解体之时,第一代城市居民仍占全国城市人口的一半,他们及其子女事实上仍持有乡下人的心态和价值观,构成经济增长的障碍。然而价值观会随着社会的变化而改变。俄罗斯的改革"已经开创了一种新的环境,正在加速培育新的、更富生产性的价值体系"[1]。

在文化价值与经济发展的关系问题上,拉丁美洲更是学界研究的热点地区。1985年,曾长期在美国政府对外援助机构(USAID)负责拉美五国援助项目的哈里森(Lawrence Harrison)著书《不发达是一种心态》,认为这一地区的文化模式源自西班牙,受天主教影响,具有"反民主、反社会、反进步、反企业精神,且(至少在精英阶层)反勤劳工作"等特征;[2]所有这些,据称皆跟美国文化中的重自由、正义、工作、教育,讲节俭,追求杰出,重家庭和社区形成对比,尽管这些美国价值在1960年代以后也每况愈下。[3] 而两度出任哥斯达黎加总统并且在1987年获得诺贝尔和平奖的阿里亚斯(Oscar Arias),对拉丁美洲文化的看法几乎与哈里森如出一辙,认为拉美各国文化有四大特性,即(1)安于现状,讲究特权,反对变革创新,缺乏企业精神;(2)人与人之间缺乏信任,有法不遵;(3)民主徒有

[1] Evgeny Yasin, "Economic Modernization and System of Values" (https://www.hse. ru/data/2010/11/24/1209962398/Values_Yasin.pdf).

[2] Lawrence Harrison, *Underdevelopment is a State of Mind*, Lanham, MD: Madison Books, 1985, p. 165.

[3] Lawrence Harrison, *Who Prospers? How Cultural Values Shape Economic and Political Success*, New York: Basic Books, 1992, p. 224.

其表,威权统治盛行;(4)崇尚武力,轻视民生。所有这些,皆构成了"拉丁美洲发展的真实障碍"。①

相形之下,文化论者对于包括中国在内的东亚地区受儒家说教影响所形成的文化传统及其在经济成长中的作用,多予肯定。哈里森即称,"儒家比起伊斯兰教、佛教或者印度教,都更加有助于现代化"②。密歇根大学政治学教授英格尔哈特(Ronald Inglehart)在针对世界43个国家和地区的文化价值对经济和政治发展的影响做了全面比较之后,也认为受儒家文化影响的东亚地区各社会,尽管内部制度差异巨大,但总体而言,在20世纪后半期的表现远胜过其他各地区。③ 当然,文化价值与经济表现之间的相关性,正如英格尔哈特自己所说,并不一定代表因果关系。到底是文化影响经济,还是相反,要视各国不同发展阶段的具体情况而定。④

相较于世界其他各地,中国乃至整个东亚地区最为独特的地方,的确在于这些社会在世俗化的道路上走得最远。这里无论历史上还是现实中从不存在组织严密、渗透全社会的强大宗教势力。尽管百姓也有来世的观念,有敬拜祖先或各种神灵的做法,但总体而言,宗教在绝大多数百姓的日常生活中所起的作用极为有限,很少直接支配个人的行为选择和社会交往。从历史的角度看,这一

① Oscar Arias, "Culture Matters: The Real Obstacles to Latin American Development," *Foreign Affairs*, 2011, vol. 90, no. 1, pp. 2–6.

② Lawrence Harrison, *The Central Liberal Truth: How Politics Can Change a Culture and Save It from Itself.* New York: Oxford University Press, 2006, p. 95.

③ Ronald Inglehart, *Modernization and Postmodernization: Cultural, Economic, and Political Change in 43 Societies*, Princeton: Princeton University Press, 1997, p. 217.

④ 同上,p. 222。

现象跟儒家在中国和其他东亚社会的主流意识形态中长期起主导作用有关。儒学不同于一般宗教，其说教只专注于人文社会，不涉及来世或超自然领域，对鬼神采取敬而远之、避而不谈的态度。西汉以后历朝独尊儒术的政策，也使任何外来或内生的宗教都无法上升为在全社会占绝对主导地位的精神信仰。再加上 1949 年以后国家的无神论教育和历次政治运动中对"封建迷信"的批判，当代中国社会已经成了世界上最为彻底的世俗化社会之一。2015 年 4 月盖洛普（Gallup）国际公司所做的一项全球范围的民意调查显示，中国是世界上宗教信仰程度最低的国家，有 61% 的人确认自己是无神论者，远高于紧随其后的日本（31%）、捷克（30%）和西班牙（20%）；而在非洲和中东，信教人口占比高达 86% 和 82%。① 2010—2014 年世界价值观调查显示，中国在世界上最不信教的国家排行榜中，高居榜首，仅有 2.6% 的人认为宗教在生活中很重要。②

社会的彻底世俗化所带来的一个直接结果，是普通民众中间盛行的强烈入世精神，即对周边事物和人生目标持实际态度，讲切实的功用和利益，对追求今世的名誉和物质上的成功具有强烈的动机，而对精神信仰的执着、对来世的向往或超越尘世的追求相对淡薄。当然，并非所有汉族人口历来都具有同样的态度；由于各地经济发展程度不同，或者由于历史上各个时期的制度条件不同，不同地域的民众在不同时期的态度也有相应的变化。但总体上，中

① http://gallup-international.bg/en/Publications/2015/223-Losing-Our-Religion-Two-Thirds-of-People-Still-Claim-to-Be-Religious

② http://www.worldvaluessurvey.org/WVSDocumentationWV6.jsp

国人的世俗化及由此形成的普遍的功利、实用态度和谋利动机始终是强烈的。这种充斥于普通民众中间的谋利动机,在华夏民族的历史上有着久远的渊源。两千多年前,司马迁《史记》的《货殖列传》中,即有"天下熙熙,皆为利来;天下攘攘,皆为利往"①之说。

强烈的世俗精神也在很大程度上推动了1980年代以来中国经济向市场体制的转型。改革开放之后,一旦引入市场和竞争机制,为地方集体或者个人提供更多的谋利、创收机会,便会形成乡镇企业遍地开花的景象,以及城市企事业单位干部职工抛弃"铁饭碗",纷纷"下海"经商的热潮。各行业的国营企业在市场竞争的压力下,不得不纷纷改制,朝私有化和公司化的方向转变。难怪在有关市场经济的历年全球调查中,中国民众对市场经济的认可度始终位居各国的前列,个别年份甚至高居榜首(如在2005年的调查中,中国74%的受访民众认可这一观点,即"自由市场经济是今后世界上最佳的制度";相比之下,美国为71%,俄罗斯为43%,法国为36%)。② 在某种意义上,可以说市场经济是最适合中国人特性的经济体制。

中国人的强烈入世精神,直接形塑了个人经济行为,对国民经济增长起到极大的促进作用。这至少体现在以下三个方面。首先,就生产活动而言,中国人把"勤劳"视为最重要的生存策略和经济价值观,即通过劳动投入的最大化,产生所期望的收益。这种价值观的形成,跟中国人在历史上较早进入农耕文明密切相关。不

---

① 司马迁:《史记》卷一百二十九,北京:中华书局,1999年,第2463页。

② https://fee.org/articles/adam-smith-in-china/;参见 https://www.economist.com/node/18527446。

同于游牧民族之主要依靠放牧和迁徙(逐草而居)等方式生产所需
物质资料,或者中世纪欧洲农业社会之主要以"休耕"(二圃或三圃
制)的粗放形式生产农作物,单位耕地面积所需劳动投入相对较
少,华夏民族自先秦时代起,在其核心文明地带,即已形成以稻米
种植和桑蚕养殖为主要经济支柱的生活方式,并且随着人口的增
加,至少从明代开始,在人口密集、自然条件稳定的地区,即已流行
一年两熟乃至三熟的耕作方式。而这两种经济活动,均需要精心、
繁复的日常管理和大量的劳力投入。农耕之外,每个普通家庭的
成员,包括妇女和儿童还需要利用闲暇时间从事纺织或其他"副
业"活动,以满足穿衣之需或赚取额外收入,弥补家用。勤劳致富
成为植根于每个人心底的最基本、最核心的价值观。尽管在城市
化进程加快的今天,中国人口的一半以上已经脱离农耕经济,但传
统的勤劳观念依然支配着绝大多数人的日常生产和生活。

　　放眼全球,中国当之无愧地位居勤劳国家的榜首(德国、美国、
加拿大、印度、英国、荷兰和法国次之)。① 据美国劳工统计署 2012
年公布的 35 个国家和地区的数据,中国 25—54 岁年龄段的劳动参
与率高达 90%,居于首位;女性劳动力参与率在 67% 以上,同样高
居榜首(相比之下,美国为 59%,印度只有 28%);劳动人口占总人
口的比重,亦达 72% 左右,也领先于其他各国(美国为 60% 上下,印
度在 55% 左右)。② 中国人劳动参与率如此之高,有各种各样的原
因,如支撑家庭生计、购房、升学等,但所有这些压力在其他社会也

---

① https://www. monster. com/career－advice/article/survey－china－leads－world－
industrious-nations

② https://www.bls.gov/fls/chartbook/2012/section2.pdf

程度不等地同样存在着;最大的驱动力恐怕还在民众的价值观。对绝大多数进入劳动年龄的中国人来说,无论男女,有固定工作和工资收入,乃是天经地义的事。游手好闲、好吃懒做,为社会所不齿。这与拉丁美洲和南亚社会尤其是其精英阶层所流行的追求享乐、不劳而获、轻视日常工作的态度,形成了鲜明对比。

　　与勤奋相关的另一个重要价值是节俭。勤和俭都是为了同一个目标,即积累更多的财富。勤奋是在生产领域,通过生产更多,达到增值的目的;而节俭是在消费领域,通过理性消费,最大程度地保存和再生已积累的财富。中国人的节俭行为最直观的表现,是相对于国民收入的高水平储蓄率。在改革开放以后的绝大部分年份,中国的国民储蓄率始终居高不下,维持在35%到50%之间,并且在2010年前一直保持上升的势头,最高达到50%以上。2010年以后有所回落,但依然在46%以上,在全世界所有中等以上国家中独占鳌头(极少数几个富裕小国,如新加坡、卢森堡、也门等均在50%以上,属于例外)。[①] 高储蓄率很大程度上推动了中国的高投资率。外延式投资无论在改革前还是改革后始终是中国经济成长最重要的动力。正是各级政府持续不断的巨额投资,使中国的基础设施发生了量和质的飞跃,"超级工程"纷纷落成;也使制造业、教育和国防等部门的全面升级和空前发展成为可能,为今后中国的经济增长提供了强大的后劲。

　　另一方面,1950年代以后东亚地区各个国家和地区的高速经济增长,也都有赖国内长期居高不下的储蓄率。例如,日本在

---

① CEIC,"China Gross Savings Rate," https://www.ceicdata.com/en/indicator/china/gross-savings-rate.

1966—1974 年为 37.5% 至 38.1%；韩国在 1973—1985 年则在 20%—29% 之间波动；中国台湾地区在 1970—1974 年为 32% 左右，1975—1980 年为 33.8%，1988 年达 34.9%。① 另外，经济上华人占主导地位的东南亚国家和地区也普遍具有高储蓄率的特征。以 1980 年和 1994 年为例，新加坡为 32% 和 38%，马来西亚为 33% 和 37%，泰国为 23% 和 35%；中国香港为 34% 和 33%。② 因此，中国及东亚其他国家和地区、整个东南亚经济高速成长时期普遍的高储蓄率现象，背后皆有一个相近的文化背景，即儒家文化传统影响下的入世精神和经济理性主义，使人们为了个人或家庭的长远目标，进行有意识的节省和储蓄，而不是把所有可支配收入均用于眼前的个人消费和物质欲望的满足。当然，一些非理性的经济行为尤其是炫富现象，在中国社会特别是在暴富群体中间仍然存在。但总体而言，绝大多数国民均有较强的节俭观念和储蓄意识，当是不可否认的事实。而私人储蓄无论在中国还是在上述其他东亚国家和地区，均在国内储蓄中占主导地位，远远超出政府或企业储蓄，构成资本积累最重要的渠道，有力促进了这些国家和地区工业化起飞和升级阶段的经济成长。

值得强调的是，世俗主义文化虽然有助于经济成长，但也会导致极端的追求实用、只重实效的价值取向和短视行为，不利于个人

① Ching-yuan Lin, "East Asia and Latin America as Contrasting Models," *Economic Development and Cultural Change*, 1988, vol. 36, no. 3, S153－197, Table 8; Gustav Ranis, "Another Look at the East Asian Miracle," *The World Bank Economic Review*, 1995, vol. 9, no. 3, pp. 509－534, Table 4.

② Donghyun Park, "Savings and Development: Some Important Lessons from Korea," *Savings and Development*, 1998, vol. 22, no. 4, pp., 415－433, Table 3.

职业生涯的健康发展,更有碍于企业长期竞争力的形成。

四、教育、智力和人力资本

人力资本对经济增长的重要性不言而喻。所谓人力资本,即具有一定知识技能且有助于提高生产效率的劳动力。它所强调的是劳动者在教育和职业培训上的投资,以及智力和技术水平的提高给生产带来的效益。但到底如何衡量一个社会或生产单位的人力资本水平,以及如何测定人力资本对其经济成长的贡献,经济学家意见纷纭。过去多认为无法就此做精确测量,而测量标准也各不相同。例如有人把人力资本水平等同于劳动力的学校教育程度,并试图计算出人力投资的回报率,即不同程度(小学、中学、大学)的教育投入与毕业后的个人收入和社会贡献之间的比率,认为无论对个人还是对社会而言,小学教育的回报都是最高的。而对社会的回报,大体上中学高于大学;对个人的回报,大学高于中学。[1] 也有学者认为普及中等教育对经济成长所产生的效益最大,[2]或强调大学教育对科技进步和经济增长的重要性。[3] 至于人

[1] George Langelett, "Human Capital: A Summary of the 20th Century Research," *Journal of Educaiton Finance*, 2002, vol. 28, no. 1, pp. 1-24.

[2] Robert Barro, "Economic Growth in a Cross Section of Countries," *The Quarterly Journal of Economics*, 1991, vol. 106, no. 2, pp. 407-443.

[3] Knowles Stephan, "Which Level of Schooling Has the Greatest Economic Impact on Output?" *Applied Economics Letters*, 1997, no. 4, pp. 177-180.

力资本的衡量,有人主张以一个社会的小学或中学入学率为标准。① 学校教育直接带来智力水平的提升。有人发现,在西方某些国家,多接受一年的学校教育,个人的智商会提高1.0至4.2点。而智商的提高,直接影响个人收入水平和生活品质;智商每上升1点,生活水准将会提高6.1%。② 也有人强调数学知识对劳动生产率和个人收入的决定性作用,③还有人试图把各国学生参加国际数学和学科考试的成绩,作为衡量一个社会的劳动力整体素质的参照指标。④

值得重视的是,不同历史时期的中国,在几乎所有上述跟人力资本相关的同类发展程度国家排名或各种测定结果中均名列前茅。中国的小学学龄儿童入学率,1975年达96.8%,1979年为93%。小学升初中的学生比率,1975年为90.6%,1979年为82.8%。⑤ 相比之下,1979年,印度的小学入学率为78%,排除中国和印度之外的其他低收入国家平均为64%;同一年,印度的中学入

① Gregory Mankiw, David Romer and David Weil. 1992. "A Contribution to the Empirics of Economic Growth," *The Quarterly Journal of Economics*, 107(2): 407−437; Sala-I-Martin et al. 2004

② Garett Jones and W. Joel Schneider, "Intelligence, Human Capital, and Economic Growth: A Bayesian Averaging of Classical Estimates (BACE) Approach," *Journal of Economic Growth*, 2006, vol. 11, no. 1, pp. 71−93.

③ John Bishop, "The Impact of Academic Competencies of Wages, Unemployment, and Job Performance," *Carnegie-Rochester Conference Series on Public Policy*, 1992, no. 37: 127−194.

④ Eric Hanushek and Dennis Kimko, "Schooling, Labor-Force Quality, and the Growth of Nations," *The American Economic Review*, 2000, vol. 90, no. 5, pp. 1184−1208.

⑤ 国家统计局国民经济综合统计司编:《新中国五十五年统计资料汇编》,北京:中国统计出版社,2005年,第14页。

学率为 27%,其他低收入国家平均 17%。中国在所有低收入国家中属于最高水平,甚至超过绝大多数中等收入国家(小学入学率平均 97%,中学入学率平均 39%),紧追工业化市场经济国家(中学入学率平均 88%)。① 至 2000 年,中国的小学入学率达 99.1%,小学升初中的学生比率达 94.9%。② 至于各国的智商测试结果,根据权威学者的研究,东亚国家和地区(中国、日本、朝鲜、韩国)平均为 105,东南亚为 90,南亚为 84,美国为 98,巴西和墨西哥为 87,西欧和中欧为 100,南欧为 94,东欧为 96.5,南非为 72,其他撒哈拉以南非洲国家在 56—67 之间。③ 至于中国学生在国际数学和科学测试中的成绩,自从 1991 年有记录以后,在世界各国中一直居于最前列。④ 而对各国劳动力素质的测试也表明,中国的劳动力素质平均为 59.28 分,仅次于日本(60.65),高于所有其他国家和地区(第三至第八位分别为德国、瑞士、中国香港地区、荷兰、新加坡和中国台湾地区;美国为 43.43。相较于其他发展中大国:巴西为 33.91,墨西哥为 35.06,南非为 45.25,而印度仅为 21.63,是所有有数据的国家和地区中最低的)。⑤

---

① World Bank, *World Development Report*, *1982*, New York: Oxford University Press, 1982, p. 154.

② 国家统计局国民经济综合统计司编:《新中国五十五年统计资料汇编》,北京:中国统计出版社,2005 年,第 15 页。

③ Richard Lynn, *Race Differences in Intelligence*: *An Evolutionary Analysis*, Arlington, VA: Washington Summit, 2015, Figure 1;参见 Richard Lynn and Tatu Vanhanen, *IQ and the Wealth of Nations*, Westport, CT: Praeger Publishers, 2002, chaps. 7 & 8。

④ Eric Hanushek and Dennis Kimko, "Schooling, Labor-Force Quality, and the Growth of Nations," *The American Economic Review*, 2000, vol. 90, no. 5, pp. 1184−1208.

⑤ 同上。

如何解读上述有关人力资本或劳动力素质的各项指标？首先，就近因而言，1960 年代和 1970 年代小学和初中教育在全国城乡的大力提倡和普及，对 1980 年代以来中国劳动力素质的整体提高所起的作用不可低估。毛泽东时代中国教育的最大特色，是把发展重点放在中小学教育尤其是中等教育，亦即提高普通劳动者的整体素质上，而非以培养高级科技人才为重点的高等教育。从国民经济完成战后恢复的 1953 年到改革前夕的 1977 年，全国普通中学在校学生数，从 293.3 万人剧增到 6,779.9 万人，增长了 22 倍，远远超过同期小学和大学在校人数的增幅（小学学生从 5,166 万增至 1 亿 4,617 万，增长 1.8 倍；高校学生从 21.2 万增加到 62.5 万，增长 1.95 倍）。① "文革"时期，高等教育处于停滞甚至倒退的状态，但中学教育却突飞猛进，在校学生的增长超过以往和以后任何时期。尽管他们的知识程度总体上不及此前和此后同等年级的学生，然而，中等教育的普及和大量初中、高中毕业生在农村的涌现，为 1980 年代和 1990 年代前期乡镇企业在全国各地的异军突起（进而构成当时中国经济增长的主要支撑点）和中国工业化的全面起步，提供了最基本也是最重要的人力资本。没有千百万受过中学教育、具有经营头脑的人才，要在农村各地兴办遍及各个行业、规模不一的工业企业，并且培养大量的技术工人或者招募经过短期培训即可上岗的普通劳动者，是不可想象的。

再从更久远的角度看，中国劳动力素质的高水平，还跟汉民族的历史文化传统相关。千百年来，中国人一直有尊重知识、重视教

---

① 国家统计局：《中国统计年鉴 1983》，北京：中国统计出版社，1983 年，第 511 页。

育的传统。唐代以后,科举制成为国家选拔人才的主要手段,读书致仕被奉为最理想的人生路径。北宋《神童诗》中的"万般皆下品,唯有读书高"所表达的精神,在民间浸淫日久,成了举国上下的共识,影响到社会大众的价值评判和行为准则。通常只要条件许可,不管社会地位高低,各家各户都会尽最大努力,保证幼辈受到起码的文字教育。这种民间态度与1949年以后国家大力提倡的普及中小学教育政策相结合,国民识字率迅速提高。而自从民国以来一直实行的高等学校考试入学制度(除了"文革"中一度中断),也使读书升学成为绝大多数人在和平年代向社会上层流动的最主要渠道。自从1977年恢复高考以后,每年的升学考试,也成了几乎所有中国父母日常生活中的头等大事。而一旦高校招生名额放开,中国的大学生数量便呈直线上升趋势,普通本专科生的招生数,从1978年的40万,剧增至2016年的748万和2022年的1,014万,而本专科毕业生数量,也从1978年的16.5万,增至2016年的704万和2022年的967万。在校本专科学生数量,2016年达到2,696万,2022年高达3,659万。[1] 尽管中国的高等教育入学率(各年龄层次在校学生数占同年龄层次人口比率,2020年为58.42%)在世界各国中仅居中上水平(排名第60位)[2],但其2016年拥有STEM(科学、技术、工程、数学)本科学位的人口数量,多达470万,在世界上处于遥遥领先的位置(相比之下,位居第二的印度为260万,

---

[1] 国家统计局:《中国统计年鉴 2023》,www.stats.gov.cn,表 21−9,21−10。

[2] https://www.indexmundi.com/facts/indicators/SE.TER.ENRR/rankings

位居第三、第四的美国和俄国均为 56 万）。[1] 这对今后中国科技竞争力的提升，将会发挥越来越显著的作用。这一点下面还会提及。

至于接受了中等教育的毕业生，在中国更是一个庞大的人口。仍以 2022 年为例，初中毕业生为 1,624 万，在校生 5,121 万；中等职业教育毕业生为 399 万，在校生 1,339 万；普通高中毕业生 824 万，在校生 2,714 万。[2] 中学毕业生已经成为中国各行业一线劳动力的最主要组成部分。据统计，在 2016 年全国 2 亿 8,171 万进城务工人员中，初中文化程度的占 59.4%，高中程度的占 17%，大专及以上占 9.4%，合计占近 86%。[3] 良好的中等教育，一流的学习领悟能力，加上勤奋的工作态度，使他们在经过短期培训后，很快便能够转化为理想的劳动力，胜任制造业和服务业各种岗位的工作。各行各业熟练的一线操作工人，加上他们背后充沛的技术开发人才和能干的管理团队，构成了中国制造业最为雄厚的人力资本。

难怪美国苹果公司总裁库克（Tim Cook）在媒体上多次强调，该公司之所以把产品组装工作放在中国，并不是因为那里的劳动力便宜，而是因为那里的劳动力素质高。他的原话是，"大多数外国人到中国来（做生意）是因为他们看中这里的市场规模，当然在许多方面它确实是世界上最大的市场。但是对我们来说，最大的吸引力还是这里的人的素质"。又说："我们所做的产品要求使用

---

[1] https://www.forbes.com/sites/niallmccarthy/2017/02/02/the-countries-with-the-most-stem-graduates-infographic/#31a1c037268a

[2] 国家统计局：《中国统计年鉴 2023》，www.stats.gov.cn，表 21-8、21-10。

[3] 国家统计局：《2016 年农民工监测调查报告》（http://www.stats.gov.cn/tjsj/zxfb/201704/t20170428_1489334.html）。

非常先进的工具,必须要达到我们所要求的精细程度,我们对材料的操作和运用都是一流的。而这里的操作技巧非常之深。在美国,你当然也可以找到一些产品加工方面的工程师,但我不敢确信能否找到一屋子这样的人。但在中国,他们可以站满好几个橄榄球场。"①经济学家张五常在谈到中国经济腾飞背后的原因时,也说:"成功的主要原因还是中国的人民:刻苦,聪明,有耐力。"②一直专注于智商研究的林恩(Richard Lynn)说得更直白:"一旦中国开始引入市场经济,中国经济便取得了惊人的成绩,这是因为中国人的聪明才智过去被僵化的经济制度束缚住了,市场经济解放了中国人的智慧、能量和创造力。相比之下,那些民众智商较低的国家和地区,尽管一直实行市场经济,但经济增长却很缓慢,甚至完全没有经济增长。"③

所有这些,跟过去流行的关于中国劳动力的认识大相径庭。长期以来,海内外的经济学者,每论及改革开放后相当长时期内中国经济的竞争优势,均把中国数量庞大的廉价劳动力列为其中最重要的因素之一。的确,跟其他发展中国家尤其是中等收入国家相比,中国劳动力数量的庞大和工资的低廉(在2007年以前,制造业的小时工资甚至低于印度④),在2000年代之前曾经是中国赖以吸引外来投资的最有利条件之一。然而,对于中国劳动力的素质,

① https://www.inc.com/glenn-leibowitz/apple-ceo-tim-cook-this-is-number-1-reason-we-make-iphones-in-china-its-not-what-you-think.html
② 张五常:《中国的经济制度——中国经济改革三十周年》,北京:中信出版社,2009年。
③ http://www.ftchinese.com/story/001003808? full=y
④ https://www.bls.gov/news.release/pdf/ichcc.pdf

现有研究却多忽而不论。当然，当制造业本身还处在低端的劳动力密集阶段时，尤其是对其中大量存在的以简单重复劳动为主要生产形式、以压榨廉价劳力为主要盈利手段的"血汗工厂"而言，劳动力素质本身并不十分重要。然而，一旦制造业从低端向中高端转移，生产流程各阶段的技术要求提高之后，中国劳动力的素质优势便突显出来，并将成为中国经济在国际竞争中最为有利的条件之一。

与此相关的是中国经济转型升级的潜力问题。改革开放以后，在相当长时期内，低端产品和以模仿为主的所谓"山寨"产品的生产，一直是中国制造业个别行业的代名词。中国产品缺乏创新，缺乏自主知识产权和自己的品牌，一直为人们所诟病。其实，对于主导中国制造业的绝大多数中小企业而言，在劳动力价格低廉且供给充沛，同时却缺乏资本、技术优势和严格的知识产权保护制度的条件下，专注于劳动密集的低端产品的制造和对市场流行的技术产品的跟踪、模仿，是再自然不过的事，是企业实行快速盈利的最有效途径，也是资本本身追求利润最大化的属性使然。然而，一旦企业经过竞争和淘汰，形成了一定的市场规模、资本积累和技术积聚，注重自主技术的研发和自身产品品牌的推广，追求更高水平的利润，便自然而然地成为企业成长壮大和提升竞争力的下一步目标。

中国的制造业目前正在经历这样一个转型升级的阶段，其中最为成功的企业已经在技术创新方面走在国际同行业的前列，并且将自己的品牌推向了国际市场。而支撑中国企业转型升级的，正是近几十年来中国的人才储备和雄厚的人力资本。以 2022 年为例，中国的专利申请多达 1,619,268 件，遥遥领先于位居第二的美国(594,340件)和紧随其后的日本(289,530件),以及韩国的237,633件。[1] 而在2022年通过"专利合作条约"(PCT)系统申请的专利中,中国的华为在全球头20家公司中高居榜首,达7,689件。[2] 更重要的是,中国的专利申请和获批数量,每年呈加速增长的态势,而其他各国增速皆平稳缓慢。所有这些,均显示了中国在技术创新方面的巨大潜力,以及其背后巨大的人力资本优势。

不过,相对于发达国家而言,中国绝大多数专利申请的技术含量不高,研究者的创新意识不强;而这又跟中国科研机构和企业界的总体研发力量相对落后,甚至是研究者自身的素质相关。在中国古代人文取向的文化传统里,对科学发现的好奇心和严密精细的逻辑思维,从未受到人们的推崇,这种态度影响所及,直至今日。而在今日市场大潮的冲击下,研究者即使有心致力于未知领域的科学探索,也很难求得一个心无旁骛、不计功利的学术环境。中国的科研领域要不仅在数量上而且在质量上追赶发达国家,依然任重道远。

五、国家的积极介入

最后,有必要考察特定历史文化背景下国家在经济成长中所扮演的角色。学界曾经试图用不同的概念来刻画国家在东亚地区的工业化过程中所发挥的作用。其中之一便是所谓"发展型国家"

---

[1] http://www.wipo.int/en/ipfactsandfigures/patents

[2] http://www.wipo.int/en/ipfactsandfigures/patents

(developmental state)。不同于自由市场经济条件下跨国公司主导各个部门,国家退居次位,发展型国家所突显的是中央政权的超然地位和不受利益集团制约的自主性;在此前提下,国家在后起型工业化过程中发挥主导和引领作用,即通过政府直接投资,或者通过补贴、汇率、工资、货币贬值、发放牌照等间接手段,鼓励投资和贸易向最富有前景的各部门发展。这方面最典型的例子是 20 世纪尤其是"二战"后的日本,其通商产业省(MITI)通过制定产业政策,在主导日本经济结构的形成和提升国际竞争地位方面起到关键作用;这些政策允许私营企业主导各部门,但要求其必须遵从政府所制定的各项社会经济目标。这种模式,既不同于美国式的规则管理(regulatory)导向,更迥异于苏联式的统制经济。[①] 此外,战后的韩国和中国台湾地区的工业化也在当局强力主导下经历了相近的路径,使其产业结构成功地从劳动密集的低端制造业向资本密集和高新技术产业转型升级。

改革开放以来的中国,在某种程度上,也可以归入发展型国家的类型。不同于东亚其他国家和地区的地方在于,国家政权在经济中的主导地位更加突出,对经济各部门的介入也更加深入。无论战后日本还是韩国和中国台湾地区,当局直接投资和经营的部门十分有限,私营企业始终在经济中占主导地位。1995 年以后,中国各行各业的 29.1 万家国有企业,在政府"抓大放小"政策的牵引下,曾经历了急剧的转型,其中小型企业多被关停出售或改组兼并,大型国企则进行了股份制改革。国有企业产出在国民经济中

---

① Chalmers Johnson, *MITI and the Japanese Miracle: The Growth of Industrial Policy, 1925 – 1975*, Stanford: Stanford University Press, 1982.

的比重因此大为降低。但在 2008 年,为了应对世界范围的经济衰退,政府推出 4 万亿的一揽子刺激方案,资金多流向国有企业和地方政府。对于国有企业在国民经济核心部门的绝对主导地位,西方学界和媒体经常用所谓"国家资本主义"加以刻画,即虽然国家允许私营企业在大多数经济部门生存乃至占据主导地位,且国有企业本身也以市场经济条件下所特有的股份公司的形式进行运转,但国家通过制定相关政策主导国民经济的日常运转和发展规划;与此同时,国有企业控制乃至垄断了国民经济的关键部门,且主要服务于国家的战略利益。据称,这种以中国为代表并且在不同程度上存在于其他东亚、东南亚国家或地区的所谓国家资本主义经济模式,与美国代表的市场资本主义,构成了当今世界各国各种经济形态的两极,而欧洲各国多居于这两极之间。① 至于中国国内,则用"社会主义市场经济"或"中国特色社会主义"描述当今中国的经济形态,所强调的同样是国有企业在国民经济中的核心地位,以及党在政治生活中的领导地位。

中国特色的经济体制的形成,当然有着 20 世纪中国政治变革和意识形态演变的历史背景,更是改革开放以来中共历代领导集体不断探索的结果。但是除了这些近因,我们还应该考虑其赖以成长的更为深远的历史文化环境,否则无法解释为什么发展型国家或国家主导的经济发展模式不同程度地流行于东亚各个国家或地区。事实上,无论在日本、韩国、新加坡还是在中国,人们的行为模式多不同于流行于欧美的个人主义,而更具集体主义或团体主

---

① Ian Bremmer, "State Capitalism Comes of Age: The End of the Free Market?" *Foreign Affairs*, 2009, vol. 88, no. 3, pp. 40–55.

义倾向；无论国家治理还是公司管理，所提倡更多的是在社会成员或团体内部建立共识，为了追求国家或团体目标而尊重领导权威、强调社会群体或团体内部和谐相处和个人责任，而不是一味主张个人权利及相关的法律和契约关系。

东西方社会行为特征和治理模式上的差异，很大程度上源自其不同的历史文化传统。现代西方社会盛行的个人主义价值观和相关的权利观念，跟欧洲历史上的犹太—基督教传统紧密相关。这种宗教文化经过数千年的演变，尽管在不同社会和历史时期形成了不同派别，但其本质特征一直未变，即奉行一神论及其所预设的由上帝体现的超越世俗、主宰万物的最高法则，其地位远在任何世俗的人为律法即所谓实在法（positive law）之上。受其影响，人们相信自己具有某些与生俱来的（或上帝所赐予的）权利，并且在其权利受到任何世俗权威的挤压时加以反抗。这种自然法（natural law）观念为个人主义和普世主义概念的流行提供了肥沃的土壤，并且在 16 世纪宗教改革和文艺复兴后，伴随着资本主义的兴起和市民社会的崛起而发扬光大。近代西方自由主义最核心的观念，即是由上帝赋予的个人权利和自由（天赋人权），以及由个人有机地组成的社会的自主性，与人为地产生的各种世俗权威之间不可逾越的鸿沟。这种个人（以及推而广之的社会有机体）与国家之间的二分、对立和冲突，以及个人权利和自由的至高无上和不可剥夺，及其相对于所有世俗权威、律法的绝对优先地位，构成了近代西方各种个人主义、自由主义和无政府主义的出发点和最核心内容。①

　　相比之下,中国传统思想文化里从来没有这种超越性力量(及其所派生的天赋的个人权利观念)与世俗权威之间二分、对立的预设。相反,无论儒家还是道家,都强调个人与外界之间的和谐相处,而不是两者之间的分裂、对抗。儒家视个人为更大范围的整体(家族、国家乃至天下)的一部分,强调个人行为选择必须符合社会规范;个人目标的追求必须服从于家族、国家和整个人类的福祉。道家虽然不屑于世俗的束缚,崇尚清静无为、随心所欲,但也是以顺从自然规律为前提的。因此,在中国人的日常观念和官方说教里,个人必须服从家族或家族之外的其他集体的最高利益,在整体中体现个人生命的价值和人生的意义,而从来没有摆脱和超越集体的绝对权利和自由。集体内部的和谐和共识,远比个人的利益和主张更为重要。

　　晚清以来,西方自由主义观念通过译介传入中国,知识分子也对此热心提倡,但背后的动机,多是视个人的解放为寻求国家富强这一终极目标的手段而已,甚至认为在民族生存出现危机之际,可以为了国家的利益而拥抱专制权力,牺牲个人权利和自由;②而非如同西方自由主义传统那样,视个人权利和自由本身为最高目的,而国家只是达到这一目的的工具或障碍。西方近代文化传统中与个人权利紧密相连的对个人私有财产和隐私权的保护,以及相应

---

① C. B. Macpherson, *The Political Theory of Possessive Individualism*: *Hobbes to Locke*, Oxford: Oxford University Press, 2011.

② Benjamin Schwartz, *In Search of Wealth and Power*: *Yen Fu and the West*. Cambridge: Harvard University Press, 1964.

的契约观念和法律文化,从未在近代以来的中国社会扎根。相反,在中国的文化传统里,国家和集体利益至上是天经地义的,尊重权威、遵守规矩,被认为是做人的本分;认可或保护私有财产和个人权利,被认为是国家对个人的恩惠,国家既可以赠与,也可以收回。这种传统认识对国家和个人行为的影响延续至今。各种纠纷的处理很大程度上依然倚重庭外调解,而非依据法律条文进行是非明确的法庭判决。[①] 个人利益与集体和国家利益之间的分际时常处在含糊不清的流动状态;尤其在彼此之间产生紧张、冲突的时候,国家利益和国家权威可以随时挤压个人及集体的权利和利益。

这两种截然不同的价值取向和行为模式,很难分出优劣。只能说它们都是特定历史时期各自所在的文化情境和政治生态的产物,并且均以各自的方式影响着各国近代以来的经济和政治发展。植根于犹太—基督教传统的个人主义价值观,与欧美各国的自由市场经济和代议制民主制度完美结合,相辅相成,导致近代资本主义文明成长壮大,并借助工业革命的巨大威力席卷全球,至今在世界范围内依然保持其强势地位。而在欧美之外,个人主义政治文化和自由市场经济制度很少能被原样移植,即使被模仿,也都跟当地的文化传统相结合,发生不同程度的变异,甚至完全被扭曲。深受儒家传统文化影响的东亚各国也不例外。19世纪中叶以来,这些社会在其历史文化传统的影响下,皆以自己的方式应对来自西方的冲击,经历了或者正经历向现代文明的转型。

在这一过程中,移植自西方的个人主义和自由主义从未真正

---

① 黄宗智:《中国法律的实践历史研究》,《开放时代》2008年第4期;黄宗智:《道德与法律:中国的过去和现在》,《开放时代》2015年第1期。

落地生根,而是与东亚各社会的本土文化和政治传统相互激荡,被有选择地排除、吸收或转化,形成形态各异的新型权力结构和行为模式,并且至今依然处在演化过程之中。而它们的共同特征,是国家在工业化过程中所扮演的至关重要的引领角色;与此相伴的则是国家权力对各个领域的强势渗透、介入。不用说,国家权力如果过度扩张,失去有效的制约,尤其当掌握国家政权的领导人独断专行的时候,会给经济和社会的有序转型带来巨大的风险,乃至造成整个民族的灾难。然而,如果国家能够正确地制定规划,尤其是工业化长远目标,并且为达到这些目标而有效介入经济各部门,则会产生自由市场条件下所无法形成的经济效果。所谓发展型国家或者国家资本主义,正是这种积极介入的产物;更严格地说,它们是工业化时期乃至经济、社会、政治等各领域的现代转型过程中,本土历史文化遗产与现代化紧迫要求之间相互作用的产物。国家的人为介入,在缺乏法律制度的有效约束的条件下,会产生裙带资本主义的种种弊端,但如果措施得当,则会大大加速后起国家的工业化进程。

六、"元实力"视角下的国家竞争优势

所谓"国家竞争优势"(national competitive advantage)是近二十年来西方经济学研究中的一个热点问题。哈佛大学商学院教授波特(Michael E. Porter)把这个问题讲得最为透彻。他的基本观点是,国家竞争力的最根本问题,是提高生产率。只有生产率提高

了,民众的生活水准才得以提升。而生产率本身,又取决于产品的品质和性能,尤其是取决于经济的持续升级能力。但他认为,每个国家的人力物力资源有限,不可能在所有行业都具有国际竞争力,而只能专注于其中若干个行业或部门。因此,所谓国家层面的竞争力是个伪问题,实际上只能讲一个经济体内某些行业或部门的竞争力。国与国之间竞争的关键,因此在于这些部门或行业形成了良好的运营基地,正是这一基地为这些行业或部门的超群发挥提供了种种优势条件。这些优势具体表现在四个方面:(1)要素条件,诸如技术工人和基础设施等生产要素;(2)需求条件,即为产品或服务所必需的国内市场;(3)相关行业的存在,主要是具有国际竞争力的供应链和相关行业的有无;(4)企业战略、结构和竞争,关键是企业的治理问题,即如何将它们组建和管理起来。这四个方面的优势连结在一起,构成了关于国家竞争优势的"钻石理论"①。

波特的"钻石理论"是富有洞见的,它基本上可以解释为什么西方各主要工业国能够在某些特定的产业或部门形成一流的国际竞争力;对于理解今后中国经济的国际竞争潜力,也有很大的参考价值。然而,作为一名经济学家,波特依然只是就经济论经济。他没有进一步追问这些优势条件背后的各种历史文化因素,虽然他也意识到一个民族的价值观、文化传统、历史遗产和制度的重要性。

如果我们把前面已经讨论过的构成中国"元实力"的五个方面,跟波特的国家竞争优势的四个构成要件加以对比,就会发现,

① Michael Porter, *The Competitive Advantage of Nations*, New York: The Free Press, 1990.

中国在国家规模、人口构成、价值体系、人力资本和国家定位方面的各种优势,为所有这些构成要件的形成,提供了得天独厚的条件。

中国的人口之众、市场规模之大,为几乎所有产品和服务业的成长和扩张提供了巨大的需求,同时也使各行业产业集群的形成成为普遍现象,其国际竞争力将随着技术升级而得到提升;这些集群数量之大,种类之繁多,生产效率之高,世所仅有,也在很大程度上解释了为什么中国生产的商品,已经遍布了世界各地。中国民众对教育和智力开发的重视,也使中国拥有巨大的人力资本优势,为先进技术的研发和应用提供了数量巨大的工程师和技术工人,这已经取代过去的廉价劳动力,成为吸引国内外投资的最有利条件。政府在经济社会转型中所起的引领作用,尤其是长期经济发展目标的制订和实施,也为基础设施的快速建设、关键领域先进技术的赶超、具有国际竞争力的大型国有和民营企业的组建和扩张,提供了必要的条件。而民众的世俗精神和勤勉的工作态度,加上内地各省族群高度同质所带来的社会相对和谐和稳定,又为所有上述各项优势条件的充分发挥,提供必要的内在和外在环境。

所有这些,都必将推动中国经济在几乎所有行业和部门——而不是像其他工业国家那样仅仅在少数产业部门——形成日渐强大的国际竞争优势。只要没有意外的重大灾难(大型自然灾害或大型国际战争)发生,中国经济在今后几十年的持续成长和升级,将是不可停止的。只要构成中国"元实力"的上述五个条件不变,中国的国家竞争优势就不会被颠覆,中国经济的长期增长和升级势头就会依然继续下去。只要给以足够的时间,中国在各个主要工业和经济部门形成世界范围的主导和领先优势，将是可以预见的趋势。中国民众在收入水平和生活品质上与西方各主要工业国之间的距离，也会越来越短。

七、"元实力"释放的空间和时间维度

需要强调的是，"元实力"的释放，有其特定的实现条件及其所体现的空间和时间维度。首先，就空间维度而言，"元实力"的作用只有在具备一系列的内部和外部条件之后才得以发挥。在支撑或制约"元实力"的诸多内部条件中，最重要的当数以下两项。其一是国家的统一和国家治理体系的正常运行。没有国土的统一，便无法形成人口、市场和整个经济的规模优势，也无法在市场整合的基础上形成生产的分工和效率。劳动力资源的大规模动员，也只有在国土整合和政府治理能力未受侵蚀的前提下才有可能。其二是人口与资源之间的关系。在生产技术条件亦即劳动生产率给定的条件下，人口规模必须限定在一定的可获得的自然资源范围之内；如果超过了这一范围，巨大的人口规模便会从有利变成不利因素。

而在促进或阻碍"元实力"释放的各项外部条件中，最重要的也有以下二端。其一是地缘政治关系。"元实力"的发挥，首先有赖一个安定的周边环境；而在国家存在重大外部威胁的条件下，巨大的军事支出会严重损耗经济资源和整个国力。其次是与外部的经济贸易关系。外贸的扩大会刺激和加快国内市场的发达、资本

的形成和经济资源的利用,并且在国内资源发生短缺的条件下起
到关键性的弥补、替代作用。

再就时间维度而言,上述内部和外部条件的存在与否,决定了
"元实力"在不同时期的消长和释放程度。清朝在 18 世纪前期和
中期国力达到鼎盛的状态,正是因为在一个强而有力的政府治理
体系下,国内统一和边陲整合得以完成,周边的地缘威胁亦渐次消
除,所有这些,加上高效的治理体系,以及内地高度同质的人口和
由此带来的社会稳定,大大降低了国家的军事和行政开支,使得政
府即使在税率远低于其他国家的条件下,依然可以产生巨额的财
政收入,满足其日常开支和不虞之需。与此同时,人口与资源之间
依然维持着一个适度的比例,加上生产者的勤奋和农耕技艺的精
细化,使得中国经济在前近代条件下保持着较高的生产率;再加上
政府的低税和藏富于民的政策,使得民众的生活条件在全球范围
内也处于较高的水准。支撑"元实力"的各项要素得以充分发挥其
各自的性能。但从 18 世纪晚期开始,清朝的人口规模持续膨胀,
大大超过了国内资源的承受能力;而 19 世纪中叶以后欧洲列强的
到来造成了以往地缘政治优势的全面颠覆,"元实力"的发挥失去
了最重要的内部和外部条件,中国的总体国力和民众生活水准也
急剧下降。虽然这一时期的中国经济总量在世界范围内依然是一
个庞大的数字,但在支撑"元实力"的内外因素缺位的条件下,并不
能转化为有效的国家竞争优势。

1949 年以后,中国结束了晚清以来政治走向分裂、国家治理能
力衰退的长期趋势。一个强有力的政府体系的形成,国土统一的
基本完成,全国范围内的社会稳定,加上外部有苏联及东欧社会主

义国家的支持和援助，使得 1950 年代的中国经济呈现出近百年来从未有过的起飞态势。但是 1958 年以后国家经济战略一度过急，导致人力物力资源的严重损耗和工业化进程的重大挫折。1960 年代与美、苏两个超级大国的同时对抗，使得中国面临极为不利的地缘环境，由此产生的国防和基础设施建设的巨大压力，严重挤压了改善民众生活条件的空间。而新中国成立以后人口的持续快速增长，也使其规模超过了国内资源的承受能力，在劳动生产率水平低下的条件下，到 1970 年代已经构成了经济增长的负担，而非所谓人口红利。所有这些来自外部和内部的不利条件，都制约了"元实力"作用全面、充分的发挥。

当然，这并不是说，1960 年代和 1970 年代的中国，已失去了"元实力"赖以发挥作用的空间。相反，这一时期的中国，依然维持了一个高度集权和有效运转的政府体系，其"全国一盘棋"的战略思想，中央计划与地方自主的有机结合，加上劳动力的充分动员和一支在国内外受过良好训练的科研队伍，使得中国在国际地缘环境和国内物质条件极为不利的条件下，依然能够完成一系列重大基础设施和工业体系的建设，并实现若干尖端国防技术的关键性突破，从而为改革开放以后中国经济的全面腾飞奠定了必要的物质基础。当 1970 年代初中国恢复在联合国的席位、美日领导次第赴华商谈恢复邦交的时候，中国国力的上升和地位的提高，已经得到国际社会的普遍认可。

但是中国的"元实力"获得充分释放的机会，是在 1990 年代中后期尤其是 2000 年以后。这不仅仅是因为过去已经对"元实力"起支撑作用的一系列因素（市场的巨大规模，政府的积极介入，人力资本的优良素质,社会的总体稳定,以及个人的世俗精神)继续在发挥作用;更主要是因为,这时的中国内部和外部,出现了两个全新的环境因素。首先是中国的庞大人口,由经济增长的负担,变成了真正的人口红利。而这一红利的形成,又是一系列变革的结果,其中主要包括户口、就业政策的调整,从而带来劳动力从生产率较低的农业,到生产率较高的制造业的大规模转移;劳动生产率的提高进而导致全民收入的大幅增加和消费能力的巨大提升,从而使中国经济由过去几十年的投资驱动,逐步转为消费驱动。其次是中国经济的全球化,特别是 2001 年加入 WTO 之后中国制造业全面融入国际市场。正是这两个全新的因素的结合,极大地改善了中国经济成长的内部和外部环境,从而为"元实力"的全面发挥,提供了完美的空间;中国的国家竞争优势,因此如虎添翼,获得超常发挥。中国的综合国力由此稳步上升,在世界各国中脱颖而出,并有望在未来数十年继续保持上升的势头。

八、全球视野下的国家竞争优势

相形之下,跟中国构成竞争对手的其他各主要国家,在影响经济成长的各项要素上都存在各种各样的问题,从长远角度看,会构成其形成或维持国家竞争力的严重阻碍。

先看美国。美国成功的背后,除了地大物博的自然禀赋和地缘安全上的先天优势,还有其他有利条件,包括源源不断地吸引着来自世界各地人口的移民传统、巨大的市场规模、占社会主流的盎格鲁-撒克逊族群在清教徒伦理影响下所形成的高度世俗主义精神、高度稳定可期的政府体制、完备发达的教育制度等。

但是，跟中国相比，影响美国竞争力的各项因素也有其劣势。其中，最根本的问题在以下四个方面：其一，尽管美国号称是民族熔炉，但族群的多元、异质所带来的社会割裂和紧张冲突问题，始终没有解决，导致暴力犯罪严重，社会治理成本高昂；其二，移民的大量流入，尤其是拉丁美洲裔移民比例在总人口中的比例上升，正在改变美国传统的人口构成、价值观和社会的总体面貌，令美国保守主义战略思想家忧心忡忡，深感国本发生动摇；[1]其三，美国的中小学基础教育质量不容乐观，普通民众的职业技术水平和就业能力下降，人力资本的总体水平无法维持其制造业的国际竞争优势，科技领域则主要依靠高学历移民的支持；其四，在社会分化加剧和一人一票的选举制度下，胜选方的党派利益至上和民粹主义倾向日益严重，短期的选票战略和相应的施政方式严重阻挠了长期战略目标的制订和实施。

这些问题当中的大部分，在美国仍然维持全球军事和金融霸权的条件下，可以借助美元和美国国债的信用，通过巨额借贷，维持现有的各种福利开支和治理措施，从而暂时得以应付。一旦霸权衰退，信用渐失，政府举借能力和管制能力下降，这些问题（尤其是种族和移民问题）将会激化为严重的社会对抗和动乱，其破坏性将难以想象。

再看日本。在许多方面，日本曾经或者依然具备支撑经济增

① Samuel P. Huntington, *Who Are We？The Challenges to America's National Identity*, New York：Simon & Schuster, 2004.

长的各项优势,包括其人口的高度同质、社会的彻底世俗化、民众的勤勉和节俭态度、政府在经济成长过程中所起的引领作用等。事实上,这些正是 1950 年代至 1980 年代日本经济高速成长的最根本动力。但日本面临的两个严重缺陷,限制其经济继续扩张,并阻碍其寻求与其经济规模相称的大国地位。首先,日本是一个小国,不仅国土狭窄,资源缺乏,而且人口规模有限,在最高值的 2010 年也仅有 1.28 亿。所有这些,决定了日本的经济一旦扩张到国内的资源和市场无法支撑或容纳的地步时,必然产生对外部的结构性依赖,其抗外来冲击的能力也会相应地下降。日本固然可以借助政府的主导和商界的谋划,通过保护本国市场和商品及资本输出,迅速上升为世界经济大国,但其现代经济与生俱来的对外依赖性质,也导致自身缺乏足够的抗压能力。

日本经济在 1990 年代中期以后经历了长达近二十年的停滞和衰退,其中原因复杂,但很大程度上源自在美国压力下于 1985 年出炉的"广场协议"。这一协议签订之后,日元在三年内升值一倍以上,日本商品出口剧降,产生经济衰退危险。日本政府随之而来的宏观经济刺激方案,直接带来股票和房地产市场的泡沫,而紧随着 1990 年以后资产泡沫破灭所出现的,便是日本经济的长期低迷。[1] 另一个限制日本国力上升的因素,则是其人口的萎缩。日本的生育率在战后曾经长期维持在每位妇女平均育有 2.0 至 2.2 个子女的替换水平,但从 1974 年起逐年下降,近年来低至 1.41,导致

---

[1] William Tsutsui and Stefano Mazzotta, "The Bubble Economy and the Lost Decade: Learning from the Japanese Economic Experience," *Journal of Global Initiatives*, 2014, vol. 9, no. 1, pp. 57–74.

全国人口下降至 2017 年的 1.26 亿,2024 年不到 1.23 亿。据预测,
至 2050 年,日本人口将不到 1 亿。更为严重的是人口结构趋于老
年化,导致 15—65 岁之间的劳动人口从 1990 年起一路下降,预计
到 2050 年仅占人口总数的一半左右,而 65 岁以上人口将升至
40%,14 岁以下人口将降至 9%。[1] 如果劳动生产率改进的速度不
足以弥补劳动力下降所带来的损失,日本经济在今后几十年将会
继续在震荡中陷于停滞。

至于中国周边的另外两个大国,俄罗斯和印度,既有其各自的
有利条件,也有限制其国力上升的先天不足。俄罗斯国土辽阔、资
源丰富。占全国总人口 80% 左右的俄罗斯民族分布广泛,且高度
同质,皆为其优势。近十几年来,在普京领导下,俄罗斯社会的凝
聚力增强、民族自信心上升,很大程度上依靠这种先天的条件。但
俄罗斯同样面临人口萎缩问题,总人口从 1990 年代初的 1.48 亿降
至 2024 年的 1.44 亿左右。导致人口下降的原因,不仅有女性生育
率的下降,从 1987 年 2.2 的最高值骤减至 1999 年 1.1 的最低值(近
十来年回升至 1.5 上下,但远低于 2.1 的替代水平),还有为俄罗斯
社会所独有的高死亡率问题,近些年一直维持在 13‰ 的高位(相比
之下,美国为 8‰)。男性的预期寿命仅为 60 岁左右,与欠发达国
家处在同一水平,而普遍的酗酒现象为俄罗斯成年男性早逝的主

---

① Tsura 2014.

要原因。[1] 这一现象本身所折射的,又是俄罗斯民众的文化传统和价值体系中的一些负面因素,此点前面已经述及,这里不再重复。不过,这些因素对经济社会发展所产生的不利影响是显而易见的。

印度人口众多。由于印度人口结构年轻化,2011 年 15—59 岁人口占总人口的 60%,而 60 岁以上人口不到 9%,所以印度的经济发展据说享有独特的人口红利。理论上,15—59 岁的劳动人口比例越大,越能够增加劳动力,从而提高劳动产出;同时,由于老年人口比例低,赡养负担较轻,也更加有利于资金积累和经济增长。不过,人口红利的实现,有待就业岗位的增多、就业人口教育水平的提高,以及职业技能的培训。但事实上,直至目前为止,印度的人口迅速膨胀,与其说带来了人口红利,不如说是一种负担,因为实现人口红利的上述渠道远非畅通。据研究,2001—2011 年,印度进入就业年龄的人口每年达 1,400 万人,但新增就业工人在 1999—2005 年每年仅为 770 万,2004—2012 年更下降到每年 250 万。[2] 另有统计显示,印度的就业人口在总人口中的比重呈下降趋势,从 2004 年的 58%逐年下降,到 2014 年只有 52%。15—29 岁的年轻人中,既无工作又不接受教育或培训的人口占 30%以上,造成劳力资

[1] Anatoly Vishnevsky,"The Challenges of Russia's Demographic Crisis,"IFRI Russia/NIS Center(https://www.ifri.org/sites/default/files/atoms/files/ifridemographyvish-nevskiengjune2009.pdf);Nicholas Eberstadt,"Russia's Peacetime Demographic Crisis:Dimensions,Causes,Implications,"The National Bureau of Asian Research(http://www.demographic-challenge.com/files/downloads/0e01b168b63c4dd28b42f1e47ab8789d);Rachel Nuwer,"Why Russian Men Don't Live as Long,"*The New York Times*,Feb. 17,2014.

[2] R. B. Bhagat,"The Opportunities and Challenges of Demographic Dividend in India,"*Jharkhand Journal of Development and Management Studies*,2014,vol. 12,no. 4,pp. 6099-6113.

源的极大浪费。① 再就宗教信仰和价值观而言,占印度人口 80% 的民众信奉印度教。而这种宗教的宿命主义,以及与之相连的性别不平等和种姓制度,究竟在多大程度上制约了印度的经济发展,学者中间尚存在不同看法,传统的观点明确认为印度教的业力观和注重来世不利于现代经济成长,另一些研究者则试图以印度独立后的各项进步否定旧说。② 不过,印度女性识字率(65% 左右)和就业率(不到 24%)的低水平,以及处在种姓制底层的印度人口的普遍贫困状况,却是不争的事实。③

展望未来几十年中国经济的前景,当然也会发现各种制约因素的存在,诸如贫富差距和地区差异加大、环境污染问题、对海外能源和商品市场过分依赖、科技创新不足、对知识产权保护不力、人口结构趋于老化,等等。这些问题如果处置失当,拖宕日久,会积重难返,构成经济进一步升级的巨大障碍。尤其是关键领域尖端科技产品的研发,中国与欧美日韩各行业领先企业之间,依然差距巨大。以半导体行业为例,芯片制造和设计技术日新月异,要追赶发达国家,不仅需要巨额资金投入,更有待技术和人才的长期积累。由于中国在此领域长期落后于美、韩等国,2018 年 4 月美国政

① OECD, *OECD Economic Surveys*：*India*. (http：//www.oecd.org/eco/surveys/economic
  -survey-india.htm)

② Max Weber, *The Religion of India*：*The Sociology of Hinduism and Buddhism*, Glencoe：Free
  Press, 1958；Lawrence Harrison, *The Central Liberal Truth*：*How Politics Can Change a
  Culture and Save It from Itself*, New York：Oxford University Press, 2006, p. 116.

③ Vani Borooah, "Caste, Inequality, and Poverty in India," *Review of Development of Eco-
  nomics*, 2005, vol. 9, no. 3, pp. 399-414；Yoko Kijima, "Caste and Tribe Inequality：
  Evidence from India, 1983-1999," *Economic Development and Cultural Change*, 2006, vol.
  54, no. 2, pp. 369-404.

府的一纸禁令，使得长期依赖美国供应商提供高端芯片及其他电子元件的中兴通讯，几乎进入休克状态。相比之下，同样以通信技术和服务为主营业务的华为，尽管从2019年起被美国列入所谓实体清单，实行出口管制，但由于一直注重关键设备的自主研发，其尖端产品如手机芯片等能够摆脱对美国技术和产品的依赖。因此，技术鸿沟并非不可跨越，关键是经营者的智慧和决策层的意志。而中兴事件对中国整个科技产业的深远影响，将远远超过事件本身对中兴的冲击。今后中国对关键行业尖端技术的自主研发，将急起直追发达国家，当无疑义。

概言之，一个拥有14亿人口且消费水平不断升级的国内市场和各行各业制造业集群的普遍形成，一支遍布各行各业、数量超过其他任何国家的工程师队伍和具有优异学习能力的庞大产业工人群体，加上中国民众在族群构成上的高度同质及其所带来的社会和谐稳定，以及儒家文化传统影响下人们所普遍形成的勤勉节俭、追求物质成功的入世态度，再加上政府在追求经济长远发展目标过程中所发挥的至为关键的引领角色，所有这些因素汇聚一起，构成了改革开放以来一直支撑着中国经济快速成长的"元实力"，也必将继续为中国经济的升级和国际竞争力的提升，提供最为强劲和持久的动力。今后二三十年内，与其他所有发展中国家相比，中国当最有可能跨越绝大多数发展中国家所无法摆脱的"中等收入陷阱"，也最具实力进入发达国家的行列。而以中国经济体量之大、综合竞争优势之得天独厚，一旦产业成功升级，它对今后世界格局和人类生存远景的影响力，将是今人所无法想象的。

第七章　大国竞争视野下的中国现代化：
历史反思与经验总结

　　所谓大国,不仅指领土面积、人口规模和经济总量远远超过普通国家的大型或超大型政治体,而且更主要的是指在经济、财政和军事上有强大竞争力,在政治和文化上有巨大影响力的强权国家(great power);它们能够在大国之间的竞争中,形成自己所主导的国家体系、地区秩序乃至世界秩序,并且利用这些体系和秩序来强化本国的竞争优势,维护本国的战略利益。

　　关于大国的兴衰及其背后的动因,过去有人做过研究。影响比较大的,首推耶鲁大学历史系肯尼迪(Paul Kennedy)所写的《大国的兴衰——1500—2000年的经济变迁与军事冲突》,探讨欧美、中、日、俄等的历史轨迹。① 此外还有历史政治学家蒂利(Charles

---

① Paul Kennedy, *The Rise and Fall of the Great Powers: Economic Change and Military Conflict from 1500 to 2000*, New York: Random House, 1987.

Tilly)的《强制、资本和欧洲国家——公元990—1992年》,聚焦欧洲主要国家之间的竞争,也做了中欧之间的比较[1];以及芝加哥大学政治学教授米尔斯海默(John Mearsheimer)的《大国政治的悲剧》,着眼美国及欧亚大陆各大国,其修订版的最后一章专门讨论中国。[2] 这三本著述有一个共同的特点,就是它们都是历史研究,时间跨度很大,视野开阔,跟经济学家从经济角度探讨国家兴衰的诠释架构完全不同。这几本书的观点,如果要做一个非常粗糙、过于简略的概括的话,那就是:大国的竞争靠军事,军事实力靠财政,财政实力靠经济。更具体地说,一个国家能否实现自己的战略目标,在列国竞争中脱颖而出,要看它有多强的军事实力。而军事实力的强弱,要看它在多大程度上,能够把自己的财政实力转化为国防实力。而且财政实力的大小,最终要看它在多大程度上能够动员现有的或潜在的经济资源,把经济资源转换成财政实力。总之,一个国家的竞争力,取决于三种资源,也就是军事资源、财政资源和经济资源。国家竞争力的提升过程,实际上是这三种资源的培育和转化过程。

就方法论而言,上述研究基本上都是围绕两个维度展开:(1)驱动大国竞争的地缘政治格局和战略目标;(2)形塑大国竞争能力的财政和军事资源。推而广之,有些研究也关注与上述因素相关

---

[1]　Charles Tilly, *Coercion, Capital, and European States, A. D. 990 – 1992*, Cambridge, MA: Blackwell Publishing, 1993.

[2]　John Mearsheimer, *The Tragedy of Great Power Politics*, New York: W. W. Norton, 2014.

的社会经济结构，以及由经济、财政和战争造就的国家机器形态。[①] 相对而言，对于政治认同如何影响国家形成和大国竞争的问题，关注不多。人的因素在以国家为主要研究对象之一的历史社会学和历史政治学中，往往可有可无。与此相反，中国的写史传统向来以人为中心，人心向背成为理解朝代兴亡的关键。因此，不同于以往的大国政治研究仅仅聚焦于上述两个维度，以下讨论在分析架构上还增加了第三个维度，即政治认同。正是地缘战略、财政能力和政治认同三者之间的相互作用，制约了大国的兴衰，也形塑了每个国家的现代化路径。

中国的地缘战略、财政能力和政治认同在改革前 30 年与改革以来的 40 多年经历了根本性变革，从而形成了独具特色的现代化道路。和其他大国一样，中国的现代化首先受制于大国之间的地缘政治关系，而大国关系的主轴是竞争而非合作或搭便车。提高大国的竞争力，意味着形成一个追求国家利益最大化且高度自主的地缘战略目标，维持可自我持续的经济增长机制和财政汲取能力，并且为了实现国家的战略目标和支撑国家的资源调控能力而

---

① 参见 John Brewer, *The Sinews of Power*：*War, Money and the English State, 1688－1783*, London：Routledge, 1989；Karen Rasler and William Thompson, *War and State Making*：*The Shaping of the Global Powers*, Boston：Unwin Hyman, 1989；Brian Downing, *The Military Revolution and Political Change*：*Origins of Democracy and Autocracy in Early Modern Europe*, Princeton：Princeton University Press, 1992；Thomas Ertman, *Birth of the Leviathan*：*Building States and Regimes in Medieval and Early Modern Europe*, Cambridge, UK：Cambridge University Press；Jan Glete, *War and the State in Early Modern Europe*：*Spain, the Dutch Republic and Sweden as Fiscal-Military States*, London：Routledge, 2002；以及 Christopher Storrs, ed., *The Fiscal-Military State in Eighteenth-Century Europe*：*Essays in Honor of P. G. M. Dickson*, Burlington：Ashgate, 2009。

打造一个具备高度认同的社会政治基础,这是 1949 年以来中国现代化最基本的历史经验。重新界定其作为一个崛起中的全球性大国的地缘战略,并形成与之相适应的财政汲取和政治认同机制,将形塑 21 世纪中国的现代化路径。

一、大国竞争的支点:地缘、财政、认同

　　首先是地缘战略。一个国家在制定地缘战略的过程中,通常有两个基本的选项。对于大国来说,终极目标是建立本国在国际关系中的优势或主导地位,形成有利于己的国际秩序,使国际贸易和金融体系服务于其国家利益。对于非西方世界绝大多数中小国家来说,最佳选项是在现存的国际秩序中,寻找最有利于己的自我定位,依附于已经建立主导地位的大国的保护,成为其现有秩序的搭便车者。其中少数国家,因为对于大国来说具有重大战略价值,成为受其青睐的附庸或保护对象,不仅可以获得大国的军事和财政援助,而且在经济上靠引进外国资本和先进技术,能够完成产业升级和技术转型,政治上为回应来自大国的压力和内部的要求,也能完成民主化转型,从而加入现代化国家的行列。

　　但是,更多的中小国家,对于占主导地位的大国来说,不具备这样的战略价值,得不到搭便车的机会。相反,它们会沦为大国所主宰的国际秩序的牺牲品,在不平等的贸易条件下源源不断地向大国输血,沦为原料供应国和制成品市场,从而导致本土制造业弱小,长期陷入不发达境地。还有一些人口和经济总量居于中等规

模的国家,介于这两个极端之间。它们既不能搭上大国的便车,也不愿沦为大国的附庸或榨取对象,而是坚持在现有的国际秩序中,走出一条自己的现代化道路。它们往往自我抱团,形成区域性的经济贸易体系;同时也通过加入各种全球性的贸易和金融体系,发展对外贸易,输入先进技术,实现一定程度的工业化。但大多数本土企业无力与主导该国经济各行业的跨国公司进行竞争,产业结构和技术水平始终上不去,人均国民收入在达到中等水平后再难上一个台阶,掉入所谓"中等收入陷阱"。①

其次是财政构造。一个国家能不能实现自己的战略目标,能不能在国与国之间的竞争中生存和胜出,取决于自身的经济实力,而其中最直接、最重要的制约因素,又是国家的财政能力。财政本身又能进一步转化为国家的军事实力。换言之,一个国家的经济结构和经济规模,决定了其财政规模,而财政规模又进一步决定了该国的军事竞争力。从经济资源到财政资源,再到军事资源,有一个逐层转化的过程。一个国家能否在国际地缘秩序中居于主导地位或形成有利于己的定位,不仅仅要看其经济规模的大小,还要看它的经济资源在多大程度上可以转化为财政资源,而财政资源又在多大程度上可以转化为军事能力。这里有两点需要进一步说明。

其一,经济规模不等于经济资源。只有总体经济规模中可以

---

① Richard Doner and Ben Schneider, "The Middle-Income Trap: More Politics and Economics," *World Politics*, 2016, vol. 68, no. 4; Pierre-Richard Agenor, "Caught in the Middle? The Economics of Middle-Income Traps," *Journal of Economic Surveys*, 2017, vol. 31, no. 3.

被汲取的部分(也就是满足了个人的消费需求或整个人口的自我再生产需求之后的剩余部分),才能构成可转化为财政和军事实力的经济资源。不同经济形态的资源转化率或汲取率是不同的。转化率最低的是传统农业,劳动生产率低,产品的大部分用于生产者的自我消费和延续。工业革命以来的制造业,劳动生产率数倍甚至几十倍于传统的手工劳动,资源转换率大为提高。而资源转换能力最高的,是采用了先进生产技术、形成了行业内部的完整产业链,尤其是占据了重大产业部门全球产业链上游的高度工业化和全球化的经济体;上游产业高新技术垄断所带来的利润,远远高于中低端产业的利润率,也构成政府最丰厚的税源。

其二,一个国家的财政规模的大小,不仅取决于可供抽取的实体经济资源(农业、制造业和服务业)规模,还取决于该国金融体系的信贷能力,其重要性在信贷发达的国家并不下于实体经济本身。信贷可以对政府的财政能力发挥杠杆作用。通过扩大货币流通,发行政府债券,或者直接向银行借贷,政府可支配的财政资源会成倍增长。但是扩张后的信贷能力必须用于与生产相关的经济过程才会产生积极作用;它最终需要以实体经济为支撑,否则只会带来虚拟经济的膨胀和财政能力的泡沫化。[1]

再则是政治认同。所谓政治认同,也就是如何聚合具有不同利益诉求的各种群体,协调各方利益和能力,使他们在资源的动员和转换途径及国家战略目标上,达成共识。说到底,认同问题实际上就是各社会群体之间的利益分配问题。如果能够处理好这个问

---

[1] 参见 Mark Metzler, *Capital as Will and Imagination: Schumpeter's Guide to the Postwar Japanese Miracle*, Ithaca: Cornell University Press, 2013, pp. 1-7, 204-223。

题，各社会群体或利益集团之间能够达成妥协，结成联盟，就可以成为资源转换和战略实现过程的润滑剂、推进器，否则就会阻碍资源的动员，降低资源转换的效率，削弱国家竞争能力，乃至使地缘政治战略走向失败。[①] 在现代社会，打造政治认同有几种基本途径。

其一是通过竞争形成共识，所注重的是竞争程序的公平。通过自由表达和公开竞争，代表不同社会群体和不同利益集团的政治势力之间，就各自的利益诉求和政治目标展开博弈，最终以全民或其代表投票表决的方式决定博弈结果。其二是通过协商达成共识，所体现的是卷入政治过程的各派之间的相互关系和各自实力。代表不同利益的政治派别之间，通过私人关系或其他非正式管道，就各自的诉求进行讨价还价，权衡双方的强项和弱项，以及各种选项的利弊得失，最终各有所取，各有所让，达成妥协。其三是借助政治领袖的人格魅力和思想吸引力，通过各种形式的个人崇拜和强大的宣传机器，将整个社会置于其领导者个人意志的影响和引导之下，从而在相当程度上达成社会共识。最后是在程序化竞争、非正式协商机制，以及领袖个人魅力皆缺失的情况下，社会各群体或各利益集团之间无法以和平手段达成共识，最终只能通过使用暴力等强制手段解决争端。

因此，地缘战略、财政构造、政治认同，三者共同决定了一个国家的兴衰。地缘战略的形成受制于外部环境。是否存在外来威胁或援助，以及这种威胁或援助的程度高低，直接决定了该国的对外

[①] Mancur Olson, *The Rise and Decline of Nations: Economic Growth, Stagflation, and Social Rigidities*, New Haven: Yale University Press, 1982.

地缘战略,也在很大程度上影响了其国内的发展路径。但是否能够及在多大程度上实现其地缘战略,归根到底是由本国的财政和军事实力决定的,而能否顺利实现和巩固这样的目标,又要看它在多大程度上能打造政治认同,协调各方的利益,增强各群体对国家目标的认可度。地缘、财政、认同,三者紧密相关,对一个国家塑造竞争力和形成自己的现代化道路,缺一不可。

大国的竞争能力,同样受制于这三个要素,且有其自身特点。第一,大国不能像中小国家那样,指望搭另一个大国的便车,依托其财政、经济和技术援助,乃至接受其军事霸权的保护。大国之间可以为了共同的利益结成暂时的合作或盟国关系。但这种合作或结盟是有条件的,一旦彼此之间失去了共同的利益空间,两国就会从合作走向对抗竞争。竞争而非合作,是大国地缘环境的重要特征之一。提高国家竞争能力,建立竞争优势,既是大国现代化的保障,也是大国现代化的最重要目标。

第二,既然大国不能像中小国家那样依附于另一个大国,而大国之间的合作通常是暂时的、有条件的,大国提升国力的最根本途径,就只能是形成自主的、相对完整的产业体系;尤其是这一体系的关键部门和核心技术必须扎根本土,形成不依赖外部的自我持续能力。换言之,中小国家可以有选择地侧重最能发挥其资源禀赋的优势产业,而大国必须自始至终走多层次的工业化战略。发展资本密集和技术密集的产业部门,比劳动密集型的低端产业,对于大国的生存及其竞争力的提高,显得更为重要和紧迫。

第三,大国的兴盛之所以异常艰难,不仅仅是因为竞争是大国关系的主轴,也不仅是因为形成独立自主的产业体系是其增强竞争力的根本路径,而且还因为,大国必须在政治认同方面形成一套服务于自身利益和战略目标的话语体系及利益协调体系,而不能照搬或仿效其竞争对手的一套理念和制度。相对于已经占据地区秩序或全球体系主导地位的竞争对手,经济和技术上落后的大国,在其竞争力足以与对手抗衡之前,总体上倾向国家主导的发展战略,把国家的战略利益放在个人或私人利益之上。就其意识形态而言,为了确保国家目标的实现,政府的威权通常总是优先于个人或私人的权利,社会和政治的稳定也优先于不同利益之间的竞争。但是那些具有经济和技术优势并且在全球体系中占据主导地位的大国,在意识形态和话语体系方面,对于落后国家具有强大的吸引力和示范性。源自美国并且服务于美国的全球战略利益的现代化理论,在"冷战"时期流行于非西方国家,便是最好的例证之一。如何在话语霸权缺失的条件下,打造自身的政治合法性和利益调控机制,是崛起中大国的一项严峻挑战。

地缘、财政、认同这三个关键变量不仅决定了大国的竞争能力和兴衰轨迹,而且在很大程度上形塑了一个国家的现代化路径。国家竞争力的高低,跟本国的现代化水平紧密相关,某种意义上可以说是同一个过程的两个侧面。但两者又有所区别。所谓"现代化",按照经典"现代化理论"的解释,涵盖工业化、城市化、民主化等各项具体指标(详见第一章)。对所有发展中国家来说,这些指标固然是衡量其经济、社会和政治现代化程度的主要尺度,但它们顶多只能体现现代化的"共性"或"普遍性",而不能揭示各个国家现代化道路的"个性"或"特殊性"。任何一个国家的现代化过程,都是在其特定的外部环境和内部因素的相互作用下展开的。现代化研究如果不结合一个国家特定的历史背景和地缘政治环境，只会沦为理论模式的机械套用或者简单化的推论。因此，探讨一个国家的现代化路径，除了要考察工业化、城市化、世俗化、民主化这些基本过程，更要关注对这些过程起到关键支撑作用的地缘战略、财政构造和政治认同。它们三足鼎立，共同决定了一国的经济、社会及政治的转型路径和国家竞争力的强弱。

二、改革前 30 年：应该用什么尺度来衡量？

中国自秦汉以来一直是世界上几个主要文明体之一。大一统王朝是中国历史的主轴。尤其是到帝制时代的晚期，也就是明清两朝，就其疆域、人口、经济规模而言，中国是世界上当之无愧的大国。如何维护自身的地缘安全，始终是明清两朝的最高战略目标。从 19 世纪中叶开始，中国经历了历时一个世纪的艰难转型过程。地缘环境发生了根本变化，中国从原先在东亚地区占主导地位的大国，一度沦为贫穷落后、受尽列强欺凌的国度。但是经过数代人的不懈努力，从"同光中兴"、清末"新政"到民初共和，再从国民革命运动到共产党革命，中国的地缘战略、财政军事能力及政治认同形态，发生了根本转型，最终于 1949 年建立了一个政治上高度统一集中的现代主权国家，从而为中国重新回到大国政治的舞台，并且在竞争中再度崛起，铺平了道路。要理解 1949 年以后的中国如何在大国竞争中形成自己的发展战略，使其经济发展水平和国防实力与自身的大国地位相称，同样必须兼顾地缘、财政、认同这三个制约因素。

（一）折中于苏美之间的地缘战略。1949年以后，中国面临的首要问题便是如何处理与其他大国之间的关系，形成有利于己的战略定位。在以美、苏为首的两大国家阵营走向长期对立的地缘政治格局下，中国首先选择了"一边倒"，加入社会主义国家阵营，在某种意义上也在暂时搭苏联的便车。中国不仅通过签订《中苏友好同盟互助条约》，获得苏联在国防安全方面的承诺，而且在工业化起步阶段，获得来自苏联及东欧其他社会主义国家在财政、设备和技术方面的慷慨援助，对于奠定国家工业化的基础起到不可或缺的作用。

但中国的大国地位和大国战略，中国自近代以来遭受列强欺凌的历史记忆，以及由此产生的捍卫国家主权和领土完整的坚强决心，决定了中国领导人不可能容忍在其与他国或其他政党的关系上，有一个凌驾其上的"老子党"的存在。20世纪50年代尤其是朝鲜战争以后中国国力的冉冉上升，以及毛泽东本人在社会主义国家阵营内部的巨大威望，使得他在斯大林去世和赫鲁晓夫上台之后，对于任何有违中国国家利益和国防安全的外来方案都怀有戒心，并予以拒绝。因此，中苏之间不可避免地从结盟走向相互猜忌、疏远，最终在60年代后期和整个70年代发生军事冲突和全面对抗。①

上述地缘战略对中国在20世纪50至70年代的工业化和经济增长模式起了决定性的影响作用。首先，作为社会主义国家阵营

---

① 参见沈志华《冷战的再转型：中苏同盟的内在分歧及其结局》，北京：九州出版社，2013年。

的重要一员,50年代的中国不可能倒向另一边,将自身的经济发展依附于以美国为首的资本主义国家所主导的世界贸易体系。虽然在60和70年代中苏关系破裂之后,中国通过有限的途径,主要是从日本和西欧部分引进所需的先进技术和设备,但它不可能全面融入,也不被容许融入这一体系,更不可能通过发展劳动密集的低端产业推进本国的工业化。事实上,中国不仅不会加入或依附于美国所主导的世界贸易体系,甚至对苏联所主导的国际贸易体系,也就是社会主义国家阵营内部的"经互会"也不愿意加入。从50年代工业化启动之初,中国便把目标定位在建立一个门类齐全的现代工业体系,并且把重点放在对支撑这样一个工业体系起核心作用的重工业各部门。

因此,中国的工业化从一开始便具有资本密集的特征。个别经济学者批评中国1949年以后的经济增长战略,认为这种以重工业为主的工业化不符合中国的资源禀赋结构,并认为中国的发展战略也应该从劳动密集的低端产业着手,只有这样才能发挥其比较优势(详见后文)。这样的论断可以说是非历史的,脱离了1949年以后中国的地缘政治的历史实际和中国作为一个大国所追求的战略目标。20世纪50至70年代的中国大陆不可能走"亚洲四小龙"的道路。不仅美国所主导的西方资本主义体系不会接受,中国自身的大国地位和地缘战略也不允许其将自身的发展寄托于其他大国所主导的国际贸易体系。搞出口导向的工业化,全面融入美国所主导的全球贸易体系,对中国来说从一开始便走不通。作为一个大国,中国也不可能"一刀切"地只搞劳动密集的低端产业,而必须着眼于长远角度,建立一个完整的、自主的现代工业体系。只有这样,中国才能在大国的对峙中增强自己的生存能力和竞争能力。

(二)零和转移的财政构造。要实现这样一个发展战略,需要有足够的财力支撑。在缺少外来投资,同时本国工业尚处于起步阶段、自身积累能力有限的情况下,中国只能靠两个途径来满足工业化的资金需求。一是尽最大可能将农业经济剩余,也就是超出维持农业人口基本生计需求的农产品加以抽取和转移,用以支撑工业化所需的原料,以及不断扩大的城市人口,并且主要靠农产品和原料的出口换取外汇,引进先进技术设备。二是压缩城市人口的消费,使其工资收入以满足基本生计需求为目标,尽量减少非必要的奢侈性消费需求。因此,相对于改革以来通过经济的外向型扩张并且以金融杠杆为辅助,实现快于经济增长的财政增收,改革前30年国家财政构造的最大特征,是通过不同部门之间经济资源的零和转移,实现与国民经济增长大体同步的财政能力的提升。虽然财政收入的增加最终取决于国民经济的增长,但国家财政的最主要目的,是确保国家地缘战略目标的实现,而非国民经济规模的简单扩张或人均国民收入的提高。

只有在这样的视角下,改革前30年的国民经济体制才可以理解。在这种体制下,各个部门和企业所生产出来的,仅仅是满足不同用途的产品,而非用于市场交换的商品。这些产品虽然也有价格,也需要通过计价的方式在不同部门之间进行交换,但价格并不是由市场按照供需关系来决定的,不具备充分的商品属性。工农业各部门之间的产品交换,主要用来满足国家的工业化目标和民众的生计所需,而不是为生产企业追求利润的最大化。虽然所有

286

企业在生产和分配的过程中也都进行投入与产出的核算，但是企业所产生的净值或者利润必须全部上缴中央。换言之，这里不存在、也不容许企业层面或私人层面的"理性抉择"或利润最大化行为，甚至也不允许部门层面或地区层面的理性抉择。为了最大限度地汲取可以用于工业化建设的各种经济资源，国家用行政命令和计划调拨的手段，来进行产品的生产和再分配。在这种计划经济体制内部，即使存在真正意义上的经济核算或理性抉择，也仅存在于国家层面。尽管这种核算通常是通过工农业总产值的年增长率体现出来的，但无论是国民经济的年增长率还是人均总产值，都不是国家工业化的目标或衡量手段。在大国竞争的条件下，国家工业化的宏观目标，是通过建立一个具有自我持续能力的现代工业体系，增强整个国家的生存机会和竞争能力。国家理性优先于企业理性和个人理性，这是毛泽东时代中国经济和财政的最重要特征。

（三）国家理性优先条件下的政治认同。由于不存在真正的市场机制和国家之外的理性抉择，微观层面的企业行为和劳动管理变得很微妙。其中最核心的问题是，在不允许企业拥有自主经营的权力，并且要求每个企业将自己所产生的利润全部上交的条件下，如何维持企业的经营积极性？与此同时，在企业职工缺乏自行择业和跳槽的机会，且其工资水平长期固定不变的情况下，怎样才能激发工人的生产积极性、保持必要的劳动效率？也就是说，在计划经济体制下，国家如何才能协调各部门、各企业，以及每个职工的利益，处理各个层级的认同问题，形成一个能动员各方积极性的激励机制？从 20 世纪 50 年代到 70 年代，就具体的生产计划、原料调拨和产品分配问题，政府计划部门一直在进行不同方案的试验、调整，总体思路是在中央放权与收权之间来回反复。但是从"大跃进"开始，一直到 70 年代末，总趋势是向各级地方和企业放权，方向是在确保完成中央指令性计划的前提下，充分发挥地方政府的主动精神和企业的经营积极性，因而距离斯大林式的高度集中的计划经济体制越来越远。国营企业职工的劳动管理，在其生计需求获得基本保障的前提下，主要依靠政治动员和精神奖励；把培养工人对单位和集体的认同，而不是个人的物质利益，放在第一位。如果说当时的中国有个人层面的理性，那么普通劳动者的"理性抉择"只能是精神奖励与物质报酬的结合，是单位内部个人利益与集体认同的结合。这与苏联的劳动管理方式，即在劳动力短缺和工人可以自由跳槽的条件下，主要靠物质刺激和严格的等级制度来激发劳动者的积极性截然不同。

　　总之，毛泽东时代的经济体制，实际上是在工业化程度较低的条件下所形成的中央计划与地方分权相结合、职工精神激励与生计保障相结合的一套独具中国特色的管理模式。毛泽东时代的劳动管理模式，不能用布迪厄(Pierre Bourdieu)所批评的"经济主义"思路(资本主义市场经济条件下的纯粹的物质利益的得失算计)来解读和评断。[1]

　　(四)如何评价改革前 30 年中国经济的宏观发展战略和微观

---

[1] Pierre Bourdieu, *The Logic of Practice*, Stanford, CA：Stanford University Press, 1990, pp. 112-113, 120-121.

管理模式。自 20 世纪 90 年代以来,曾经有两大学派流行于国内经济学界,一派自称是以哈耶克为代表的奥地利学派在中国的传人,只相信市场、法治和私有产权,以及在此基础上产生的企业家精神,反对任何形式的政府干预和产业政策。[①] 另一派受芝加哥学派的影响,推崇所谓新结构经济学,主张发展中国家应该从本国的资源禀赋结构出发,发挥其比较优势,形成相应的产业政策;总体上都应该从发展劳动密集的低端产业入手,再逐步从低端产业向资本密集和技术密集的高端产业升级。[②] 不难想象,这两大主流学派对改革开放之前 30 年中国经济发展模式都持否定态度。奥地利学派自不用说,新结构经济学者也认为,中国从 50 年代开始所追求的以重工业为主的发展战略,不符合当时中国的资源禀赋结构,违背了比较优势理论;所以,他们对改革前 30 年的经济发展是持否定态度的。其证据是中国的人均国民生产总值到 70 年代末不到 200 美元,他们据此认为当时的中国处在最不发达国家的行列,

---

① 张维迎:《市场的逻辑》,上海:上海人民出版社,2010 年;张维迎:《产业政策争论
　背后的经济学问题》,《学术界》2017 年第 2 期;张维迎:《重新理解企业家精神》,
　海口:海南出版社,2022 年。
② 林毅夫:《新结构经济学——重构发展经济学的框架》,《经济学(季刊)》2010 年
　(第 10 卷)第 1 期;林毅夫、付才辉:《比较优势与竞争优势:新结构经济学的视
　角》,《经济研究》2022 年第 5 期。

甚至不如非洲最穷的国家。①

不用说，改革前 30 年中国的经济增长过程有许多失误和教训。到 20 世纪 70 年代后期，中国的人均生活水准仍处于很低的水平，这是不可否认的事实。导致民众生活水准较低的直接原因，就是前面所说的财政汲取的两个主渠道，即转移剩余农产品和压低职工的工资收入，国家以此确保最大程度地汲取经济资源，用于工业化的基础建设。再就宏观经济战略而言，仅仅在收权与放权之间寻求最优方案，有时并不能收到预期的成效。放权之后地方企业的盲目上马、无序生产和画地为牢的市场限制，导致资源的严重

---

① 部分学者认为，"1978 年改革开放之初，中国是世界上最贫穷的国家之一。按照世界银行的统计指标，1978 年我国人均 GDP 只有 156 美元，一般认为撒哈拉沙漠以南的非洲是世界上最贫困的地区，但 1978 年撒哈拉沙漠以南的非洲国家人均 GDP 是 490 美元"（蔡昉、林毅夫、张晓山、朱玲、吕政：《改革开放 40 年与中国经济发展》，《经济学动态》2018 年第 8 期）；或认为，"在 1978 年时，我国人均收入水平连撒哈拉沙漠以南非洲国家平均收入的 1/3 都没有达到"（林毅夫：《中国经济改革成就、经验与挑战》，《企业观察家》，2018 年第 8 期）。实际上，据世界银行统计，1976 年中国人均 GNP 为 410 美元，高于当年低收入国家的平均水平 150 美元（The World Bank, *World Development Report*, 1978, Washington, DC：The World Bank, 1978, p. 77）；1977 年为 390 美元，高于低收入国家的平均水平 170 美元（The World Bank, *World Development Report*, 1979, New York：Oxford University Press, 1979, p. 127）；1978 年为 230 美元，高于低收入国家的平均水平 200 美元（The World Bank, *World Development Report*, 1980, Washington, DC：The World Bank, 1980, p. 111）；1979 年为 260 美元，高于低收入国家的平均水平 230 美元（The World Bank, *World Development Report*, 1981, Washington, DC：The World Bank, 1981, p. 134）；1980 年为 290 美元，高于低收入国家的平均水平 260 美元（The World Bank, *World Development Report*, 1982, New York：Oxford University Press, 1982, p. 110）。人民币与美元的官方汇率历年有所调整，每年的统计口径并不一致，但中国在 20 世纪 70 年代后期的经济发展水平高于低收入国家的平均水平是没有疑问的。

浪费;而管理体制的过度集权和各种经济计划本身的某种程度的主观性,同样会窒息底层的经济活力。

但是要全面客观评价这30年,也要看到被奥地利学派和新结构主义学派刻意忽略的几个最基本事实。首先,到20世纪70年代末,中国已经建成工业门类基本齐全、可自我持续、独立自主的现代工业体系。其次,到70年代末,中国大部分地区的农业已经基本完成大规模农田改造和水利建设,耕种方式也朝着使用良种、化肥、农药和农业机械等"绿色革命"的方向稳步迈进。① 再者,小学和初中教育在所有城市和大部分农村地区得以普及,国民教育水平稳步提高。最后,到70年代末,随着赤脚医生队伍的扩大,农村基层的合作医疗卫生事业有了长足进步;反映国民生活质量的最重要指数,也就是人均预期寿命,从50年代初的40岁左右,上升到1980年的64岁,超过所有低收入国家,甚至也超过了绝大多数中等收入国家。② 所有这些,都使改革前夕的中国与其他发展中国家拉开了距离,也为改革以来中国经济的全面腾飞打下了坚实的基础。某些经济学者只看经过后来调整的官方汇率所体现的人均国民生产总值,不看当时中国经济和社会所发生的实质性变化,对中国综合国力和经济社会发展水平的整体性进步视而不见,这恐怕不仅仅是因为其方法论有缺失或者视角有偏差。

---

① Joshua Eisenman, *Red China's Green Revolution: Technological Innovation, Institutional Change, and Economic Development under the Commune*, New York: Columbia University Press, 2018.

② The World Bank, *World Development Report, 1982*, New York: Oxford University Press, 1982, pp. 150-150;张震:《1950年代以来中国人口寿命不均等的变化历程》,《人口研究》2016年(第40卷)第1期。

总之，对于改革前 30 年中国的经济发展战略，须以一种历史的、全面的视角加以评估，不宜简单地以市场经济条件下（尤其是西方资本主义世界贸易体系内部）用来识别各经济体发展路径和经济增长水平的两个简单尺度（是否符合比较优势及人均 GDP 水平高低）来加以衡量。具体而言，在计划经济体制下，住房、医疗、教育等公共产品不具有商品属性，并且相当部分工业品也仅仅是以产品而非商品的形态出现的。在所有这些产品和服务没有被"资本化"之前，它们对 GDP 的贡献是无法核算的。人均 GDP 这一概念无法用来衡量计划经济体制下国民经济的发展水平。

三、中国奇迹何以可能：改革的动因与轨迹

（一）地缘格局的变化是改革的前提和契机。进入 20 世纪 70 年代以后，尤其到 80 年代，中国的外部环境大为改善，发展战略也随之发生重大调整。外部环境的改善体现在两个方面。首先是中国从原来与美苏两个超级大国同时对抗，走向在中、苏、美三角关系中，充分利用美苏之间的对抗，从中实现本国利益的最大化。1972 年美国总统尼克松访华后，中美关系走向解冻，1979 年中美正式建立外交关系，在共同对付苏联威胁的基础上，结成战略合作关系，进而形成中、美、日、西欧"一条线"，为中国打开国门并在随后的一二十年中加快融入西方主导的世界经济体系铺平了道路。80 年代后期，中国还改善了与苏联的关系，缓和了两国边界地区的紧张局势。1991 年底，苏联解体，来自北方邻国的军事威胁不复存

在。中国的地缘政治环境进入了自鸦片战争以来最为有利的时期。另一个表征在对外经济交往方面。到 80 年代,"亚洲四小龙"已基本完成从劳动密集向资本密集的产业升级,亟须将低端产业转移到劳动力更为低廉的其他地区。而中国大陆因为地理邻近,为吸引外资提供政策优惠,成为"亚洲四小龙"低端产业外移的最理想对象。

这两个机遇的叠加,从根本上改变了中国经济发展战略和增长路径。首先,外来压力的大幅减轻导致中国经济发展战略的重大调整,重工业和国防工业不再构成国家的投资重点。大量军工企业实行军转民,并且下马一批研发周期长、投入巨大的军事和民用科研项目。最直观的表征是,中国的国防支出急剧下降,从 1979年的近 222.64 亿,下降到 1981 年的 167.97 亿,此后一直到 1988年,均没有突破 1979 年的水平。[①] 经济增长的重点,转移到那些能够充分利用廉价劳动力优势、投资少、见效快、主要面向海外市场的低端制造业。

某种意义上,从 20 世纪 80 年代到 21 世纪初,中国大陆基本上重复了"亚洲四小龙"的经验,也就是以沿海地区一系列经济特区为先导,大力发展劳动密集的乡镇企业和外资企业,对外贸易和外来投资成为经济增长的主要驱动力。2001 年加入世界贸易组织之后,国内各行各业加快步伐,全面融入世界范围的产业链,以及西方国家所主导的世界贸易和金融体系。在此过程中,国内劳动者的就业机会大增,收入水平快速上升;中国的产业结构,尤其是出

---

① 国家统计局国民经济综合统计司编:《新中国五十五年统计资料汇编》,北京:中国统计出版社,2005 年,第 100 页。

口商品的结构,也逐步实现了从劳动密集的低端商品,向以资本和技术密集的机械电子产品为主的转型。所有这一切的发生,都是以中国的地缘格局和发展战略的重大调整为前提的。

（二）提高财政能力是经济体制改革的原初动力。中国的经济体制在 20 世纪八九十年代也发生根本转型,即从原先以国营企业为主体的计划经济,过渡到多种所有制成分并存的市场经济。这一转型背后的驱动力并非来自外部,而是源自体制内部,主要是政府与企业之间的关系,以及企业内部的经营管理机制问题积重难返,而中央政府的财政问题又是其中最为关键的促发因素。在改革前 30 年及改革初期,中央财政的主要来源是国营企业上缴的利润和税款;随着基本建设规模的扩大,新项目不断上马,企业上缴的利润和各项工商业税收也逐年上升。1979 年以后,尽管国防开支大幅下降,但中央的财政支出总额急剧上升,主要是因为用于基本建设和改善民生的投入大幅增加,其中包括提高农产品收购价格和增加城市职工的工资收入。这些投入很大程度上属于"补课""还账"性质,因为改革前 30 年国家的投资重点一直放在重工业和国防建设方面,与民生相关的投入严重不足。1979 年以后财政支出的快速上升,也改变了原来收支大体平衡,甚至略有盈余的状态,出现越来越严重的财政亏空。1979 年首次出现巨额亏空,达 135.41 亿（收入为 1,146.38 亿收入,开支达 1,281.79 亿）。[1]

正是在这样的背景下,国营企业的改革迈开第一步,即扩大企业自主权。具体做法是在国营企业中实行利润留成的政策,即上

---

[1] 国家统计局国民经济综合统计司编:《新中国五十五年统计资料汇编》,第 104 页。

缴利润包干、超额分成，打破原来企业净收入全部上交的做法。这一改革为企业追求更高利润提供了动力，但每家企业的利润分成比例各不相同，不仅容易使企业与国家之间讨价还价，而且执行过程中企业"负盈不负亏"，不同利润率的企业之间苦乐不均，因此对于增加中央财政收入，并不能产生持久效果。中央财政收入在1980年和1981年有短暂好转之后，再度出现了亏空，而且逐年加剧。

因此从1983年开始，政府迈开企业改革的第二步，也就是利改税，将原来的利润分成，改变为征收所得税，并且以此为契机，进一步扩大企业自主权。这一改革同样只有短暂的收效，不久就流露出"鞭打快牛"的弊端，即企业的利润率越高，税收负担也越重，结果企业失去盈利的积极性，从1985年下半年开始出现连续22个月利润下降的趋势。[1] 国家财政亏空也急剧上升，从1985年的略有盈余，到1986年亏空82.9亿，1988年亏空133.97亿，1989年亏空158.88亿。[2]

为了解决财政困难，中央于1987年在大中型国有企业推广经营承包责任制，以财政大包干的形式，刺激地方政府和国营企业的经营活力，但依然无法解决"包盈不包亏"的问题。地方财政包干，实际上也只是包死了中央财政。中央财政收入并不能随着经济增长而水涨船高，在全国各级财政总收入中所占的比重逐步下降，到

---

① 武力主编：《中华人民共和国经济史》，北京：中国时代经济出版社，2010年，第781页。
② 国家统计局国民经济综合统计司：《新中国五十五年统计资料汇编》，第104—105页。

1992 年只占 28.1%。[①]

正是在现有改革思路已经出现诸多问题的状态下，中国的财政和经济体制改革迈出了最为关键的几个步骤，从而形塑了随后几十年中国的财政能力、经济增长路径乃至每个国民的命运。

其一是在 1993 年实现中央与地方政府之间的分税制，终结了过去中央与各地为了地方财政大包干而一对一谈判的做法。关税、中央企业所得税、消费税等归中央，增值税的 75% 归中央，25% 归地方；营业税、城镇土地使用税、土地增值税、国有土地使用权有偿出让收入归地方。中央财政从此有了制度保障，收入水平直线上升，从 1992 年仅仅相当于地方财政收入的 39%，到 1994 年达到地方收入的 126%，此后基本保持超过地方财政收入的水平。

其二是与分税制相配套的、触及国营企业根本问题的产权制度改革。为了彻底摆脱国营企业在经营承包过程中国有资产严重流失、负债占比上升的问题，从 1994 年开始，中央对所有国营企业实行"抓大放小"的政策，即重点扶持 1000 户大型国企，使其建立现代企业制度；而对绝大多数中小企业容许兼并、拍卖、出售或者破产，从 1998 年到 2001 年，整个过程历时三年基本完成。中国工商企业的所有制结构，由此发生了根本的转变：就企业数量和职工总数而言，民营企业已经取代国有企业变成中国城市经济的主体。

其三是在 1998 年推动住房商品化、社会化改革，以取代计划经济年代的住房实物分配。这一政策与分税制相结合，刺激了房地产业的迅速发展，使之成为继乡镇企业及外资外贸之后，中国经济

---

① 武力主编：《中华人民共和国经济史》，第 868 页。

快速发展的重要引擎。另一方面,地方政府的财政收入越来越依靠土地使用权拍卖和出让,形成所谓土地财政;但与此同时,强大的财政能力也使地方政府从事城市基础设施的大规模建设成为可能,极大地改变了各地城市的面貌。

(三)广泛的社会共识是改革取得成功的政治保障。改革40年来,中国见证了一个又一个经济奇迹:制造业规模迅速扩张,中国产品席卷全球市场;政府财政能力提升,全国各地的城市面貌和全国范围的基础设施发生天翻地覆的变化;住房的商品化和房地产业的迅速扩张,居民个人资产的飞涨。但中国的奇迹不仅仅限于经济层面:在经济快速增长、城市化进程加快的同时,中国还避免了发展中国家在起飞阶段常见的大规模社会震荡和长时期政局不稳。改革时期的中国之所以能够维持总体稳定,关键在于社会各阶层都从改革中获益,形成拥护改革的广泛共识。

最先获益的是亿万农民。从农村集体组织的束缚中解放出来的村民,通过家庭联产承包责任制,迅速增加农业生产,解决了温饱问题,继而涌入遍地开花的乡镇企业,或者加入民工大潮,或者自行创业,拓宽收入渠道,走上致富道路。改革初期国营企业奖金发放机会的增多和工资收入的提高,也给城市职工带来实惠。但改革的最大受益者,无疑是在下海经商大潮和国营企业自主经营及改制过程中涌现的一大批企业家。虽然国营企业职工在改制中丢失了几十年的铁饭碗,但随之而来的再就业工程,以及养老保险和基本医疗保险制度,解决了绝大多数下岗工人的生计问题。而住房制度的改革,使绝大多数城市居民成为商品房的拥有者,并随着房价的快速上涨和个人资产的膨胀而加入城市中产阶级的行列。房地产业的快速发展，在给地方政府带来巨额财源的同时，也使大规模城市建设成为可能，极大地改善了城市居民的生活体验。总之，城乡居民生活条件的显著改善，构成了改革以来社会政治稳定的重要基础。

毋庸置疑，伴随着这 40 年的快速发展，中国社会也出现很多问题，但总的来说，改革以来的 40 多年无疑是中国自近代以来经济发展最为稳健、国力增长最快、国民生活质量的改进最为明显的时期。而地缘格局的改变、财政能力的提高和支持改革的社会共识，则构成中国奇迹的最有力支撑。

四、小结：大国竞争条件下的现代化道路

（一）大国竞争的战略机遇

从清朝到民国，再到中华人民共和国，在大国博弈的过程中保持自己的疆域完整，避免四分五裂，并且在原有的疆域基础上建立和捍卫一个全新的主权国家，是国家地缘战略的最高目标。要实现这一目标，当然需要经济、财政和军事的支撑。但准确判断地缘政治形势，把握时机，最大程度上利用机遇，对于实现战略目标也至关紧要。在这两百多年的国家转型过程中，中国经历了五次这样的机遇期。能否抓住这些机遇，对中国建立、维持大国地位和建立竞争优势，起到关键作用。这五次机遇依次如下。

（1）1740 年代中后期，准噶尔汗国相继发生瘟疫和争夺汗位的

内斗。汗国内部举足轻重的上层人物阿睦尔撒纳投奔清朝，在阿睦尔撒纳的建议和引导之下，乾隆帝大举西征，历时三年，从 1755 到 1757 年，彻底消灭了准噶尔汗国，消除了自康熙以来历时近 70 年对清朝安全的最严重威胁，使清朝的疆域实现了对内地之外所有边疆的全覆盖；东北、蒙古、新疆、西藏连成一片，不留缺口，为京师和内地的安全构成了坚固的屏障，确保了清朝从此形成对周边所有邻国的强势地位，在随后近一个世纪不再有任何直接的外来威胁。

（2）19 世纪 70 到 80 年代，来自英法等欧洲传统大国的直接威胁逐步消退，而来自日本的严峻挑战尚未到来。晚清统治精英，尤其是其中的曾国藩、左宗棠、李鸿章等"中兴名臣"，抓住这个难得的窗口期，从事"洋务"建设。清朝的财政收入结构由此发生转型，财政资源快速扩张，国防能力大幅提升。正是依靠新形成的财政军事实力，清廷大举西征，成功规复被中亚浩罕汗国军事势力霸占多年的新疆大部分地区，继而向俄国收回伊犁，构成"同光中兴"的最大亮点。晚清中国虽然屡遭外患，但大体上能够维系陆地边疆的基本完整，避免了国土走向四分五裂。

（3）第二次鸦片战争以后，取代英法构成对华最严重地缘威胁的，始终是日本和沙俄。但是在 1920 年代，进入"大正民主"时代的日本放缓了侵略中国的势头。与此同时，成立不久并处在孤立状态的苏俄政权，急需改善对华关系，需要以一个对苏俄友好的政权，取代敌视苏维埃的军阀政权。崛起于广州的国民党势力，利用这一难得的机会，借助苏俄提供的军事财政援助，趁势而起，统一了广东全省，继而挥师北上，仅用短短两年时间，完成北伐，终结了军阀割据的局面。全国的统一，为日本侵华后形成全民族的团结，赢得抗战胜利，打下必要的政治基础。

（4）1945 年，日本无条件投降，苏联红军出兵东北，击溃关东军，占领东北全境。中共高层及时调整战略，把解放东北放在最优先位置，及时将革命势力的重心，从土地贫瘠、人口稀少、财政匮乏的西北地区，转移到物力和人力资源最为充沛的东北三省，从而为打赢内战、解放全中国奠定了物质基础。

（5）20 世纪 70 年代至 80 年代，中国在中、美、苏大三角战略中，利用美苏之间的对抗，改善中美关系，从 1972 年尼克松访华，到 1979 年正式建交，在中美之间建立了针对苏联的战略合作关系，并且联手日本和西欧国家，共同应对来自苏联的威胁。1991 年底，苏联解体。中国的外部环境进一步改善，出现自鸦片战争以来前所未有的有利局面。2001 年，中国加入世界贸易组织，中国经济加快了融入世界经济体系的步伐。与此同时，中国大陆还赶上"亚洲四小龙"产业升级、亟须将低端制造业向外部转移的机会。大力吸引外资、劳动力供给充足且价格低廉的中国大陆，成为其产业转移的最理想场所。中国产品借助外贸、外资两大渠道，从此全面涌入全球市场。中国的制造业和实体经济加快扩张，到 2010 年代已经稳居世界首位。

能否抓住机遇，调整战略，领导者的全局思维和决断能力至为关键。幸运的是，在上述五个战略窗口期，起关键作用的决策人物，分别是以"十全武功"自居的乾隆帝，"中兴名臣"曾、左、李，革命先行者孙中山，中华人民共和国开国领袖毛泽东，以及改革开放"总设计师"邓小平。他们都以各自的雄才大略，在瞬息万变的局势中，审时度势，及时形成重大战略决策，从而改变了国运，提升了国力，在中国奠定疆域格局和大国地位、走向富强的战略转型中起到关键作用。而缺乏宏观战略眼光，只着眼于既得利益集团的局部利益和暂时得失，则会使决策者在机遇面前犹豫不决，选择退缩或不作为，甚至逆其道而行之，导致国运转衰，人心乖离，最终走向政权崩溃，1908 年慈禧太后去世后的清朝皇族和 1945 年日本投降后的蒋介石政权，就是其中最好的例证。

如果说改革以来的 40 多年，中国利用前所未有的战略机遇，实现了经济社会的巨大变革和整体国力的大幅提升的话，那么，在 21 世纪 20 至 40 年代的 30 年，中国将面临史无前例的挑战：在西方大国看来，中国已经从过去全面融入西方所主导的世界经济体系，并在现存国际经济贸易和金融秩序中获得巨大利益的国家，变成对西方发达国家在现存世界秩序中的支配地位起颠覆作用的挑战者。阻挠、遏制中国在科技、军事和经济上的全面崛起，限制中国的地缘政治影响力，将是今后几十年大国竞争的主轴。中国要成功地应对这些挑战，有待从过去被动地等待战略机遇期，转变为利用不断增长的竞争实力，主动创造机遇，从关键环节着手，实现地缘战略格局的突破，从而牢固建立在东亚地区的区域性竞争优势和主导地位。而这一地缘战略目标的最终实现，则有待经济、财政和军事实力整体水平的进一步提高，以及在后工业化和后城市化时代全新的社会构成和利益格局基础上，打造更广范围和更高水平的政治认同。

（二）大国转型的财政支撑

大国竞争，拼的是各自的财政军事实力。清朝和民国时期的中国，之所以能够在若干历史节点上，抓住机遇，实现特定时期的战略目标，在国与国之间或国内竞争对手之间建立战略优势，关键在于他们形成了超过对手或者足以遏制对方的财政军事能力。清朝的实力首在其超大规模的经济和人口。虽然清朝的税率并不高，其田赋占土地产出的比例，在同时代世界各国中处于最低行列，但以其较低的税率，乘以庞大的纳税田亩，足以产生能够满足朝廷各项常规国用的财源，并且由于收大于支，其财政盈余经过历年累积形成庞大数额，足以对付非常规开销。这是清朝财政能力的最显著特征。

但清朝的财政构造有其弱点，即大而不强。虽然其规模之大，在 18 世纪超过世界上任何其他国家，但这种以传统农业为主要税源，并且税率固定不变的财政构造，缺少可扩张性。从嘉庆朝开始，清朝内忧外患不断，先后有白莲教起义和太平天国运动，中间夹杂着两次鸦片战争，常年用兵，开销剧增。原先静态的、固定的财政军事构造，已经不足以应付新的挑战。只有从根本上改造其财政构造，才能避免清朝走向衰亡的命运。

幸运的是，从 19 世纪 60 年代初至 90 年代初，晚清中国呈现历时约 30 年的"中兴"局面，成功解除一时的内忧外患，维持清朝疆域的基本格局。"中兴"的关键，在于晚清政权的财政构造在这几十年间发生了根本性的改变。通过起征厘金、增加关税等措施，中央财政收入在 19 世纪 60 至 80 年代扩大一倍左右,从原来以田赋为主、缺乏弹性的财政构造,转型为以商业税为主、充满扩张潜能的全新构造,并辅之以过去所不曾有的近代财政杠杆。军队建制也打破了原有的绿营、八旗的兵种限制,走向多样化;武器装备和军事训练开始模仿西方,逐渐与世界同步。正是在这样的条件下,清朝才有能力收复新疆,在中越边境与法国打成平手甚至占据上风。到 19 世纪 80 年代中后期,中国又呈现了一个东方大国蒸蒸日上的气象,并且在引进西方科技、搞国防和教育现代化道路上,走在东亚各国的前列。①

　　但是 1894 年中日战争中清朝的失败,彻底颠覆了几十年的"中兴"局面。而战败的根本原因,除了军事体制自身的因素,最重要的是,晚清政权在"中兴"的表象中,失去了对潜在外来威胁的应有警觉,19 世纪 80 年代末和 90 年代初,国防建设趋于停滞,武器装备日益落后于对手。一句话,晚清之所以在军事上失败,主要是因为战略误判,导致国防建设的财政投入力度严重不足。

　　相较之下,数十年后,孙中山和蒋介石所领导的国民党势力,之所以能够在广东省异军突起,横扫全国,不仅是因为在战略上获得苏俄大力援助;最重要的因素在于,国民党政权在广东打造了一个高度集中化、制度化的财政体系,使其产生远远超出其他任何对手的庞大财力,为其军事建制的扩大和扫除军阀的北伐行动,提供了强有力的支撑。而国民革命军在占领长江中下游尤其是上海之后,又通过联手江浙财阀,发行公债,使其财力更上一个台阶,为全

---

① 李怀印:《现代中国的形成:1600—1949》,第 136—140 页。

国的政治统一及随后的军事整编，奠定了雄厚的物质基础。

但是，建立了全国统治之后的国民党政权，虽然挺过了八年全面抗战，却在随后的国共内战中走向全面溃败。究其原因，不仅仅是因为南京政权的军事战略失误，指挥失当，更重要的是其财力严重不足，远远满足不了庞大的军事和非军事开销。日本投降后的国民政府，在财政上不仅要支撑一个庞大的全国范围的行政体系和文职人员队伍，而且要负责所有嫡系和非嫡系军队的一切开销。作为中央主要财源的关税、盐税、统税，已经满足不了日渐膨胀的开销。国民党的财政政策最终只剩下一个选项，即无限制地印制、发行货币，结果导致通货膨胀和物价飞涨。军饷不足和物资匮乏，反过来导致军纪涣散，士气低落，战场上连连失利，最终走向失败。

与此呈现鲜明对比的是，中共所领导的革命力量，自从军事重心从华北、西北战场转移到东北战场，最终解放整个东北之后，便控制了全国工农业资源最为丰富、军事工业最为发达的东北三省，不仅有了战胜国民党的雄厚物质基础，而且能够依托东北三省，在全国各根据地之间逐步形成高度集中、彼此有效协调的财政体系；加上共产党组织对农村基层政权的成功治理，以及通过土地改革所形成的强大动员力和凝聚力，为战场上的后勤支援提供了保障。所有这些都构成了共产党打赢内战的根本条件。

1949年以后，经过头30年的经济建设，中国初步形成了门类较为齐全、具有自我持续能力的国民经济体系，为改革后30年的经济腾飞打下牢固的基础。但是改革前30年的计划经济体制，在最大程度地把经济资源从农业转移到工业、从消费领域转移到生产领域的同时，也使城乡居民的收入水平和生活条件长期得不到显著改善。农村集体组织和城市工商企业也因为汲取过多、管得过死,失去自主经营的动力。

20世纪80年代以来的改革开放,不仅使中国的经济结构脱胎换骨,经济总量迅速扩大,而且使中央和地方政府的财政收入水涨船高。40多年来,巨额财政投入使全国各地的基础设施建设日新月异;国防建设和军事能力也随着预算逐年增加而跃上新台阶。但是到21世纪一二十年代,传统的经济增长思路也逐渐走到尽头;廉价而充沛的劳动力供给优势已经成为过去,自然资源和生态环境的承载能力趋于极限。随着经济增长速度的放慢,政府的财政增收也面临瓶颈;尤其是在可转让的土地资源趋于耗竭之后,地方政府的"土地财政"已经难以为继。财政增收速度的放慢甚至停滞、下降,必然影响到国家能力的继续提升。

在可以预见的未来,提高中国在各个领域的竞争能力包括国防实力,首先意味着突破财政瓶颈。而解决财政瓶颈的主要途径,不应该是像改革早期那样通过提高税率或开征新税来提高对现有经济资源的汲取力度,更不应该如同改革之前那样通过压缩民众的消费水平将更多资源转移到生产领域。增加政府财力的根本途径,是把经济做大、做强。

首先应该利用国内市场规模巨大和制造业门类齐全的优势,并且针对地区发展不平衡的特点,建立覆盖从下游到中、上游产品的完整产业链,形成一个在研发、生产、流通、消费等领域高度整合的国内大市场;它虽然是一个国内市场,但以内部产业链之完备、市场规模之巨、生产总值之高,将构成与欧洲经济共同体和北美自由贸易区三足鼎立的世界级市场体系。在这个庞大的、自成体系的市场内部,发展重点应该是技术最复杂、利润率最高、税收贡献最大的上游产品。形成各部门、各产业的完整产业链,尤其是形成上游产品的自主研发和制造能力,将从根本上改变国内制造业大而不强的局面,降低国内高端产品的制造业对外国技术的结构性依赖,减少跨国公司对国内各行业上游产品的设计制造乃至全产业链的控制,避免产业链的大部分利润流向境外。只有当这些流向境外的利润通过健全自主的产业链、完善的税收和再分配机制,最大程度地转变为政府财源和劳动者收入之后,光鲜的国内生产总值才能变成造福国民的真金白银。也只有这样,中国才能规避或走出困扰着绝大多数发展中国家的中等收入陷阱。

建立高度自主的产业链和形成完整的国内大市场,并不意味着中国经济将会与海外市场断链、回到闭关锁国的状态。恰恰相反,只有在形成了高端产品的自主研发和制造能力、牢固占据各产业链上游环节之后,中国产品在国际市场上的竞争力、市场份额和利润份额才会有实质性的进步;中国在全球范围的经济贸易体系中的角色,才会从低利润产品的生产国,变成高利润产品的研发制造中心,才能在国际贸易规则的谈判和制定过程中拥有影响力和话语权,并且在国际金融和资本市场具有举足轻重的地位。

(三)大国崛起的政治基础

政治认同,也就是人心向背,涉及行动主体对国家战略目标和大政方针的认可,攸关各方利益的满足和协调,对形成一个政权的对内治理能力和对外竞争能力,也至关重要。如果说,清朝前期地缘战略的根本调整和强有力的财政支撑，使康雍乾三朝"盛世"的出现成为可能的话，那么，清朝在处理认同问题上的成败，很大程度上决定了其后半期的命运。所谓认同，在有清一代，始终是以满汉关系为主轴的。清廷对内地的治理，主要依靠儒家的仁政理念和文化笼络政策，清朝借此赢得汉人士子的认可和忠诚，总体上妥善处理了与汉人之间的关系。然而，反满的潜流始终存在于社会底层。一旦经济上出了问题，影响到民生，官民关系趋于紧张，反满就会从潜流变成一股汹涌澎湃的浪潮。

太平天国在某种意义上便是民间反满情绪的总爆发。而清朝对付太平天国的最有效办法，就是抓住太平天国借用洋教的弱点，凝聚坚守本土儒家价值的汉人士绅的向心力，成功地依靠汉人士绅自下而上的动员，打败了太平天国，并且在新崛起的汉人精英的主持下，迎来历时 30 年的"同光中兴"。以曾、左、李为代表的一批"中兴名臣"在相当程度上控制了地方资源；其对朝廷的忠诚，也由过去在满族统治者"家天下"理念下的无条件，变成有条件的。他们可以凭借手中的行政、财政乃至军事资源，与中央讨价还价。最终，当清朝贵族以"新政"为借口，试图垄断中央的财权、军权和政权，侵害汉人精英集团的核心利益时，清朝便也失去了维持其统治的最重要基础，不可避免地走向崩溃。处理政治认同问题的失败，是清朝灭亡的最根本原因。

1949 年国民党政权的崩溃有多方面的原因。其在日本投降后的战略格局和各方军事部署，从一开始便不利于己。从日本投降，到国共内战全面爆发，过渡期仅有 10 个月左右，其间缺少一个必要的准备阶段，以便让国民党政权有足够的时间实现其财政体系的集中化和制度化建设并完成整个军事体系的整合和部署。因此，在匆忙接受日本投降、接管全国之后，国民政府的财政能力无法支撑一个全国范围的庞大的军公教体系，更无法为即将到来的大规模国共内战提供有力支撑。一旦内战爆发，军事开支剧升，国民党政权的财力便无法应付。而财政的破产，必然带来军官拖欠军饷，贪腐成风，进而影响到官兵的士气和战斗力。战场上逃跑、起义现象层出不穷。最终伴随财政破产出现通货膨胀，使依靠工薪维持生计的城市平民和精英阶层对国民党政权普遍失去信心。

可以说，财政军事与政治认同，是维持国家能力、实现国家战略目标的两个支柱。两者密不可分。在财政军事能力吃紧的时候，如果处理好认同问题，增强人心凝聚力，则可以起到弥补财政军事能力不足的功效。全面抗战八年，国民党至少在前期，成功地做到了这一点。但是到了抗战后期，尤其是日本投降之后，国民党精英阶层只忙于分肥，无视民生问题，也没有解决财政军事能力的制度化建设问题。结果随之而来的财政破产，不仅导致国民党政权的军事能力被严重削弱，而且使普通士兵和民众对国民党政权失去信任和认同。国民党政权的溃亡，是财政军事与政治认同的双重失败。

相比之下，共产党革命力量在内战中之所以取得成功，不仅仅是因为它在军事上及时渗透和解放东北，地缘战略先胜一筹，从而具备了与国民党政权展开全面对抗的物质基础和财政军事能力，还因为其在打造政治认同方面也远远超过对手。共产党高层及各根据地之间，通过整风运动，获得意识形态上的高度一致和政治上的高度集中，为财政军事资源的有效调控提供了保障。而各根据地的土地改革,不仅赢得了民心,而且使共产党政权组织下沉到最底层,为战场上源源不断的后勤供给,提供了有力支撑。可以说,高度的政治认同,为中共提升财政军事能力,提供了坚实保障和支撑。

1949 年以后,政治认同依然是共产党所领导的人民政权的一大优势。在财政军事能力有待建设和提高的条件下,这种认同优势,对于国家的财政军事能力建设起到补充、保障作用。为了增强国家的资源动员能力和财政汲取能力,政府在农村首先实现了农产品的统购统销,进而将千百万单干的农户组织起来,加入互助组、初级社和高级社。所有这些过程,都相对顺利。相较于苏联在斯大林时代暴风骤雨般的集体化运动和底层民众的强烈抗拒,中国农民在高度认同新政权的基础上,对统购统销和合作化运动,总体上是配合和接受的。处于底层的农户,更是持拥护和欢迎态度。

此外,中华人民共和国成立初期的抗美援朝和"三反""五反"运动,打造了政权的权威和获得了全民对国家目标的高度认可,城市工商业的社会主义改造运动也进展顺利。政府的公私合营和收买政策赢得了绝大多数工商业者的配合和支持。总之,在 1950 年代,借助于全民对国家的高度认同,中国成功地建立了一个具有高度渗透和汲取能力的行政和财政体系。其集中化、制度化程度,不仅超过了清朝和民国任何时期,而且与近代欧洲和日本的现代国家建设相比,也有过之而无不及。政治上的高度认同与财政经济的高度集中,两者相辅相成,相得益彰。

然而凡事过犹不及。财政上的高度集中和过度汲取,在保障了国家能力提升的同时,也在相当程度上挤压了民众的生计所需。

收入水平的长期不变和生活条件的有限变化导致人心思变，这是绝大多数乡村和城市居民在 20 世纪 80 年代拥护改革的根本原因。而从 50 年代开始连续不断的各种运动，在致力于打造政治认同的同时，也可能使民众从历次运动初期的高度期盼和热情投入，变成遭受重大挫折和动乱后的巨大失望和不满。这是理解 70 年代后期和 80 年代初中国走向改革开放的重要背景之一。

20 世纪 80 年代以来，中国的改革之所以在没有路线图的情况下，靠"摸着石头过河"（实验和试错）的方式，成功地实现了经济和社会的巨大转型，除了有利的外部环境，主要还是因为各项改革措施的出台都获得全社会的广泛认可，城乡各阶层均成为改革的受益者。然而，随着 21 世纪初国有企业改制的完成，中国的经济和社会逐步进入"后改革"时代，城乡之间、地区之间和社会各阶层之间的贫富差距逐渐拉大。

不过，中国与绝大多数发展中国家不同的是，在所有制结构走向多元化的过程中出现的各种利益集团，尚未强大到足以支配国家层面的经济发展战略和方针政策的形成过程。近一二十年来一系列有利于改善民生的政策、措施的次第出台，有助于提高全体劳动者的整体收入水平和国民生活素质。展望未来，要维持和增强民众对国家战略目标的信心及方针政策的认同，最重要的还是把经济做大做强，增加各阶层人民的就业机会和提高其收入水平。发展依然是硬道理。聚精会神搞建设，避免人为的折腾或不作为，依然是保持经济增长、维持社会稳定、增强国家竞争力的根本途径。

第八章　从现代化和全球化到大国竞争优势：
中国发展道路的理论思考

现代化和全球化是近几十年来在解读世界各国经济增长和发展路径方面用得最多的两个概念,但均不足以用来理解改革开放以来中国经济社会发展的独特历程和未来趋向。流行于"冷战"时期的经典现代化理论本质上是用来为美国的全球战略服务的,在第三世界国家曾遭到普遍抵制。自从 20 世纪 90 年代以来,作为现代化理论变种和替代的全球化思潮再度盛行于各国知识界,在中国也得到经济学家主流学者的响应。但是他们所提出的新自由主义和新古典主义方案,同样不足以解释中国的发展历程。理解中国的经济增长问题,以及与此紧密相连的现代化问题,必须跳出主流经济学家们的狭隘视角,把国际地缘政治因素、国内社会政治和文化因素都考虑进来,在宏观的和比较历史的视野下,全方位理解中国在特定历史时期的道路抉择及未来走势。

一、服务于大国竞争:对经典现代化理论的反思

现代化理论(modernization theory)在20世纪六七十年代的美国盛极一时,并且传播到整个西方世界,也影响了非西方世界(包括中国周边的东亚地区)的知识界,在很大程度上制约了这些地区的经济增长和发展问题研究,甚至支配了这些地方的政府决策过程。

现代化理论的直接源头,来自韦伯(Max Weber)围绕新教伦理和不同宗教文化的比较研究,以及他对不同经济、社会和政治形态的宏观分析。[1] 基于这些比较研究,韦伯提出有关人类行为、组织和制度的一系列"理想类型"。[2] 这些高度抽象的理想类型,彼此对比鲜明,甚至截然相反。在此基础上,韦伯进一步打出合理化、科层化、常规化等术语,用来描述前资本主义社会向现代资本主义社会的转型。20世纪40年代,美国社会学家帕森斯(Talcott Parsons)继承并发挥了韦伯的概念体系,提出一系列现代社会区别于传统社会的"关键变量",例如价值观上个人取向与集体取向的对立,身份地位上业绩取向与归属取向的对立,角色定位上一视同仁

---

[1] Max Weber, *Economy and Society*, 2 volumes, G. Roth and C. Wittich (eds.), Berkeley: University of California Press, 1978.

[2] Max Weber, "Objectivity in Social Science and Social Policy," in E. A. Shils and H. A. Finch (ed. and trans.), *The Methodology of the Social Sciences*, New York: Free Press, 1949.

与区别对待的对立，角色功能上专门化与弥散性的对立，等等。① 至此，经典的现代化理论已经呼之欲出。但它的正式登场，要等到60年代一系列有关"现代化"的经典著述的出版。② 其中最具影响力的，当属罗斯托的经济成长阶段论，即在欧美国家历史经验的基础上，把现代经济增长分为五个阶段，认为这五个阶段的增长模式，适用于所有致力于现代化的非西方国家。③

现代化理论的流行，作为美国乃至整个西方社会科学领域的一场范式革命，虽然有其学术渊源，但是得到美国主流学术界的响应和提倡，是与第二次世界大战之后两大国家阵营之间的相互对立及其对新兴国家的争夺这一背景分不开的。对立的一方是以苏联为首的社会主义国家阵营。它不仅以支援民族解放的名义，向亚洲、非洲、拉丁美洲新兴国家提供军事援助，同时还试图把自己的计划经济模式和私人企业的国有化改造方案，加之于受援国，影响它们的发展道路。而以美国为首的西方资本主义国家阵营，也不仅力图通过战争阻止国际共产主义运动的传播，而且在经济和

---

① Talcott Parsons, *The Structure of Social Action: A Study in Social Theory with Special Reference to a Group of Recent European Writers*, 2 volumes, New York: The Free Press, 1949.

② David Apter, *The Politics of Modernization*, Chicago: The University of Chicago Press, 1965; Marion Levy, Jr., *Modernization and the Structure of Societies: A Setting for International Affairs*, 2 volumes, Princeton: Princeton University Press, 1966; Cyril Black, *The Dynamics of Modernization: A Study in Comparative History*, New York: Harper & Row, 1966; Gabriel Almond and G. Bingham Powell, *Comparative Politics: A Developmental Approach*, Boston: Little, Brown & Co., 1966; Alex Inkeles and David Smith, *Becoming Modern: Individual Change in Six Developing Countries*, Cambridge, MA: Harvard University Press, 1974.

③ W. W. Rostow, *The Stages of Economic Growth: A Non-Communist Manifesto*, Cambridge: Cambridge University Press, 1960.

文化领域,不遗余力地试图把第三世界纳入其所主导的市场体系,并宣扬、传播自身的意识形态和价值观,以此抵消来自东方阵营的影响力。也难怪在诸多现代化理论中影响力最大的《经济增长的阶段》一书中,作者干脆以"非共产党宣言"作为其副标题。

正如一位研究现代化理论的学者所指出的,现代化理论迎合了美国决策阶层遏制共产党革命在非西方国家扩展的需求,是东西方阵营之间意识形态对抗的产物。正是在"冷战"走向高潮的肯尼迪执政时期,来自各大学或学术中心的不同学科的研究者,把现代化理论转变为政府的政策建议。他们所提出的各种各样的现代化主张,已经远远超出了学术性、知识性的讨论范围。作为一种意识形态,现代化理论美化了美国社会及其成就,为"冷战"时期美国的外交政策和对外扩张起到推动作用。[1] 另一位研究现代化理论的学者也直率地指出,现代化理论与"冷战"紧密相连,是"冷战"时期美国反共外交政策的产物。而提倡现代化理论最为得力的几位干将,即麻省理工学院国际研究中心的核心成员,都毫不掩饰自己的研究是在为美国的国家利益服务。事实上,这个研究中心本身,也是在 20 世纪 50 年代为推动一项机密的反共宣传项目而成立的。[2]

当然,这并不是说现代化理论没有任何学术价值,也不能说这一理论的基本概念一无是处。现代化理论最值得认可的地方,在

[1] Michael Latham, *Modernization as Ideology: American Social Science and "Nation Building" in the Kennedy Era*, Chapel Hill: The University of North Carolina Press, 2000.

[2] Nils Gilman, *Mandarins of the Future: Modernization Theory in Cold War America*, Baltimore: The Johns Hopkins University Press.

于它在西方社会科学演进过程中,首次突破了具体学科的限制,真正形成了一个关于人类现代社会变革的跨学科、综合性诠释架构。这个架构的形成,主要基于西欧和北美国家自文艺复兴以来的历史经验,因此在一定程度上可以用来解释西方发达国家的历史进程,这是没有疑问的。但是,现代化理论带有与生俱来的缺陷。

其一,它带有鲜明的欧洲中心主义印记,即把欧美国家的历史经验,泛化为放之四海而皆准的共同规律,宣称其可以应用于东西方所有社会。其二,虽然它的兴起有其内在的学术源头,但是它的兴盛跟美国政府所推动的地缘战略目标息息相关,成为服务于美国国家利益的一种意识形态。其三,正因如此,虽然现代化理论有其历史基础和学术渊源,但是一旦上升为一种意识形态,其概念便越来越笼统和抽象,其理论预设也越来越理念化、唯心化,与西方国家自身的历史和非西方社会的严峻现实都拉开了距离。非历史性成为它最大的缺陷。其四,就方法论而言,现代化理论有一个致命的缺陷,即以“民族国家”作为其分析单元;它的一些基本概念,诸如工业化、城市化、民主化等,都被认为是在民族国家的范围之内展开的,并且它认为每个国家都可以依据欧美国家的历史经验,按部就班走上现代化的道路。但是自从 20 世纪 80 和 90 年代以来,世界各国的一系列经济政治重大变化和在此基础上对发展问题形成的新的认识,都超出了民族国家的传统范畴。无论在知识界还是舆论界,“现代化”作为一个概念和话语体系已经越来越过时,取而代之的是更能反映世界范围内经济政治发展最新趋势的“全球化”这一概念。

最后值得一提的是,在 20 世纪 80 年代的中后期,现代化理论也被引进中国，并且在国内社会科学各个学科尤其是历史研究领域流行一时。北京大学历史系罗荣渠教授在其中起到不可或缺的作用。80 年代初，罗荣渠在历时一年半的访美期间，曾经到访现代化研究的重镇普林斯顿大学，与该校历史系教授、《现代化的动力》一书作者布莱克（Cyril Black）做了深入交谈，并且接触了该校中国现代化研究课题的核心成员。回国之后，经过一段时间的酝酿，于1986 年在《历史研究》上发表《现代化理论与历史研究》，全面追溯和介绍现代化理论的流变，探讨其对于历史研究的借鉴意义。此后，罗荣渠发表一系列文章，最终汇集、扩充为《现代化新论》，并组织课题组，牵头从事各国现代化比较研究，在国内现代化研究领域起开风气之先的作用。①

在罗荣渠的影响和带动下，一批年轻学者纷纷致力于现代化理论著述的中译、介绍，探索现代化理论在中国近现代以来历史变迁研究领域的应用。② 在中国近现代史研究领域，"现代化"和"近代化"成为使用频率最高的术语之一。但在 20 世纪 80 年代和 90 年代初，无论在史学界还是社会科学界，对现代化理论的吸收和借鉴仍然仅仅限于学术层面，尚未受到政府决策层的关注，对中国经

---

① 罗荣渠：《现代化新论——世界与中国的现代化进程》，北京：北京大学出版社，1993 年；罗荣渠主编《各国现代化比较研究》，西安：陕西人民出版社，1993 年。

② 值得一提的是，中国学者在引进、吸收和应用现代化理论的过程中，从一开始便对该理论的历史起源有清醒的认识。罗荣渠在《西方现代化史学思潮的来龙去脉》（《历史研究》1987 年第 1 期）一文中明确指出美国的"冷战"战略和反共意识形态对现代化理论所产生的影响，并试图用马克思主义的理论和方法对现代化理论重新加以建构，先后写下《建立马克思主义的现代化理论的初步探索》（《中国社会科学》1988 年第 1 期）、《论一元多线历史发展观》（《历史研究》1989 年第 1 期）等论文。

济体制改革方向和进程影响并不显著。现代化理论之所以能够在中国流行一二十年，与其说是因为这一理论影响了中国的经济政治改革进程，不如说是因为 80 年代改革开放的潮流激发中国学者关注现代化问题，以理论创新和学术转型呼应时代潮流。

二、超越现代化理论：非主流和非西方知识界的回应

现代化理论作为一个源自欧美学术传统和历史经验的诠释框架，与非西方各国的历史和现实很难对接。对于绝大多数发展中国家来说，虽然"现代化"这一概念所涵盖的基本内容，诸如工业化、城市化、民主化等，在其战后发展过程中都曾不同程度地有所展开，但真正取得成功的国家并不多。有些国家从独立之初便陷入宗教、种族或政治冲突乃至内战之中，经济上始终处于落后状态。因此，现代化理论遭到来自西方和非西方各国学者的质疑和拒绝。

西方学者的回应大体上分为两种。其中，保守务实的右翼倾向于用现实主义眼光看待发展中国家战后存在的问题，承认其政治失序、现代化中断的事实，不再一味坚持在发展中国家搞民主化，转而强调威权政治在经济发展中所起的作用，因此成了现代化理论的所谓修正派。① 而左翼学者倾向用西方马克思主义理论方法探索非西方不发达的根源，把亚洲、非洲和拉丁美洲国家的贫穷

---

① 其中最具代表性的是 Samuel Huntington, *Political Order in Changing Societies*, New Haven：Yale University Press, 1968。

落后,归结于资本主义世界经济体系所造成的西方与非西方国家之间的不平等关系。在他们看来,位于这一体系"边陲"地带的国家长期以来依靠单一的农业或种植园经济,向西方国家输出农产品和原料,而其价格被西方"核心"国家控制,导致这些国家的经济资源大量流入西方。本国的制造业因为缺乏资本和技术而无法扩张和升级,失业现象严重,在国内形成两极分化;少数富人将其所积累的财富用于奢侈性消费,而非资本积累和扩大再生产。

在这些左翼学者看来,边陲国家的不发达与核心国家的发达是连在一起的:核心的发达以边陲的不发达为条件;边陲的不发达是核心的发达所造成的。第三世界国家解决不发达问题的唯一办法,就是通过暴力革命,切断对西方的依附,消灭本国寄生阶层,走独立自主的发展道路。[1] 不用说,这种方案虽然对非西方国家的激进派知识分子颇有吸引力,但在西方主流学界很少得到响应。在西方主流知识界影响较大的是一种较为复杂、更具动态特征的诠释架构,即沃勒斯坦的"世界体系论"(world system theory)。其独特之处,是在中心与边陲之外提出第三个范畴,即"半边陲"国家:它们的工业化已经达到一定程度,人均收入在中等水平以上,有加入核心国行列的潜力,但缺乏金融自主能力,在技术和市场上对核

[1] Paul Baran, *The Political Economy of Growth*, New York: Monthly Review Press, 1957; Paul Sweezy, *The Present as History*: *Reviews on Capitalism and Socialism*, New York: Monthly Review Press, 1953; *Modern Capitalism and Other Essays*, New York: Monthly Review Press, 1972; Andre Gunder Frank, *The Development of Underdevelopment*, New York: Monthly Review Press, 1966; *Capitalism and Underdevelopment in Latin America*, Monthly Review Press, 1967; *Latin America*: *Underdevelopment or Revolution*. Monthly Review Press, 1969.

心国仍有不同程度的依附性。①

　　抗拒现代化理论的另一支力量,来自拉丁美洲和非洲不发达国家内部。不同于美国左翼学者从新马克思主义视角批判现代化理论,第三世界国家内部对现代化理论持批评态度的大多是本国的政治文化精英。他们并不一定信奉马克思主义,但是对于本国或本地区的殖民主义统治历史记忆犹新,对西方主宰国际事务和世界秩序的现实,在感情上是抗拒的,对西方在本国的意识形态渗透也有防备心理。他们同样认为,本国的落后源自资本主义世界经济体系的不平等结构;西方国家所主导的世界体系,尤其是其中的国际贸易条件,导致不发达国家以其廉价的自然资源和农产品,换取发达国家昂贵的工业制成品,在经济结构上形成对后者的依附,这就是"依附论"(dependency theory)的核心观点。② 但是解决问题的办法,在这些学者看来,不是靠一场社会革命去切断与西方

---

① Immanuel Wallerstein, *The Modern World-System*, vol. I: *Capitalist Agriculture and the Origins of the European World-Economy in the Sixteenth Century*, New York: Academic Press, 1974; *The Modern World-System*, vol. II: *Mercantilism and the Consolidation of the European World-Economy*, 1600–1750, New York: Academic Press, 1980; *The Modern World-System*, vol. III: *The Second Great Expansion of the Capitalist World-Economy*, 1730–1840s, San Diego: Academic Press, 1989.

② 代表性论著有 Economic Commission for Latin America, *The Economic Development of Latin America and Its Principal Problems*, New York: United Nations, 1950[此文写作团队——联合国拉美经济委员会——由阿根廷经济学家普雷比什(Raul Prebisch)主导,此文主要反映了他的观点]; Walter Rodney, *How Europe Underdeveloped Africa*, London: Bolge-L'Ouverture, 1972; Samir Amin, *Unequal Development: An Essay on the Social Formations of Peripheral Capitalism*, New York: Monthly Review Press, 1976; Fernando Cardoso and Enzo Faletto, *Dependency and Development in Latin America*, Berkeley: University of California Press, 1979。

资本主义世界的纽带，只能用渐进的改良，通过提高进口商品的关税、保护和扶植本国弱小的民族工业、提高本国货币的外汇估值、减少制成品进口等措施，最终以本国生产的制成品取代进口品。这便是战后六七十年代在第三世界国家流行一时的"进口替代"发展战略。

这种进口替代战略，在规模较大的国家如巴西、阿根廷和墨西哥，取得了一定的成就，推动了当地的工业化。在此战略下，政府并不鼓励外来投资，而是全力扶持国内制造业，往往先从食品、服装、玩具等劳动力密集的低端行业做起，再逐步延伸到小型电器和耐用品生产，个别国家甚至进入机械、电子、航空等更为复杂的制造业部门。到 20 世纪 70 年代后期和 80 年代，这些国家都已经进入中等收入国家行列。但是国家所主导和推动的进口替代战略，也带来一系列严重问题，包括国内市场规模有限，缺乏竞争，导致创新乏力，技术水平落后，生产效率低下；各级官员在制定和执行政府产业政策的过程中利用各种政策漏洞和机会进行寻租活动，导致腐败问题严重。政府靠举债来维持对国内产业的财政补贴，以及基础设施的建设和运营，结果债务负担越来越重。到 90 年代，进口替代战略终于走到尽头，取代它的是方兴未艾的全球化浪潮。

三、换汤不换药：全球化思潮的兴与衰

导致全球化概念流行的背景之一，是 20 世纪 80 年代欧美地区

主要工业国的经济导向，在美国总统里根（1981—1989 年在任）和英国首相撒切尔夫人（1979—1990 年在任）就职期间发生转变，从原来强调政府干预，转向减少经济干预和削减社会福利；在对外经济政策上，英美政府提倡自由贸易，要求各国消除关税壁垒，保护知识产权，全面开放市场；在国际关系和公共外交上，支持各国的抗议运动和人权组织，鼓励发展中国家从威权政治向民主化转型。这些新的政策导向，被学术界和舆论界概括为"新自由主义"。它在经济政策上呼应了 19 世纪西方资本主义国家的自由贸易理念，区别于 20 世纪上半期"大萧条"之后西方国家所强调的政府干预和福利国家理念，也不同于现代化理论为非西方国家所设置的受政府产业政策主导的工业化路径。

　　全球化概念从 20 世纪 80 年代后期和 90 年代初开始流行的另一个原因，即发展中国家的进口替代战略的收效不彰。到 80 年代初，很多国家的外债数额之巨，已经到了无力偿还的地步。因此，国际货币基金组织和世界银行，作为最大的债主，不得不介入这些国家的经济决策，要求它们放弃进口替代战略，停止关税保护，开放国内市场，实行自由贸易政策。结果，西方跨国公司靠自身的资本和技术优势，迅速占领这些国家的国内市场，攫取并汇走绝大部分利润，依附论的核心论点在新自由主义冲击下再度成为现实。[1] 发展中国家的民族工业在外来行业巨头的竞争面前难以招架，虽然其中少数企业在竞争中左冲右突，偶有成功，甚至能做大做强，但绝大多数企业要么被其收购，要么走向萧条乃至破产。民

---

[1] Andy Higginbottom, "The Political Economy of Foreign Investment in Latin America: Dependency Revisited," *Latin American Perspectives*, 2013, vol. 40, no. 3.

众的就业率和工资水平因此停滞不前，整个国家在经济上掉入所谓"中等收入陷阱"，人均国内生产总值自从 20 世纪 80 年代以来的几十年间，一直在原水平上徘徊，无力再上一个台阶，加入高收入国家的行列。总之，发展中国家纷纷舍弃替代工业化战略，不再追求国民经济的自主发展，放任西方跨国公司重新占领其国内市场，使这些国家被重新纳入受跨国公司控制的全球产业链，是"全球化"上升为西方知识界和舆论界主流话语的另一背景。

全球化思潮的流行，还有一个更为深刻的国际地缘政治背景，那就是以苏联为首的社会主义国家阵营的解体，以及随之而来的俄罗斯和东欧各国国民经济体系的崩溃，其高潮是苏联解体后的"休克疗法"，使原来归国家所有的企业，通过股份化改制、转让和出售，完成私有化过程。政治上，这些国家也从原先共产党领导的高度集中的政府体制，转向政党竞争的民主体制或者寡头政治，或者两者兼而有之。国际地缘政治的重大转变，得到西方知识界的呼应。其中影响最大的，无疑是福山（Francis Fukuyama）的"历史终结论"，认为苏联和东欧共产党国家的解体、全民所有的计划经济体系的崩溃，以及撒切尔-里根时代新自由主义的盛行，标志着现代以来的人类历史走向其最终目标，也就是所谓西方自由民主价值观普遍实现，私有产权和法治获得保障，充分竞争的资本主义市场经济大行其道，人类的潜能得到充分发挥的机会。[1] 这些理论预设不仅对学术界和公共媒体产生巨大影响，而是在相当程度上左右了西方国家的外交政策，形成所谓"华盛顿共识"。

---

[1] Francis Fukuyama, *The End of History and the Last Man*, New York: Free Press, 1992.

最后，东亚地区从 20 世纪 80 年代起的发展趋势，对全球化思潮在世界各国的盛行也起到推波助澜的作用。在 80 和 90 年代，"亚洲四小龙"实现了从劳动密集到资本和技术密集的产业升级，成功加入新兴工业化经济体行列；政治上民主化运动也进入高潮，成功实现了从威权政治到竞争性民主体制的转型。尤有进者，中国从 80 年代开始也部分放弃了原先的计划经济，所有制从原先的公有制为主走向多元化，经济战略也从原先的自力更生为主，走向对外开放，大力吸引外资，扩大对外贸易。2001 年加入世界贸易组织之后，中国经济进一步参与到资本主义世界经济体系。所有这些，似乎都印证了经典现代化理论的预设，也对新流行的华盛顿共识提供了强有力的实证支撑；全球化之成为世界潮流，似乎也成了不争的事实。

但物极必反。全球化作为一个世界浪潮和知识建构，经过二三十年风光无限的流行之后，到 21 世纪第二个 10 年，终于呈现走衰的迹象。衰退的原因来自两个方面。首先，它遭到来自发展中国家的抗拒。在这些国家的有识之士看来，经济上的全球化和产业链分工，实际上使那些在国际市场上不具有竞争力的第三世界国家失去了经济发展机会，因为它们无力在制造业上与那些已经占据全球产业链各个环节的制造业大国进行竞争。其结果是本国制造业的严重缺失和本土服务业的畸形发展。[1] 因此，所谓全球化，在其看来实际上是来自发达国家的跨国公司和代表发达国家利益的国际组织（世界银行、世界贸易组织和国际货币基金组织）

---

[1] Ndinawe Byekwaso, "The Politics of Modernization and the Misleading Approaches to Development," *World Review of Political Economy*, 2016, vol. 7, no. 2.

联手遏制穷国小国工业化的共谋过程,是一种经济上的恐怖主义。① 政治上,西方发达国家打着新自由主义的旗号在非西方国家提倡民主,实际上只能导致多头统治,使本国的不平等披上一层合法化外衣。② 归根到底,全球化所体现的仅仅是西方发达国家的视角,其背后是美国所主导的帝国工程。③

但全球化的最大阻力还是来自发达国家自身。为了降低成本,追求利润最大化,这些国家的跨国公司纷纷将其工厂转移到劳动力价格较低的发展中国家,导致本土制造业的空心化。空心化加剧了发达国家的贫富分化和社会分裂。从中获益最大的,当然是居于社会顶层的跨国公司管理精英和技术精英。而居于社会底层的普通民众却因为产业空心化而失去就业机会,收入逐年下降。社会两极化的直接后果,是政治上民粹主义和保守主义的流行,以及随之而来的西方国家产业政策的调整。其中最具标志性的事件,便是共和党候选人特朗普就任美国总统;他在 2017 年上任后不久,即发起针对中国的贸易战,大幅提高来自中国的进口货物的税率,以种种借口背弃以往的自由贸易政策。在高科技领域,为了维持美国在世界经济体系中的主导地位及其军事霸权,对中国的科技公司进行打压。这种打压政策在民主党总统拜登上台之后有增

① Kema Irogbe, "Globalization and the Development of Underdevelopment of the Third World," *Journal of Third World Studies*, 2005, vol. 22, no. 1.

② William Robinson, "Globalization, the World System, and ' Democracy Promotion' in U.S. Foreign Policy," *Theory and Society*, 1996, vol. 25, no. 5.

③ Raewyn Connell, "The Northern Theory of Globalization," *Sociological Theory*, 2007, vol. 25, no. 4; M. D. Litonjua, "Third World/Global South: From Development to Globalization to Imperial Project," *Journal of Third World Studies*, 2010, vol. 27, no. 1.

无减,上升为对中国最具竞争力的高科技公司的封锁、断供。与此同时,无论特朗普还是拜登,都通过提供投资优惠和对中国的限制,促进制造业尤其是尖端科技制造业回到美国,从而对以往的全球产业链造成巨大冲击。用台积电创办人张仲谋的话说,"全球化和自由贸易已濒临死亡"。[①]

四、淮橘为枳：中国主流经济学界的误区

全球化思潮在 20 世纪 90 年代中后期和 21 世纪头一二十年对中国知识界的冲击,远远超过了以往的现代化理论。90 年代晚期,尤其是进入 21 世纪之后,现代化理论作为一种学术思潮,在中国知识界已经失去往日的魅力。但作为现代化理论变种和替代的全球化思潮,在中国知识精英尤其是主流经济学家中间日益流行。这些学者大多在欧美受过学术训练,拿到博士学位。回国之后,他们直接把西方主流经济学的理论和方法移植到国内,用来研究当下的中国经济所面临的问题,提供解决这些问题的思路和对策。

应该说,进入 20 世纪 90 年代以后,中国经济改革的传统思路已经遇到一些困难。在此之前,各项改革措施都是在不改变国有企业的公有制前提下,对地方政府和企业进行各种形式的放权让利,从扩大企业自主权和厂长负责制到利改税等,这些措施在激发企业经营积极性方面有短期成效,但也产生越来越多在体制内无

[①] https://asia.nikkei.com/Spotlight/Most-read-in-2022/TSMC-founder-Morris-Chang-says-globalization-almost-dead

法解决的弊端。而此时西方主流学界所盛行的新古典经济学，似乎为中国的改革困境提供了破解办法。那些受过西方学术训练的经济学界精英与主张全面彻底改革的决策层形成共识，联手推动国有企业体制改革的突破，导致中国的经济改革从 90 年代中后期开始朝两个方向转型，一是所有制结构的颠覆性变化，在"抓大放小"的总体思路下，使绝大多数国有企业通过股份制或关停并转实现所有权的多元化和民营化，从而让政府摆脱对国有企业的财政负担；二是通过大力吸引外资、发展对外贸易，将中国经济高度融入世界经济体系，以此作为刺激经济成长的主要驱动力。其中最具标志性的举措是 2001 年中国加入世贸组织。

因此，不同于 20 世纪 80 年代和 90 年代初的现代化理论，其影响力在国内仅仅限于学术界，90 年代中后期和 21 世纪最初十年所流行的全球化思潮，对于中国经济改革的方向产生了深远影响。这种转向，既有中国经济改革内在的逻辑必然性，也跟国内经济学界主流学者的推动分不开。这些顶尖的经济学家对政府在经济增长中的角色定位，认识不尽一致，甚至相左，但在推动中国企业改革朝着私有化、市场化和国际化的方向发展方面，思路是基本一致的。在他们中间，有两种影响最广的观点尤其值得一提。

其中之一，在学理上受芝加哥学派的新古典经济学影响，在实证研究上受"亚洲四小龙"历史经验的启发。其核心观点是，发展中国家和地区的经济增长战略应该立足于自身的资源禀赋结构，在融入国际市场的过程中，充分发挥其比较优势，也就是相对廉价的劳动力和丰富的土地、矿产、森林等自然资源，并且在工业化初期，避开不具优势的资本密集产业，重点发展劳动密集型产业，再借助要素禀赋结构自身的升级，也就是主要靠吸引更多的外资或者依靠自身的资本积累，加上政府的推动，实现从劳动密集向资本密集和技术密集产业的升级。

具体到 1949 年以后的中国经济，持此一论点的学者认为，20世纪 50 年代至 70 年代的中国，以牺牲农业和轻工业为代价，把重工业放在国民经济发展的优先位置，违背了比较优势，导致中国经济效率和人民生活水平长期停滞不前；据称到 70 年代末，中国已经沦入世界上最贫困国家的行列。而 80 年代以来中国之所以出现经济快速增长的奇迹，是因为改革开放使中国充分发挥了自身的比较优势，即利用供给充沛的廉价劳动力优势，大力发展出口导向的劳动密集产业，由此带来就业机会的增加、经济总量的快速扩张和人均收入的迅速提高。中国因此在某种意义上创造了经济奇迹。[1]

另一种思路受到以哈耶克为代表的所谓奥地利学派的影响。坚持这一思路的学者把追求、捍卫个人自由视为经济学家最高的道德诉求，认为自由是经济发展的目标，而不是工具。从这里预设出发，该学派强调，经济发展首在培育、发挥企业家精神，通过市场竞争激发技术创新，反对政府对经济活动的介入和任何形式的产业政策，认为政府的责任只应该限于保护个人自由和私有产权，建

---

[1] 林毅夫、蔡昉、李周：《中国的奇迹：发展战略与经济改革》，上海：生活·读书·新知三联书店、上海人民出版社，1994 年；林毅夫：《新结构经济学——重构发展经济学的框架》，《经济学》2010 年（第 10 卷）第 1 期；林毅夫、付才辉：《比较优势与竞争优势：新结构经济学的视角》，《经济研究》2022 年第 5 期。

立法治秩序,维持竞争规则的公平。① 不用说,这一学派跟新自由主义主张和华盛顿共识在实质上是一致的。而尊崇新古典主义的新结构经济学派,虽然在强调禀赋结构和比较优势上,与追捧奥地利学派的经济学家所信奉的自由竞争有所差异,但两者对经济成长的基本预设是相同的。双方都强调,市场是最为有效的资源配置机制。新结构学派虽然认可自上而下的产业规划,但也反对政府过分介入经济活动,尤其反对旧结构主义经济学通过行政手段和价格扭曲来优先发展资本密集产业,认为政府的决策只能限定在提供基础设施、推动金融和外贸自由化方面。总之,在保护私有产权,倡导市场竞争,促进经济活动自由化、国际化这些基本议题上,两者的预设是相同的。

应该说,上述预设和观点在具备完善而公平的竞争规则且已经高度整合的国内市场或国际市场条件下是可以成立的。在一个成熟的市场内部,企业家的创新精神可以得到充分释放,这是毫无疑义的。但在实践中,理念中的完美市场环境很难存在;即使在以提倡自由贸易和保护私有产权为传统准则的欧美国家,政府通过税收和利率政策,以及基础设施建设对经济活动所施加的影响也无所不在。纯粹的自由竞争在世界各国历史上几乎不存在。换言之,奥地利学派的核心观点有其严格的适用范围,一旦超出这个范围,便会失去可操作性和有效性。

同样,新结构主义也有其特定的适用范围和可操作性。这个

① 张维迎:《市场的逻辑》,上海:上海人民出版社,2010 年;张维迎:《产业政策争论背后的经济学问题》,《学术界》2017 年第 2 期;张维迎:《重新理解企业家精神》,海口:海南出版社,2022 年。

范围就是，作为其研究对象的发展中国家的经济，被充分纳入由工业化大国主导的世界经济体系；资本、技术、商品可以在这个体系内的各个经济体之间自由流通，不存在不利于发展中国家的贸易条件，也不存在发达国家对具有技术升级潜力的发展中国家的打压和封锁。然而，实际情形是，新兴经济体一旦出现不受居世界经济体系核心地位的大国之控制的技术优势，便会遭到大国的打压，直至新兴经济体放弃其技术优势，或者完全屈服于大国的霸权利益，将新兴工业化经济体的科技产业转化为再生和加强其霸权地位的有益补充，甚至直接将其最具科技优势的产业转移到霸权国家。

简言之，新结构主义的比较优势，只能在大国主导的同一个国际贸易体系内部、在服从大国的霸权地位的前提下，才有存在和发挥的空间。如果发展中国家不接受大国的地缘政治主导地位和军事霸权，如果发展中国家因此不能与大国之间实现商品、资本和技术的自由流通，如果它们在进入国际市场和引进国外技术方面受到限制或者封锁，甚至被排斥在大国所主导的国际体系和全球产业链之外，那么上述比较优势和产业升级的假说便不能成立。

总之，一个国家的现代化，绝不仅仅是该国内部的经济增长问题；既不可能仅仅通过开放市场、吸引外资、保护私人产权带来高速增长和社会现代化，也不可能仅仅凭借自身的资源禀赋，发挥比较优势，进入现代化国家的行列。新自由主义和新古典主义经济学家们的立论前提或理论预设有着严格的界定和适用范围。这些前提和预设在实践中似乎很难实现。

首先，世界上并不存在一个国与国之间完全平等的世界秩序；

所谓民族国家不分大小一律平等只是一种理念，而国际政治的现实永远是优胜劣汰、适者生存的丛林法则。强国的霸权地位及其对世界秩序的主宰，与弱国的屈从或遭受欺凌始终并存。经济增长因此首先是特定国际政治秩序之下的道路选择问题。世界上并不存在一个没有任何政治障碍、可以自由进出的一体化市场体系；任何世界市场体系的贸易规则都是由霸权国家制定并用来服务于自身利益的。

其次，任何一个国家内部，都不存在一个完全由市场主导的、充分竞争的经济体系；社会和经济上居于主导地位的利益集团总是通过各种途径控制媒体、舆论和立法机构，影响国家的法规和政策制定过程，以此服务于统治精英的既得利益。脱离了国内的社会、政治、宗教、族群、人口等非经济因素来谈经济增长，只会带来片面的和误导性的认知。

最后，作为经济行为个体的普通所有者和劳动者，也并不总是经济学家们所想象的理性人，以追求物质利益的最大化为个人的最高诉求。在不同的文化背景下，人们的价值观差异很大，对经济理性的理解互不相同，个人的经济行为也多种多样。因此，即使置身于同一个世界经济体系，不同文化背景下的经济体也可能呈现不同的增长速度和业绩。①

一言以蔽之，经济增长从来都不存在于真空之中。理解经济增长问题，以及与此紧密相连的现代化问题，必须跳出新自由主义

① Lawrence Harrison, *Underdevelopment is a State of Mind*: *The Latin American Case*, Lanham, MD: Madison Books, 1985; Lawrence Harrison and Samuel Huntington (eds.), *Culture Matters*: *How Values Shape Human Progress*, New York: Basic Books, 2000.

或新古典主义经济学家们的狭隘视角,把国际地缘政治因素、国内社会政治和文化因素都考虑进来,在宏观的和比较历史的视野下,全方位理解每个国家在特定历史时期的道路抉择及其成败得失。

五、地缘竞争与战略抉择

一个国家的经济成长,说到底不仅仅是为了企业家精神的充分发挥而提供市场环境的问题,也不是一个企业如何利用本国资源禀赋和发挥比较优势的问题。要全面理解一个国家或经济体的增长路径,还应该跳出经济学研究的视野,把一系列非经济的因素考虑进来。经济增长的路径和速度,不仅取决于企业或个人的行为抉择,而且跟一个国家所处的国际环境和竞争实力紧密相关。一个国家在其所处的世界体系中究竟处于何种地位,并非简单地取决于本国的物理体量(包括人口规模、领土面积和经济总量),而是主要取决于本国的综合竞争能力。综合竞争能力本身,又可以细分为以下三种相互关联和转化的资源。

(1)经济资源:具体又分为四种,首先是增长潜力最小、增长速度最慢并且有一个终极限度的,由气候条件和耕地规模决定的种植业;其次是制造业,可以通过技术升级、竞争乃至垄断来赚取越来越高的利润;再则是商业,尤其是国际贸易,亦即在不同经济活动的国际分工基础上进行等价或不等价的交换,从而产生财富;最后是金融业,即通过发行货币、国债、个人信贷、期货和股票市场等手段进行融资。这些融资手段在用于生产过程时,所产生的资源及其潜力远远超过所有其他手段；但这些手段如果主要被用来进行投机，所产生的风险又远远超过其他经济活动。

（2）财政资源：无论是种植业和制造业，还是贸易和金融，其所产生的财富如果仅仅被用于生产者或所有者的个人消费，则无助于国家竞争能力的提高；只有变成可供国家汲取的资源(主要是税收)时，才会增强国家的竞争力。因此，打造一个有效率的、制度化的、高度集中的国家机器，尤其是财政生成体系，是增强国力的关键所在。

（3）军事资源：一个国家的国防能力，取决于多项因素；除了地理位置、军队指挥体系、士兵作战能力和效忠程度等直接因素，最关键的是国家对国防建设的财政投入力度。财政投入决定了军队的规模、训练水平和武器装备。因此，一个国家的综合竞争能力，有一个从经济资源到财政资源再到军事资源不断转化的过程。而经济资源，或者更准确地说，可供国家汲取的经济资源的规模，最终决定了一个国家的生存能力和国际竞争能力。正是这种综合竞争能力，决定了一个国家在国际体系中的地位，亦即决定了它是上升到主导和霸权地位，还是处在从属于霸权国家的附庸地位。

有关近代以来世界各国兴衰过程的历史研究，已经一再证明了这一点。① 那些能够在国与国之间的竞争中胜出、最终在其所处的世界体系建立主导地位的强权(great powers)，很少是单纯以人

① Paul Kennedy, *The Rise and Fall of the Great Powers*, New York: Random House, 1987; Charles Till, *Coercion, Capital, and European States, A. D. 990 – 1992*, Cambridge, MA: Blackwell Publishing, 1993; John Mearsheimer, *The Tragedy of Great Power Politics*, New York: Norton, 2014.

口规模、疆域面积或经济总量取胜的大国，而主要是在军事上战胜其竞争对手的强国；它们通过建立军事霸权，对屈从于这种霸权的弱国、小国进行财富的掠夺和转移。而这些强权国家之所以能够在军事上打败对手，又是因为自己有超过对手的财政汲取能力。换言之，那些在世界体系中居于霸权地位的大国，不仅在军事上遥遥领先于其他国家，而且总能借助自身在制造业和国际贸易及金融体系中的强势地位，增强其财政汲取和财富积累能力，并以此支撑其军事霸权。

相形之下，强权之外的所有中小型国家，置身于大国的霸权支配之下，通常只有三个选项：(1)投靠霸权国家，成为其附属或盟国，以换取其军事保护。其中在地缘战略上对霸权国家的核心利益极为重要的国家，在服从霸权国家支配地位的前提下，可以获得后者的保护和援助；并且可以通过进入霸权国家所主导的世界市场，将自身经济高度融入这一体系，在这一体系内部完成产业升级，甚至在不对霸权国家的核心利益构成威胁的条件下，通过零部件集成和自主研发的方式，进入这一世界市场体系的产业链分工的最高端。战后日本、韩国和新加坡便是这一选项最成功的案例。当然，战后日本、韩国和新加坡的成功，除了霸权国家保护和扶植这一至为关键的外部因素，还有其自身的内部因素，包括政府主动积极的产业政策、传统文化中的节俭和勤勉理念所带来的高储蓄率、民众重视教育所带来的高素质劳动力等。这些内外有利因素的巧妙结合，促成了战后日本、韩国和新加坡高速发展和成功转型的奇迹，也使之成为迄今为止在西方发达国家之外"现代化"取得成功的仅有的案例。

（2）那些对霸权国家的核心利益并非至关紧要的国家，虽然得不到霸权国家的军事保护和财政援助，但如果本国的人口和市场规模居于中等以上，且自然资源和经济资源多样化，则有可能充分利用自身的资源禀赋，发展最适合其"比较优势"的产业部门，甚至在个别产业部门形成世界范围的竞争优势，在一定程度上实现国民经济的工业化，进入中等收入国家行列。但是，这些国家的大多数产业部门，在市场开放的条件下，无力与来自发达国家的跨国公司进行竞争，只能处于全球产业链的低端或中端，听由跨国公司占据高端，将高额利润转移到国外，导致人均国民收入长期处在不上不下的位置，掉入所谓中等收入陷阱；对它们来说，"现代化"依然可望而不可即。

（3）那些市场狭小、资源单一的小国，既得不到霸权国家的保护和扶持，也无力自主发展本土产业，更谈不上形成产业集群；如果立国时间较短，社会整合低，宗教、族群、派系冲突严重，再加上民众教育程度低、劳动力素质差，那么所有这些不利的内部和外部因素结合在一起，会导致这些国家长期处在动荡、贫困和最不发达的状态。对这些国家来说，"现代化"完全是一个画饼而已。

总之，决定一个国家的经济增长潜力和发展路径的，不仅仅是经济学家们所关注的企业家精神的培育或比较优势的发挥问题，而是牵涉到该国的地缘政治环境和竞争能力问题。地缘政治环境从根本上决定了一个国家的发展战略选项和经济增长路径，而该国的经济、财政、军事资源的转化能力，亦即其综合竞争能力，又决定了经济增长的速度和效率；转化能力强，可以为经济增长提供强劲的动力，使经济资源在最大程度上变成国家竞争优势。国家竞

争优势的加强反过来又会为经济增长和财政扩张提供更多的
资源。①

六、跨越中等收入陷阱

这里需要进一步讨论的是包括中国在内的发展中国家迈向发
达国家(实现现代化)的阻力与潜力问题。就阻力而言,中等收入
陷阱是目前绝大多数发展中国家所面临的一个普遍问题。迄今为
止,在西方发达国家之外,只有两类经济体加入了高收入的行列,
一类是中东地区少数几个石油输出国,它们凭借丰富的石化资源
和较小的人口规模,通过输出石油维持着较高的人均收入和生活
水准;但这些国家经济结构单一,社会结构和政治体系在很大程度
上依然保持着传统面貌,很难算得上现代化社会。另一类成功加

---

① 所谓"国家竞争优势",过去有学者提出,但主要是从管理学的角度展开的,侧重点
是如何形成企业的竞争优势,其中影响最大的是迈克尔·波特的学说。波特认
为,企业的竞争力取决于四个方面,即企业的经营策略、市场需求、生产要素及相
关产业集群的形成,也就是所谓"钻石理论"。他还认为,一个国家的竞争力的提
升,要经过四个阶段,从最初的基于生产要素(例如自然资源和劳动力)的竞争,迈
向投资驱动的竞争,再上升到创新驱动的竞争;在这三个阶段,国力会一步步提
升,但是到了最后的第四阶段,即财富驱动的竞争阶段,国力会走向衰退,因为大
量的收购和兼并导致竞争对手的减少和垄断的形成,企业由此失去创新的动力
(Michael Porter, *The Competitive Advantage of Nations*, New York: The Free Press,
1990)。另有学者研究国家之间的竞争问题,把侧重点放在各国的工商业政策方
面,包括保护产权、维持财政平衡、增加储蓄和投资、控制通货膨胀、减少腐败和贫
富不均、开放资本市场和劳动力市场,等等(Richard Vietor, *How Countries Compete*:
Strategy, *Structure*, *and Government in the Global Economy*, Boston: Harvard Business School
Press, 2007)。

入高收入经济体行列的便是战后日本和"亚洲四小龙"。它们不仅完成了工业化和产业升级，而且在社会、政治和文化方面也经历了转型，各方面越来越接近于西方发达国家；可以说，到目前为止，它们是在西方发达国家之外唯一成功实现了"现代化"的国家或地区。但是在整个非西方世界，除了这两类经济体，所有其他国家依然只能算是"发展中国家"。

为了便于说明中等收入陷阱，下面的图表去掉意义不大的小国，仅仅考虑人口在 3,000 万以上的发展中国家（不含已经加入欧洲经济共同体的东欧国家）。这些国家的人均国民生产总值在 1990 年都处于中等水平：除了印度，均高于 1,000 美元，但不到 10,000美元。经过历时 30 年的经济增长，到 2020 年，这些国家的人均收入有所提高，但步伐缓慢，依然处于中等水平，即高于 2,000 美元，但低于 12,000 美元。其中南美洲的两个大国出现大幅回落，阿根廷从最高点的 14,000 多美元（2011 年），跌落到 9,000 多美元（2021 年），巴西也从最高点 9,000 多美元（2012 年），跌到 7,000 美元（2021 年）。更多国家在进入 21 世纪 10 年代之后（从 2011 年起），一直处在几乎停滞不前的状态（如俄罗斯、伊朗、乌克兰、阿尔及利亚等）。印度增幅和缓，但是到 2021 年依然是垫底的国家（刚刚超过 2,000 美元）。

中国是所有这些中等收入国家中增速最快增幅也最稳健的国家，从 1990 年的倒数第二（905 美元），攀升到 2020 年的遥居首位（11,819美元），超过了原来高居前三位的阿根廷、俄罗斯和马来西亚。从势头上看，中国也是所有中等以上（人口超过 3,000 万）发展中国家之中，唯一具有摆脱中等收入行列、加入高收入行列之潜力的国家。如果说，中等收入陷阱是指一个国家的人均国民收入长期徘徊于中等收入范围之内且不具有向上突破的势头的话，那么，中国是唯一尚未掉入这一陷阱的中等收入国家。2020年新冠疫情肆虐，对中国经济造成相当大的冲击，但长期来看，经济增长的势头应不会有重大改变。

至于为什么战后日本和"亚洲四小龙"能够成功完成现代化，以及为什么绝大多数发展中国家或地区近几十年来掉入中等收入陷阱，前面已经有所论及，且非本章重点，不再赘述。这里需要回答的是，为什么中国在过去几十年能够一直保持稳步上升的势头？展望未来，中国是否会像其他发展中国家那样掉入中等收入陷阱？中国是否具备加入发达国家的潜力？

中国能够在3,000万以上人口的所有发展中国家中，用短短30年时间，从起初的倒数第二，跃居各国的首位，主要受以下几个因素的驱动。

其一，从20世纪80年代开始，中国的地缘战略发生了重大转变。此前，中国曾经与以苏联为首的社会主义国家长期友好合作，共同对抗以美国为首的西方资本主义国家阵营；60年代初中苏关系破裂之后，中国的对外战略转变为同时应对美、苏两个超级大国，并为此追求建设一个独立自主的经济体系。但是自1972年美国总统尼克松访华之后，为了共同应对苏联的军事威胁，中国逐步调整战略，最终在1979年实现中美建交，并且在80年代形成与美国、日本、西欧的战略合作关系（所谓"一条线"战略）。虽然这一战略在1989年西方各国联手对华制裁之后受到冲击，但中国对外开放的进程并未中断，反而在1992年初邓小平视察南方之后加速，并

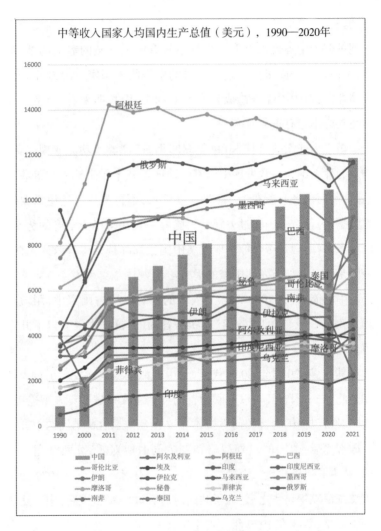

图表：中等收入国家人均国内生产总值，1990—2020 年

资料来源：https://databank.worldbank.org/source/world-development-indicators.

且以 2001 年正式加入世界贸易组织为标志，完成中国地缘战略的根本转型，即由原先对抗美国、置身美国所主导的资本主义世界经济体系之外，转变为全面融入世界经济体系；从 2017 年起，中国取代美国，货物贸易总量跃居世界第一，成为驱动全球经济增长的最重要引擎。

其二，正是由于地缘战略的重大调整，中国的经济发展战略和经济增长路径发生根本转型。20 世纪 80 年代之前，为了同时对抗美苏两个超级大国，加强国防实力，中国力求形成一个独立自主的经济体系，并且把以国防工业为核心的重工业作为经济发展的优先部门；经济决策和管理也以此为目标，形成了一个以国营企业为主体的、高度集中的计划经济体制。1979 年以后，在"一条线"战略主导下，改革开放成为国策，国防工业以及与此相关的重工业各部门不再是发展重点，许多项目纷纷下马。吸引外来投资、发展对外贸易成为各级政府制定经济政策的优先方向。进入 90 年代以后，在所有制结构发生根本转型（从全民所有的国营企业为主体过渡到股份制企业和民营企业占绝大多数）的同时，制造业的产业结构和出口商品的构成也在不断升级，逐步从劳动密集的低端产业升级到资本和技术密集的中高端产业。2001 年加入世贸组织之后，中国的对外出口呈井喷式扩张，带动了国内各地产业集群的形成、产业结构的转型升级、中国经济规模的扩张及人均生产总值的上升。所有这些，都是中国在过去 30 年增长势头超过所有其他发展中国家的直接原因。

其三，中国能够在短短几十年内成为最具经济活力的发展中国家，地缘战略的调整和改革开放的国策仅仅是表面原因；除此之外，还有更为深层、独具中国特色的若干因素。之所以说改革开放作为驱动中国经济增长的内部因素仅仅是表层的、浅显的，是因为改革开放的目标，即从过去的计划经济过渡到市场经济、从过去的独立自主为主过渡到加入世界经济大循环，仅仅是相对于改革开放之前中国自身的状态而言的。对于第三世界其他国家来说，这些因素不具有任何特殊性，因为它们一直在搞市场经济，也一直与海外市场紧密相连，但市场经济和对外开放并没有给这些国家带来持续而强劲的经济增长。换言之，中国的改革开放顶多只能说释放了曾经被计划经济体制和独立自主路径束缚的经济增长潜能，并不能解释中国为什么比其他国家发展得更快。中国之所以能够从这些国家中间脱颖而出，还有独具自身特色的、更为深层的原因。这些深层因素大体上可以归纳为两类：一类属于 20 世纪中国革命所造就的社会政治遗产，另一类则可以追溯到 20 世纪之前更为久远的历史文化遗产。下面具体加以展开。

七、中国的"大国竞争优势"

（一）强政府和公有制：中国革命的两大遗产

先看 20 世纪中国革命所造就的社会政治遗产。20 世纪的中国经历了一系列波澜壮阔的伟大革命，从辛亥革命推翻帝制开始到国民革命扫除军阀割据势力，再到共产党革命造就一个高度统一集中的国家体制，中国的社会政治面貌在此过程中发生了翻天覆地的变化。革命的实质是国家转型。它使中国的权力结构从晚清的"地方化集中主义",经过民国初年的"集中化地方主义",过渡到国民政府时代的"半集中主义"和共产党革命所赖以成功的"全面集中主义"。①

经过这一系列转型而诞生的中华人民共和国,作为一个权力结构和领导体制高度统一集中的国家,具有超强的资源动员、汲取、调控能力和非同一般的国家战略目标执行能力。改革开放40多年来,中国的经济体制发生了根本变化,但是国家的权力结构和领导体制并没有发生根本的变化,始终具有强劲的资源调控能力和决策执行能力。这些能力,如果尚未跟特殊利益集团结合在一起,对于经济增长过程就会起到市场机制所不可企及的驱动作用。幸运的是,80年代以来,中国的经济增长基本上不再像改革前30年那样受到意识形态的强力牵引,改革本身在其最初二三十年具有去政治化的强烈色彩;与此同时,虽然改革带来社会多元化和利益多样化,但是在过去几十年的大部分时间里,特殊利益集团尚未强大到足以左右国家层面的政府决策的地步。地方政府在改善投资环境、吸引境内外投资和驱动区域经济增长中扮演了至关紧要的角色,乃至有经济学家把中国的经济增长归结于县域经济之间的竞争。②

除了一个具有强大动员和执行能力的政府体制,20世纪中国革命的另一个重要遗产是生产资料的公有制。尽管公有制的范围在改革过程中大幅收缩,公有制的形式也发生了重大变化,但其在

---

① 李怀印:《现代中国的形成:1600—1949》,桂林:广西师范大学出版社,2022年。
② 张五常:《中国的经济制度:中国经济改革三十年》,北京:中信出版社,2009年。

两个方面依然对经济增长起到支撑作用。其一是改制后的国有企业，尽管管理能力和生产效率和民营企业相比仍有差距，但是在担负国家的经济发展战略任务和提高国家竞争能力方面，起到民营企业所无力承担或不愿承担的角色。其二是土地的国有和集体所有权，不仅为大规模基础设施建设铺平了道路，而且从 90 年代开始伴随着房地产业的发展，通过土地使用权拍卖转让，为地方政府提供了最重要的财源。

总之，近 40 年来的中国经济"奇迹"，如果没有政府的积极介入和强力推进，如果没有国有企业和土地公有制的支撑，仅凭产权制度的改革、市场机制的引入以及与世界经济接轨，是不可想象的。市场竞争、私有产权和融入世界经济，对于绝大多数发展中国家来说，都是早已具备的条件，但并没有带来真正意义上的可持续发展；相反，这些既有条件往往与本国的特殊利益集团或跨国公司的垄断地位相结合，带来经济结构的畸形发展和国民财富的流失。相对于其他发展中国家来说，政府的积极介入和公有制的存在，使经济增长的成果在更大程度上转化为投资，在更高程度上用于扩大再生产，则是毫无疑问的。

（二）市场规模与劳动力素质：革命前的历史文化遗产

再看革命之前的历史文化遗产对中国经济增长的支撑作用。相对于其他发展中国家来说，中国经济增长的一个巨大优势是存在一个超大规模、自成体系的国内市场。这个 14 亿人口的市场，就规模和整合度而言，可以与世界其他地区的任何一个区域性市场体系(如欧洲经济共同体和北美自由贸易区)相媲美。正是这一市场的存在,使中国制造业领域各类产业集群的形成成为可能,从而最大程度地降低成本,使中国商品在世界市场上独具质优价廉的竞争优势。这一庞大市场内部各个区域之间经济发展水平的不平衡和地方资源的多样化,也使中国制造业能够形成从低端到高端、从劳动密集到技术密集的完整产业链和种类齐全的产业体系。庞大的国内市场也使得那些最具竞争力的企业能够扩大规模,并且在做大的基础上,利用所积累的巨额利润,投资于尖端技术的研发和高端产业,成为具有国际竞争力的超大型企业。

这一超大规模的市场背后,是华夏民族数千年来不断繁衍、同化和壮大的历史过程和近代以来中国从传统疆域国家向现代主权国家的转型过程。这两个历史过程交互作用的结果,便是形成一个疆域辽阔、资源多样、高度统一集中的现代中国。就自然和人文地理而言,胡焕庸线以东地区是中国人口分布最密集、经济活动最集中的地区。人口的高度同质和语言文化的高度整合,使中国的经济增长具有得天独厚的条件;不仅便利了人力物力资源的跨区域流动,降低了交易成本,而且还避免了第三世界国家所常见的族群和宗教冲突所造成的长期社会动荡。而规模庞大且高度整合的市场和稳定的投资环境,是保障经济持续增长的最重要的前提条件。

相对于其他发展中国家而言,中国经济增长的另一个优势是高素质的劳动力。中国有几千年的农耕文化。不同于以商业为主和以游牧为主的文化,在不断增加的人口压力下,中国乃至整个东亚地区的农耕文化所强调的是通过密集的劳动投入,在有限的耕地上养活越来越多的人口。生存压力和儒家价值观的影响，使勤劳、节俭成为这一地区农耕民族刻在骨子里的文化基因。为了增加个人收入和家庭财富，人们愿意牺牲个人的时间和精力，最大程度地投入劳动。这一共同的价值观驱动千百万农民进城，在艰苦的工作环境下进行超时劳动，也使城市白领阶层愿意忍受所谓"996"工作制。这种超时劳动现象虽然并非劳动者自身所愿意的，但成为全社会乃至整个东亚地区常见的现象，是跟当地的社会文化氛围分不开的。还值得一提的是，中国家庭很少愿意把收入全部用于消费和娱乐，而是尽可能节省开支，增加储蓄，把储蓄用于投资住房和子女教育。因此，中国及整个东亚地区不同于世界其他地方，不仅在于其远远高于世界平均水平的储蓄率，从而为扩大投资、刺激经济增长提供了强劲动力，而且在于大多数家庭高度重视子女教育，愿意为下一代的成长进行长远投资，从而为经济活动提供了有较高就业能力和职业技能的劳动力。

以上源自中国历史文化传统和 20 世纪中国革命的各项优势，共同构成当代中国所独有的竞争优势，也是中国走向现代化的潜力所在。归纳起来，这些优势使 1949 年以后的中国具有不同于一般中小规模发展中国家的三大根本特征。

其一是体量之"大"：数千年来中华文明的历史演进和近代以来的国家转型，使当代中国不仅拥有辽阔的疆域和由此带来的环境多样性与异常丰富的自然资源，而且在此基础上繁衍了世界上最为庞大的人口，形成世界上规模最大的劳动力和消费市场，从而为中国上升为全球最大的经济体奠定了必要的物质基础。

其二是结构之"强"：纯粹的体量之大并不一定意味着强大的

国家竞争力；各种物力和人力资源只有在通过国家的汲取和动员及市场的消化和吸收，转变成更具扩张潜能和更有效率的生产力，以及更为强大的财政军事能力之后，才能转化为有效的国家竞争能力。中国在这些方面独具优势。20世纪的中国革命造就了一个高度统一集中的现代主权国家，使国家的有效汲取和动员成为可能；这一结构性优势一旦与中国社会和文化中所固有的集体主义传统发生结合，且发挥得当、方向正确的话，会形成整个国家的巨大执行力，也就是集中力量办大事的能力。

其三是素质之"高"：千百年来农耕文明所孕育的行为准则，以及在儒家文化影响下所形成的价值观，尤其是节俭勤劳、世俗务实、崇文重教的传统，不仅带来远远高于非儒家文化圈的储蓄率，使社会财富可以在最大程度上转化为生产性投资，而且为劳动力素质的提高和科研队伍的壮大提供了强大动力，进而为生产率的提高筑牢了根基。正是体量之"大"、结构之"强"、素质之"高"三者之间的互动和结合，塑就了中国独具特色的综合竞争能力，为了与普通中小型国家相区别，不妨谓之中国的"大国竞争优势"。

八、小结

过去经济学界主流学者对于中国经济增长的解释，通常只限于经济学的视野，就经济论经济。新自由主义所强调的产权保护和市场激励，以及改革实践中产权的多元化和市场机制的全面引入，对中国近几十年的经济转型和持续增长的确起到十分关键的作用。但私有产权和市场机制在革命前的中国早已有之；对于所有其他发展中国家来说，私有产权和市场也始终伴随其经济发展过程。但这些制度要素的存在，并没有带来近代中国和当代第三世界国家的快速发展。

换言之，新自由主义虽然能够在一定程度上解释改革以来的中国经济为什么比改革前发展得更快，但无法解释为什么改革以来的中国比同时期的其他发展中国家发展得更快。同样，新古典主义或新结构主义学者所强调的资源禀赋和比较优势，以及在此基础上所形成的产业战略，对于解释战后日本和"亚洲四小龙"的经济成长，无疑有一定的适用性。这些经济体之所以能够成功，很大程度上是因为利用自身优势，实现了产业升级。某种意义上，新结构主义也可以解释改革以来中国的经济发展；通过融入世界经济体系，中国也在很大程度上依靠吸引外资、扩大外贸，实现了快速增长。但战后日本和"亚洲四小龙"这些经济体的成功，是以接受和服从美国的军事霸权或政治影响力为前提的；只有在不损害美国的霸权地位和国家利益的前提下，其产业升级和技术优势才能够被美国容忍和接受。

对于美国来说，中国可以被允许在其所主导的世界经济体系之内发挥其比较优势，但这是以中国甘居全球产业链的二流地位、承担制造业低端和中端角色为前提的。然而，中国作为一个体量庞大、潜力强劲的国家，其产业升级和技术创新注定会对美国在世界经济体系内的主导地位构成颠覆性的挑战。一旦这种挑战变成现实，中国便会遭到来自后者的脱链、封锁和断供。在这样的情势下，中国即使有比较优势，也无从像过去那样继续发挥。换言之，新结构主义的理论框架，是以置身于世界经济体系为立论出发点、以接受并服从美国的霸权地位为前提条件的。只有在这一前提下，发展中国家才有可能，也才能被允许发挥比较优势。一旦发展中国家试图摆脱或挑战美国的霸权，一旦其产业升级和科技创新对美国的主导地位构成挑战，它便会遭到美国及其盟国的联手打压。新结构主义发展战略便也走到了尽头。

由此可见，新自由主义和新古典主义对中国经济增长的解释力是有限的。其理论架构对于中国这样一个大国的发展战略来说也不具有前瞻性。实际上，改革以来中国经济的快速发展，特别是其相较于其他发展中国家所展示出来的超乎寻常的增长势头，不仅仅是市场机制的激励和产权走向多元的结果，也不仅仅是中国利用比较优势并制定相应的产业政策的结果。所有这些因素，对于绝大多数发展中国家来说早已具备或者尝试过，但并没有带来国内经济的持续增长，因此不足以用来解释中国为什么比其他国家发展得更快，也就是不足以解释中国的特殊性。

真正使中国从发展中国家中脱颖而出的，是植根于中国历史和文化的一系列特性。中国数千年文明所带来的历史文化遗产，以及 20 世纪中国革命所带来的制度遗产，使改革以来的中国享有一系列独特的、为他国所无法复制的条件，其中最为突出的是：一个超大体量的经济，一个具有强大执行力的政权，以及一支素质优良的劳动力大军。正是这些特殊条件的结合，构成了中国所独有的大国竞争优势，界定了中国式现代化道路的内涵，使改革以来中国经济的快速成长成为可能。

总之，要全面理解1949年以来中国的发展历程，准确把握未来中国的现代化路径，必须摆脱源自西方学术话语的概念体系和源自欧美国家历史经验的诠释架构，跳出经济学（尤其是照搬自西方的、仅仅适用于欧美国家所主导的世界体系内部的各种经济学流派）的狭隘视角，从视域宽广且具历史纵深的角度，把地缘、政治、社会和文化等一系列因素都考虑进去，立足中国的历史和现实，才能形成一个具有回溯力和前瞻性的诠释架构。

展望未来，中国在享有独特的大国竞争优势的同时，面临着比普通国家更为严峻的来自国际和国内两个方面的挑战。处理好这两方面的挑战，将是中国的大国竞争优势今后能否得到正常和充分发挥的前提条件。

挑战首先来自外部，即居于世界体系霸权地位的大国的阻拦和干扰。迄今为止，在非西方世界成功实现了现代化的社会，即战后日本和"亚洲四小龙"，都是在接受美国的军事霸权或政治影响力的条件下完成的。对于那些曾经在技术创新方面有超过美国的态势并且曾经遭到美国打压的经济体来说，继续接受美国的军事和政治霸权，甘心屈居附庸和服从地位，是其唯一的选择。美国允许这些国家实现产业升级和技术创新的前提条件，是其技术只能被用来辅助和支撑其霸主地位，而不能破坏和颠覆它。但这显然不是中国这样一个大国所能接受的选项。

中国在改革开放之后的最初二三十年，由于国内制造业和服务业的定位总体上仍处在全球产业链的中低端，产业升级和技术创新的势头尚不明显，对美国霸权地位的威胁尚未显露，因此美国对中国融入其所主导的世界经济体系和金融秩序采取了接纳和容忍的策略；事实上，中国的高速增长之所以成为可能，尤其是在加入世界贸易组织之后，对外贸易之所以逐年呈现爆炸式扩张，从而带动了国内经济的快速增长，一定程度上也是因为搭了现有世界秩序的便车。但中国的大国地位、不断增强的科技竞争力和日益向外延伸的国家利益，决定了中国不可能永远采取"韬光养晦"的地缘政治战略，也不可能像东亚周边国家和地区那样在政治和军事上服从美国的霸权。中国固然不必在现有的世界经济体系之外另起炉灶，但这一体系之内的核心与边陲关系，以及建立在此关系之上的地缘政治的主导与从属结构不是固定不变的；历史上不乏从半边陲上升到核心地位进而颠覆主从结构的先例。

另一方面，美国可以容纳一个服从其霸权的中小国家的产业升级和科技创新，但绝不能容忍另一个崛起中的大国对其科技和军事霸权的颠覆。近一二十年来国际上有关中美之间必将发生地缘冲突的言论也越来越有影响力。[1] 美国对中国的打压不仅仅会以技术断供和封锁的形式出现，还可能通过制造地缘政治的紧张局势，打断中国技术创新和经济增长的正常进程。如何在维持国内经济增长势头的同时，处理好与霸权国家之间的地缘政治关系，将是今后中国发展道路上最严重的挑战。

另一项挑战来自国内。有关国家兴衰的宏观研究表明，一个国家在经济增长过程中，会不可避免地出现各种特殊利益集团，它们会通过制定行业法规、影响政府决策、界定企业行为等手段，限

---

[1] John Mearsheimer, *The Tragedy of Great Power Politics*, New York：Norton, 2014；Graham Allison, *Destined for War：Can America and China Escape Thucydides's Trap?* Boston：Mariner Books, 2018.

制竞争,打压对手,形成排他性的"利益分配联盟"(distributive coa-litions),力图扩大本集团在国民收入分配中的份额,而不是做大做强整个经济。这种现象如果任其发展,会扼杀一个国家的经济活力和创新能力,减缓技术进步和经济增长,加剧社会分裂和政治分歧。① 中国作为一个体量庞大的经济体,在这方面所面临问题的严重性和复杂性,远超过其他国家。近几十年来,随着企业竞争的加剧和行业巨头的形成,各种排他性的经营行为已经对正常的企业竞争起到阻碍作用。尤其是在所谓"新经济"领域,一些超大型企业往往把注意力放在强化自身的垄断地位,而不是通过技术创新提高效率和竞争力。

与此同时,地方政府虽然在区域经济增长中发挥了至关紧要的作用,但如何限制特殊利益集团的膨胀、阻遏分利联盟的泛化现象,确保企业竞争健康发展,激发技术创新活力,让中国经济增长的成果惠及全社会,而不是被居于强势地位的利益集团以不对称的方式加以占有,将是今后中国经济社会发展的另一个重大挑战。

综上所述,相较于普通发展中国家,中国享有源自其数千年文明演进历程和 20 世纪革命传统的有利于经济增长和国家发展的独特条件,具备其他发展中国家所欠缺的大国竞争优势和迈向现代化国家的潜力。但大国竞争优势的发挥程度,与中国所置身的国际地缘政治环境和国内社会政治环境紧密相连。因此,要全面地和客观地理解 20 世纪以来中国的经济发展历程和现代化路径,须超越经济学的视野和主流经济学派的认知范式,把植根于中国

① Mancur Olson, *The Rise and Decline of Nations：Economic Growth, Stagflation, and Social Rigidities*, New Haven：Yale University Press, 1982.

历史文化传统的经济增长潜力与国内外一系列非经济的制约因素均考虑进来;只有这样,才能形成一个比任何舶来的理论和概念更具解释力的诠释架构。

第九章　中国现代化的 200 年：总结与反思

1842 年，清朝在鸦片战争中被打败。同一年，魏源撰成《海国图志》50 卷，此后在 1847—1848 年，又把此书增补为 60 卷，到 1852 年再扩为 100 卷。魏源反复增写这本书，是为了让国人睁开眼睛，了解世界，找到中国与西方国家之间的差距，着手向西方先进国家学习，"师夷长技以制夷"。大体上，我们可以把 1850 年前后视为中国现代化启动的原点，因为正是从那时开始，先进的中国人第一次具备了全球视野，朦朦胧胧意识到西洋各国的制胜之道，体认到仿效、移植西洋"长技"的必要性。

从那时算起，中国的现代化已走过 170 多年的历程。再过 20 多年，到 21 世纪中叶，中国有望走完现代化的全过程。换言之，中国的现代化，前前后后持续约 200 年。中国将从一个以传统农业为主、对外部世界缺乏了解和认知的状态，转型为一个以现代制造业和服务业为主体、充分融入全球信息网络和知识体系的崭新文明。

大体上，我们可以把 19 世纪中叶以来的中国现代化历程，分为五个时期,包括:(1)晚清以认知全面现代化的必要性为核心内容的"挑战"阶段;(2)民国时期以国家转型为中心的"准备"阶段;(3)始自 20 世纪中叶的工业化"起步"阶段;(4)20 世纪 80 年代初改革开放以来的"高速增长"阶段;(5)从 21 世纪第二个 10 年开始的"走向成熟"阶段。

这些不同的阶段之间有怎样的逻辑关系? 每个阶段各有哪些特征? 把这些不同阶段的逻辑联系和特征归纳起来,对于我们认识历时 200 年的中国现代化的轨迹有何启发? 最为重要的是,中国现代化的成功实现,对于世界经济和政治秩序的重建,以及现代化理论的重构,将有何含义? 这些将是本章所要探讨的问题。

一、晚清时期(1850—1911):现代化的艰难启动

相较于其他国家,晚清中国的现代化启动过程异常艰难。清朝统治精英的世界秩序观和自我定位,对其正确认识来自外部的挑战和形成有效的应对方案,形成巨大的障碍。

作为一个大国,中国自古以来有着大一统王朝的历史传统。历代统治者均把平定天下、巩固疆域,当作首要任务。到清代前期,中国的疆域已经涵盖内地十八省,以及周边的盛京三将军辖区和西北蒙、藏、准、回诸部①,再加上中国之外的朝贡国(朝鲜、琉球、安南、缅甸等),形成了一个垂直型国家体系。在这个体系中,清朝

---

① 谭其骧主编:《简明中国历史地图集》,北京:中国地图出版社,1991 年,第 65—66 页。

皇帝作为"天下共主"高踞其上，御临内地十八省和各边疆地区，而中国之外的朝贡国既有定期赴京师朝贡的义务，又享受清朝的保护；中国与外国的关系成了国内政治秩序也就是君臣关系的自然延伸，故而迥异于近代早期欧洲列国相互之间的平行关系。欧洲列国之间，彼此平等竞争，在国际法框架下以主权国的身份相互交往。而清朝以"上国"自居，践行儒家说教所界定的纲常伦理，把中国之外那些不习这套伦理道德、不接受清朝礼仪规范的各国，视同蛮夷。中国与周边朝贡国之间的关系，不仅是以上临下的等级关系，还是礼仪之邦与夷蛮之属的对立关系。

中西之间这两种不同形态乃至截然相对的世界秩序观，对中国和欧洲各国日后的现代化进程产生了直接和深远的影响。在欧洲，平行的列国竞争是一种常态，刺激了各国为了生存而扩充和提升军事能力，又为了支撑军事扩张而增加税源，继而又为了增加财政收入，使国家机器渗透到社会的底层，同时还使整个征税和治理系统走向科层化、合理化、常规化。各国又为了增加财源而奖励创新，讲求科学，鼓励工商和对外贸易。可以说，平行的国际秩序和常态的竞争，是欧洲各国走向现代化道路的先决条件和原动力。

不同于欧洲各国属于同一个文明体，国与国之间既相互竞争，又相互学习，取长补短，清代中国与周边朝贡国虽然也自成一体，但朝廷与朝贡国及所有的中国之外国家之间，至少在官方的意识形态上，呈现为一种单向的交流，也就是只有中国的礼仪教化流布于海外，用夏变夷，而不可能是中国向其他国家学习，用夷变夏。在清朝统治者和儒家士大夫看来，通过朝贡体系和有限的贸易往来，把中原文物制度传布到海外是理所当然的，但是让中国学习和吸收外来的制度和技艺，是不可思议的。虽然从晚明到清朝前期，从西洋输入的器物乃至天文和数学知识，不乏其例，甚至得到朝廷的重视和实际运用，但总体上，清朝统治精英对外来文化和制度采取高高在上的排拒态度，是毫无疑问的。

至于清朝为什么会长期维系和坚守这一套垂直的自我中心的世界秩序观，对外来文明的输入在整体上加以禁绝，有多方面的原因。首先，在地缘政治上，入关之后的清朝将关内关外和长城内外连成一片，中国从此再也不存在传统意义上的"边患"，尤其是在18世纪中叶消灭准噶尔汗国之后，清朝在随后的一个世纪享受着中国历史上少有的长期和平安宁局面。中国以其庞大的疆域和人口以及远远超过周边各国的经济规模和制造工艺水平，建立了在整个东亚地区无可争议的主导地位。直至鸦片战争到来之前，中国不存在任何实质性的外来威胁。因此，朝廷上下乃至整个士大夫阶层，也失去了解外部世界的兴趣，更谈不上吸收和接纳外部的器物和制度。

其次，在财政和经济上，由于18世纪中叶以后不存在重大的外来军事威胁，清朝中央失去扩充和提升军备的动力。以八旗和绿营为主体的国防体系，在规模和财力投入上一直维持大致稳定的状态。因此，清朝的日常财政开支，也就是所谓"国用"，在18世纪和19世纪上半叶也大体上稳定，总体上收大于支，每年略有盈余，经年累积，使这一余额足以应付清朝财政的不虞之需。清朝财政的最主要来源是内地十八省的土地税，而来自国内外贸易的关税只占了小头。因此，清朝的治理策略，把重点放在维持农业经济的稳定上面，对于海外殖民和对外贸易不感兴趣，总体上采取了重农抑商的策略。这种策略的根源，就在于清朝独特的地缘秩序和财政结构。这跟早期近代以来欧洲各国在列国竞争的压力下，大力推行重商主义，鼓励工商和技术创新，形成鲜明的对比。

最后，在意识形态上。清朝之所以竭力维护以上临下的世界秩序观，限制对外贸易，排拒外来文明，不仅是因为它反映和印证了清朝的地缘政治秩序，也不仅仅是因为清朝在财政上无须依赖对外扩张和贸易以满足其日常开支需求，而且出自清朝意识形态的内在要求。清朝继承历代华夏王朝的儒家说教，视皇帝为天子，以儒家的纲常作为其统治天下臣民的合法性基础。在这种纲常秩序中，清朝的世界秩序观和处理中外关系的准则，只能是国内君臣关系的延伸，而不能在君臣等级秩序之外另搞一套。事实上，清朝之所以竭力维持中国与周边朝贡国之间的上下等级秩序，正是要以此来印证和加强国内的社会政治秩序。如果说在清朝国内统治秩序中，君臣纲常构成其政治文化的内核的话，那么中外关系上的垂直型等级秩序，便是保护这一内核的外壳。一旦这种单向的垂直线的中外关系被打破，外壳被击碎，其政治文化的内核也无可避免地受到侵害。① 对于清朝统治者来说，固守对外关系上的"上国"形象，是维持国内等级秩序的必然要求。

因此，相较于近代欧洲各国，晚清中国的现代化，有其特殊的前提条件。欧洲各国，作为民族国家，处于同一个国际体系之内，彼此之间打交道，不存在世界观上的障碍；向周边国家学习，彼此取长补短，相互竞争，是给定的和习以为常的。这些国家搞现代化

---

① 详见李怀印《中国现代化的挑战阶段（1840—1894）》，载胡福明主编《中国现代化的历史进程》，合肥：安徽人民出版社，1994 年，第 61—113 页。

的前提条件,是要摆脱中世纪权力分散、各自为政、主权隶属于王
权、国土四分五裂的状态,形成一个统一的、主权完整的、疆域稳定
的国家。中国正好相反。疆域的统一和稳定,早在18世纪中叶就
已经完成。中国搞现代化的最大障碍,是难以突破其世界秩序观
的限制,消除"上国"心态,以平等的姿态处理与其他国家的关系,
以开放的态度与各国打交道。

　　事实证明,"上国"心态构成了鸦片战争以后中国接纳西洋文
明的最大障碍。要突破这种心态非常不容易。从鸦片战争爆发
后,满朝文武对外界茫然无知,到魏源率先全面地了解世界并介绍
给国人,再到朝廷情愿以平等的方式与西洋打交道,前后用了整整
20年时间;而真正认识到中国不仅在器物和技艺上落后于西方,必
须向西方学习,而且在政教上也落后于西方,愿意在国家体制上向
西方学习,变法维新,又花了二十多年的时间。① 一直到甲午战争
战败之后,中国的现代化才转向对思想和制度层面的探讨。现代
化启动的缓慢、艰难,是中国作为一个大国走向现代化道路的一个
显著特征。

二、迈向既大且强(1912—1949):
中国现代化的政治逻辑

　　如果说,中国现代化的第一个特征,是"上国"心态所导致的现

---

① 详见李怀印《中国现代化的挑战阶段(1840—1894)》,载胡福明主编《中国现代化
的历史进程》,合肥:安徽人民出版社,1994年,第61—113页。

代化启动的艰难和延误，主要发生在思想和精神领域，那么，中国现代化的第二个特征，便是国家转型的曲折和漫长，主要体现在政治和制度层面。

就国家形成而言，中西之间最大的差异在于，中国在现代化过程启动之前，业已具备一个高度集权、疆域明确的国家。19 世纪之前的清朝，虽然还没有引进久已流行于欧洲国家的"主权"概念，也不以平等地位与其他国家相处，但是早在 18 世纪中叶，清朝的疆域已经趋于稳定，与周边国家的边界也有明确的划定。清廷以行省和藩属两套不同的治理体系，管理内地十八省与满洲、内外蒙古、新疆、西藏和青海等边疆地区。中央对内地各省在省级和县级官员的任免、赋税的管理及军事布防方面，拥有高度统一集中的权力。对于行省之外的边疆地区，中央虽然不直接介入其内部事务的管理，允许边疆地区在各方面保留原有的地方治理传统，但是通过军事驻防、联姻和宗教庇护等手段，也形成了有效的掌控和治理。

事实证明这一套治理体系在 18—19 世纪基本上是有效的。借由这一套体系，清廷始终能够维持对内地和边疆的控制，消弭内地的叛乱，阻止边疆的分离。但这套体制也有一个与生俱来的弱点，就是在财政和军事方面缺乏扩张能力，长期处在大体稳定、停滞乃至退化的状态。军事上清朝的正轨军事组织（八旗和绿营）的编制和装备，在整个 18 世纪和 19 世纪上半期少有变化。财政上，清朝的收支水平在 18 世纪和 19 世纪上半期也大致稳定，总体上，收入略大于支出，并且可以历年累计的盈余，应付不时之需，处于一种动态平衡状态。这一套缺乏弹性和扩张能力的财政军事体系，是以清朝的地缘政治的均衡态为前提的。在西方列强的冲击到来之前，清朝在整个欧亚大陆东部处于独大的地位，其现有的军事和财政能力，足以应付来自周边的任何危险。自从 18 世纪中叶平定准噶尔汗国之后，在将近一个世纪的时间里，这种危险不复存在，所以清朝也缺少扩展其财政军事能力的外部压力和内在动力。

　　然而，地缘政治的稳固是相对的、暂时的。一旦外部和内部环境发生重大变化，产生对国防安全和王朝统治的致命威胁，清朝原有的一套财政军事体制便难以应付。这便是鸦片战争以后清廷所面临的困局，同时也是清朝国家发生现代转型的契机。在财政收支结构大体上固化的条件下，清朝应付外来挑战的唯一选项，是在有效维持对省级行政和军事组织的有效控制的同时，允许后者在筹集经费和应对危机方面，有一定的机动能力。其结果便是中央与地方之间的权力关系形成一种新的格局，即所谓"地方化集中主义"（详见第四章）。这种关系的主轴，依然是传统的中央集权。但是在听命于中央的前提下，地方督抚在财政用人、军事防卫上，获得前所未有的自主权。这种新的权力格局被证明是成功的，它使得同治光绪年间的地方官员在国防教育、交通运输和机器制造等方面的一系列洋务举措成为可能，也使得清朝在遭受两次鸦片战争和太平天国运动的重大冲击之后，能够续命近半个世纪，开启从传统疆域国家向近代主权国家的过渡，并且保持其疆域格局的大体完整，成功地将清朝的疆域基本完整地传承给取代它的民国政权，避免了世界史上王朝衰落过程中经常出现的国土四分五裂的局面。应该说，这是晚清中国现代化最为成功之处。

　　但是地方化集中主义的成功运作需要一个前提条件，即地方督抚对中央的忠诚和对国家的认同。而这种认同又是以地方化过程中区域集团所掌控的资源和利益获得中央的尊重为前提的。所以在太平天国之后的几十年间，中央与地方之间一直维持着微妙的平衡。清末十年朝政的最大失败，就在清朝中央对满汉关系以及中央与地方督抚的关系处置失当。清廷在"新政"名义下所进行的一系列集权举措，严重侵犯了地方领袖的既得利益，导致后者离心离德和清朝的最终覆亡。

民国早期(1912—1927)的政治格局与晚清时期的最大不同，在于"集中化地方主义"成为权力竞争的主导模式。之所以谓之集中化地方主义，是因为地方主义此时构成中央与地方关系的主轴。控制一省或数省地盘的区域性军事领袖(也就是军阀)拒不听命于中央，完全掌控了地方的财政军事和行政资源，并且为了争夺这些资源，相互之间展开竞争。而这些区域性政权是否能够在竞争中胜出，击败对手，最终统一全国，在很大程度上又取决于区域内的财政军事集中化程度。

事实证明，最终击败所有对手的，是财政军事资源最为雄厚的国民党政权；它首先在广东一省打造了一个高度统一集中的地方政权，继而通过北伐战争，打败或降服各省军阀，于1928年宣告完成全国统一。但是在统一过程中及统一之后，国民党政权并没有能够随着军事上的成功，将其高度集中统一的财政军事体制，从区域推向全国，形成全国范围的集中主义，而是在扩张过程中，将部分竞争对手加以收编，并允许后者保持高度的自主。所以，1927年以后的国民党政权，远未能建成一个统一集中的全国性政权，而是倒退到"半集中主义"。

中国共产党所领导的革命势力,能够在与国民党政权的长期内战中最终获得胜利,有多方面的原因。1945 年以后出现的有利的地缘政治环境固然是一个关键因素。日本的投降和苏联红军对东北的占领,使中共部队得以进入并最终占领整个东北,从而控制了中国现代交通和现代工业最为发达、人力物力资源最为充沛的地区,从根本上扭转了长期以来中共根据地均局限于交通不便、贫瘠落后的边远地区的局面,使中共有足够的财政军事资源,展开大规模运动战和阵地战,与国民党部队一决高下。但同样重要的是中共根据地的内部政权建设,尤其是通过延安整风和军政建设,消除了存在于各根据地的山头主义和存在于领导层的宗派主义,塑造了全党对以毛泽东为首的中央领导集体及其政治纲领的高度认同,并且在此基础上,形成渗透到乡村底层的强大动员能力和各根据地之间的高度协调能力。正是这种"全面集中主义"(高度的政治认同与高度集中的财政军事体制)与有利的地缘环境的结合,使得共产党革命在抗战结束后短短数年便取得出乎世人预料的胜利(详见第三章)。

概言之,作为政治现代化的第一步,也是最为关键的一步,19 至 20 世纪中国的现代国家形成,走了一条不同于绝大多数欧洲国家的道路。近代欧洲国家的出现,通常都源自传统帝国的衰退和瓦解。正是在军事帝国或殖民帝国四分五裂的基础上,各国以共同的语言、血缘或文化为纽带,形成新的民族国家,再经由自上而下或自下而上的路径,形成高度统一集中的财政军事体系。而中国在 19 世纪中叶启动现代化进程之际,已经是一个拥有固定疆域、行政体系高度集中的大国。因此,晚清和民国时期中国向现代国家的转型,并没有经历欧洲史上所常见的帝国四分五裂和诸多民族国家从中崛起的断裂过程,而是从一个统一的、多族群的传统大国向现代主权国家平稳过渡的连续过程。

这场转型的困难之处在于,清朝国家权力的统一和集中始终建立在脆弱的地缘政治均衡和财政均衡之上。19 世纪中叶以后,外来军事入侵和大规模内乱的反复冲击,最终打破了这种均衡。原先高度集中的财政军事机制不可避免地朝地方化或区域化的方向滑行。如何克服地方化趋势,实行财政军事资源的重新集中,便成为国家转型的最主要内容。进入民国以后,这种重新集中过程经历了前述三个步骤,即北洋时期的集中化地方主义,国民党政权的半集中主义,以及共产党政权的全面集中主义。每个步骤都是对此前的权力结构和资源控制机制的否定,并且在此基础上迈向更高程度的集中化。竞争中的各支势力只有打造比其对手更加统一集中的财政军事机器,并且在意识形态上达到更高程度的认同,才能战胜自己的对手,进而将一个高度统一集中的财政军事组织从局部推向全国,形成全国范围的高度统一集中的现代国家。这便是现代国家在中国形成的独特路径。

总之,要全面客观地理解 19 世纪以来中国政治变革的独特路径,要抓住以下两点。其一,不能用习见于欧美近代历史的"从帝国到民族国家"的套路,来理解近现代中国历史;晚清和民国时期的中国所发生的,是从一个多族群的疆域国家向现代主权国家的转型过程。其二,不能把经过这场转型所形成的现代中国,简单地等同于欧美历史视角下的"民族国家"。欧美历史上经过"从帝国到民族国家"所产生的现代国家,普遍具有"既小且弱"的特征:谓其"小"是相对于从前的帝国而言；谓其"弱"是指这些国家的制度建构，大都基于"强社会、弱政府"的理念。

中国正好相反，经过历时一个世纪的国家转型所产生的是一个"既大且强"的现代中国。谓其"大"，是因为这场转型并没有发生所谓"帝国裂变"和众多"民族国家"随之兴起的现象，而是在疆域格局和族群构成上，具有显著的连续性。谓其"强"，是因为 1949 年所建立并延续至今的国家政权，具有权力结构高度集中、制度建设高度统一的特征。而这些特征又是在晚清和民国时期，通过地方化集中主义、集中化地方主义、半集中主义和全面集中主义，一环扣一环地形成的。

三、国家工业化（1949—1978）：
中国现代化的经济逻辑之一

如果说，晚清和民国时期中国现代化的主题是国家建造，整个过程充满动荡和冲突的话，那么 1949 年中华人民共和国成立之后，从事和平建设，亦即整个国民经济的现代改造，便成为中国现代化的全新主题。

1950 年代至今历时 70 多年的经济增长和发展，可分为两个截然不同又紧密相连的阶段。在头一个阶段，也就是从 1949 年到 1978 年，中国所追求的是社会主义计划经济体制下的"国家工业化"战略。在从 1980 年代开始全面启动的第二个阶段，中国的经济增长模式发生根本转变，从原来在生产资料公有制基础上，通过国家自上而下的计划管理，打造一个高度自主、部门齐全的现代化工业体系，转变为在公有制和其他多种形式所有制并存的基础上，通过市场机制，尤其是吸引外资和鼓励民间创业，使中国经济最大程度地融入国际市场，从而扩大产量，提高效益，并驱动各产业部门转型升级。

如何评价中国经济增长的上述两个阶段，对认识和评估中国的现代化道路及其成就至关重要。由于 20 世纪 80 年代以来的一系列改革开放措施，在很大程度上摆脱了此前 30 年的经济体制和战略，改革时期的主流话语大多通过前后对比，有意无意地贬低前 30 年的发展战略，以此肯定和颂扬改革开放以来所取得的成就。而前 30 年的战略之所以遭到否定，最直接的原因在于到 70 年代末中国的人均 GDP 在世界各国中依然处于较低的位置。这种低水平的人均 GDP，被刻意解读为前 30 年经济发展战略的失败。而"失败"的根本原因，在某些支持改革的理论家和经济学者看来，在于关起门来搞建设，没有充分利用自身的资源和禀赋优势，参与国际经济分工；而 80 年代以来，中国的经济之所以取得快速发展，在他们看来，正是由于充分发挥自身的比较优势，加入国际经济大循环，通过吸引外资，扩大外贸生产，刺激了经济扩展，并带动整个经济的转型升级。由此得出结论，全球化是中国经济发展的必由之路。

要公平地、客观地评估 1949 年以后中国经济的发展历程，不能脱离历史实际，简单地进行比较，而必须回到当时的中国所处的外在环境和内部条件，从历史的角度加以解读。首先，一个最基本的事实是，1949 年之后，虽然百废待兴，但就人口规模、国土面积和经济体量而言，新中国是一个不折不扣的大国，其领导层始终有着大国的政治担当，毫不迟疑地认为"中国应当对于人类有较大的贡献"。毛泽东是在 1956 年 11 月 12 日纪念孙中山诞辰 90 周年时说这句话的，原话是：

> 事物总是发展的。一九一一年的革命，即辛亥革命，到今天，不过四十五年，中国的面目完全变了。再过四十五年，也就是二千零一年，也就是进到二十一世纪的时候，中国的面目更要大变。中国将变为一个强大的社会主义工业国。中国应当这样。因为中国是一个具有九百六十万平方公里土地和六万万人口的国家，中国应当对于人类有较大的贡献。而这种贡献，在过去的一个长时期内，则是太少了。这使我们感到惭愧。[①]

正因为这样的大国抱负，中国领导人在制订经济现代化方案（当时称作"国家工业化"）时，从一开始便理所当然地追求一个与中国的大国地位相称的战略目标。这个目标便是建设一个独立自主、部门齐全、相对完整的现代工业体系。

追求这样一个目标，当然并不排斥在特定地缘政治环境下寻求外来援助。20 世纪 50 年代由苏联援助的 156 项重大建设项目，便是这一时期中苏合作所带来的具体成果。但这些项目服务于一个战略目标，就是在中国建成一个自主的工业体系，而不是在技

---

① 毛泽东：《纪念孙中山先生》，《毛泽东文集》第 7 卷，北京：人民出版社，1999 年，第 156—157 页。

术、资本和市场上形成对以苏联为首的社会主义国家体系的依赖。相反，中国在接受苏联援助的同时，刻意避免参加苏联所主导的经济互助委员会，仅仅是以观察员身份介入该组织的活动。其根本原因就在于，中国作为一个大国，有着区别于中小国家的发展战略。中小国家可以通过参与国际分工，以让出自己的市场和资源为代价，获得大国的援助和保护。但当时中国领导人的大国战略，注定了 1949 年以后的中国不愿意在这样一个国际体系内部只扮演普通成员的角色，或者只是以配角的身份接受大国的支配。事实上，中苏之所以从 50 年代的合作，到 60 年代走向竞争和冲突，最终在边境兵戎相见，正是由于中国领导人的大国抱负，与苏联所构想的以苏为首的社会主义国家体系格格不入。

当然，1950—1970 年代的中国大陆，更不可能像周边的中小型经济体（"亚洲四小龙"）那样，在政治和军事上仰赖美国的霸权，在经济上加入美国所主导的资本主义世界体系，在接受美国的资金和技术援助的同时，参加这一体系的内部分工，利用国际市场发展，从发展劳动密集的低端产业入手，逐步向中高端产业转型升级。朝鲜战争爆发以后的中国，在遭受西方禁运和封锁的条件下，与西方各国的正常贸易往来几乎被切断。即使在 20 世纪 70 年代初中美关系解冻之后，中国也只能通过个别渠道，与日本及欧美个别国家展开有限的贸易往来。因此，整个毛泽东时代，中国大陆游离在西方所主导的资本主义世界经济体系之外，不可能模仿或重复"亚洲四小龙"所走过的道路。中国大陆与"亚洲四小龙"之间，无论在外部环境、内部制度，还是在经济规模和发展战略上，都不具有可比性。硬要以"亚洲四小龙"的"成功"经验，反证这一时期中国大陆经济战略的"失败"，这种做法不仅在方法论层面是非历史的，在实证层面也站不住脚。

那么，到底应该如何评价中国这 30 年所走过的历程？首先，毫无疑问，中国这 30 年走了不少弯路。新政权的领导层对于在尽快短的时间内使中国走上工业化道路，从来不缺激情和想象，但是缺少实际经验。急切的目标和膨胀的自信，与经济的贫乏结合到一起，必然带来全国范围的动荡，资源的巨大浪费，以及对民众生计的严重威胁。这便是"大跃进"的前因后果。而它的后续震荡，则直接导致"文革"十年的不平凡岁月。无论就规模还是冲击力度而言，这些都是人类历史上前所未有的试验，所付出的代价是巨大的。但是如果只用"失败"和"灾难"形容这 30 年，无疑将复杂的历史现象简单化了。

检视、判断这 30 年是成功还是失败，一个基本的尺度，是看当时中国在计划经济体制下搞国家工业化，有没有一个更好的、可替代的发展模式。首先要明确，"冷战"时期"亚洲四小龙"在美国霸权的主导下所走的出口加工和转型升级道路，在中国大陆不具有可行性。其次，对于苏联式高度集权、"一刀切"的计划经济体制，中国从 20 世纪 50 年代后期开始，便刻意避开。此后，在整个 60 和 70 年代，中国领导层一直在探索适合本国国情的增长战略和经济体制。总的趋势是在收权和放权之间来回试验，不断地向地方分权倾斜；纳入中央集中计划和由中央部门直接管理的企业，占比越来越低。尽管有"大跃进"和"文革"时期历次运动的冲击，中国工业经济的增长势头也始终没有中断，从 1952 年国民经济完全恢复，到改革开放前的 1978 年，在这 27 年时间里，实体经济（也就是当时所用的"社会总产值")的增幅达到年均 7.9%,其中工业总产值年增 10.7%。[1] 这一时期的经济增长战略和体制并非最佳,但也远非失败。

当然,在缺少外来投资和足够资金积累的条件下,这一成就的取得,必然意味着国家在最大程度上汲取全国各行业的经济资源,也必然意味着最大程度地降低民众消费水平。其结果便是到 20 世纪 70 年代末,虽然中国已经初步建成一个比较完整的现代工业体系和交通体系,但是城乡民众的收入水平仍然很低,远远落后于周边各小型经济体。但是要全面评估这一时期的经济建设,不能光看人均收入,更不能仅看人均 GDP,因为人均 GDP 这一指标,只对衡量一个市场经济的发展程度有意义,只有在市场经济条件下,一个经济体内部的所有资源和产品才具有充分的商品属性,可以其市场价格加以核算。而在非市场经济条件下,虽然有"工农业总产值"这一指标,但还有相当多的产品、资源和服务,并不具有商品属性,无法用更为完整的 GDP 这一指标加以衡量。

"亚洲四小龙"与中国大陆的外部环境和内部制度完全不同,不具有可比性。它们在"冷战"时期经济上的快速发展,与其说印证了现代化理论的判断(也就是任何一个传统农业社会,都具有按阶段、分步骤向现代化社会转型的潜力),不如说是一个特例。它们的成功是两种特殊因素结合的结果:一是作为在地缘政治上对美国最具战略价值的地区,在资金、技术和市场融入方面,获得美国的全力援助;二是这些东亚社会自身的文化传统,尤其是在儒家

---

[1] 国家统计局:《中国统计年鉴 1983》,北京:中国统计出版社,1983 年,第 10 页。

文化影响下形成的勤劳节俭的经济伦理和对教育的高度重视，有助于形成一支理想的劳动力大军和全社会的高储蓄率。这两个条件的结合，在"冷战"时期的所有非西方社会当中，是独一无二的，也解释了为什么"亚洲四小龙"成为继西方之后，在 20 世纪非西方社会当中仅有的现代化取得成功的案例。它们的市场经济在融入资本主义经济体系之后，也的确可以用这一体系内的经济增长主要指标，即人均 GDP，来衡量发展水平。

因此，如果一定要将中国大陆与其他经济体加以对比的话，不应该以"亚洲四小龙"这样的特例为参照，而应该跟东亚以外的普通发展中国家进行比较，主要是南亚、东南亚和非洲国家，尤其是其中人口规模较大的国家。就人均 GDP 而言，中国在 1977 年达到 390 美元，超过印度的 150 美元，越南的 160 美元，巴基斯坦的 190 美元，印尼的 300 美元，埃及的 320 美元。[1] 但如前所述，人均 GDP 对于非市场经济国家不太具有指标意义。更重要的还是要看更具有实际意义的发展指标。其中最重要的是人均预期寿命。到 1977 年，中国已经达到 64 岁，超过所有低收入国家（平均 50 岁），也超过绝大多数中等收入国家（平均 60 岁）。[2] 再看死亡率，1977 年中国为千分之九，相当于工业化国家的平均水平（9‰），低于几乎所有低收入国家（平均 15‰），也低于绝大多数中等收入国家（平均 11‰）。[3] 另一个重要指标是成人识字率，1977 年中国达到 66%，

---

[1] The World Bank, *World Development Report*, 1979, New York: Oxford University Press, 1979, pp. 126–127.

[2] 同上, pp. 166–167。

[3] The World Bank, *World Development Report*, 1979, New York: Oxford University Press, 1979, pp. 160–161。

高于所有低收入国家(平均 50%)，也远远超过绝大多数中等收入国家(平均 65%)。[①] 总的来说，放眼整个第三世界，1949 年以后的30 年间，中国经济建设所取得的成就是亮丽的。

四、改革开放(1979 年以来)：中国现代化的经济逻辑之二

20 世纪 80 年代以后，中国经济发展历程中一个不可思议且堪称奇迹的地方，就是原先作为"冷战"时期非西方经济发展特例的"亚洲四小龙"的成功经验，居然很大程度上在中国大陆获得复制，并且在更大规模上推展开来。出现这样的奇迹，有以下三方面的原因。

一是中国的地缘政治格局发生了根本的变化。从过去与美苏两个超级大国长期对抗，因而被排斥在以美国为首的西方资本主义世界贸易体系，以及以苏联为首的社会主义国家阵营之外，一变而成为与美、日、西欧联手对抗苏联的东方大国。从此，中国打开国门，向西方国家开放，而西方国家也越来越多地接纳来自中国的商品和人员交流。中国经济加入西方主导的世界贸易体系，从此成为可能，实际上也成为中国对外开放的一个主要目标。2001 年底，中国正式加入世界贸易组织，则是这一对外开放战略的最重要步骤。

---

① The World Bank, *World Development Report*, *1982*, New York：Oxford University Press，1982, pp. 154-155.

二是"亚洲四小龙"到20世纪80年代已经基本完成工业化的转型升级，从原来劳动密集的制造业升级到技术和资本密集的中高端产业，因此亟须将原有的低端制造能力向外转移，而中国大陆的对外开放恰好与"亚洲四小龙"的这一转型期对接，成为港台地区及日、韩对外投资的最佳目的地。源源不断的外来投资，为中国制造业的加速扩张提供了重要推动力。

三是从1979年开始试验并且在随后两年推广到全国的家庭联产承包责任制，以分田到户取代原来的集体化农业生产组织。亿万农民在获得承包土地的自主经营权之后，开始越来越多地离开土地，纷纷进入乡镇企业或外资、合资企业，为沿海地区制造业的迅速扩张，提供了所需要的劳动力大军。

正是这三个因素的同时出现和奇妙结合，使得改革开放时期中国经济快速增长，带动各行各业全面融入世界市场体系，成为全球产业链的重要环节。也正是在这一背景下，引进自美国的新古典经济学理论，在结合中国的经济实践之后，形成在中国经济学界颇具影响力的一个学派。按照这一学派的解释，无论是"亚洲四小龙"在六七十年代的起飞，还是中国大陆特别是沿海地区在八九十年代的工业化，都是因为利用了自身的比较优势，主要是廉价的劳动力和具有竞争力的基础设施，从而成功地吸引了外来投资和技术。

进入21世纪之后，随着中国经济全面融入全球化进程，中国的产业结构和出口商品构成也在逐步发生变化，从20世纪八九十年代以劳动密集的粗加工产品和原料出口为主，上升到以资本和技术密集的中高端产品为主。换言之，2000年以后的中国大陆同样经历了"亚洲四小龙"业已完成的产业转型升级过程。从这个意义上说,比较优势理论是有一定的适用性和解释力的。但是,这种理论的解释力也仅限于此。事实上,不仅"亚洲四小龙"的崛起有其特殊的地缘政治和文化传统因素,几乎无法在东亚以外的地区加以复制,而且中国大陆历时 30 多年的快速崛起,也是前述三种因素奇特结合的产物,同样在中国大陆以外地区无法复制。

实际情况是,20 世纪 90 年代以来,中国经济的快速工业化及其对全球市场的占领,放眼整个世界,尤其是发展中国家和地区,可谓一枝独秀。在中国经济迅速崛起、人均 GDP 快速上升的同时,其他发展中国家所经历的,是长期的停滞和中等收入陷阱。

过去经济学界对中国经济奇迹的解释,长期以来大致上归结于以下两种因素。一是市场机制的引入和产权制度的变革,中国的经济体制和所有制结构发生根本变化。应该说,相对于此前的计划经济体制和公有制为主体的产权结构,市场机制和私有产权的确为改革以后的中国经济注入活力,驱动了中国经济增长。但是无论市场经济,还是私有产权,在 1949 年以前的中国早已有之,而且在绝大多数发展中国家也同样存在。但无论是 1949 年以前的中国,还是战后第三世界国家,并没有因为市场和私有产权的存在而实现经济起飞。可见市场机制和私有产权最多只能说是经济发展的重要手段,但绝非最关键因素,更谈不上是充分必要条件。仅仅只有市场机制和私有产权,并不能确保经济起飞和转型升级。

二是上面提到的比较优势,这类观点认为 20 世纪 80 年代以来中国经济的快速增长,主要是因为加入了国际大循环,在全球范围的产业链分工中,找准、站稳了自己的位置,也就是充分利用自身优势,尤其是充沛而廉价的劳动力,搞大进大出,从而推动经济增长。换句话说,中国大陆成功地借鉴了"亚洲四小龙"的起飞模式和比较优势战略。这种模式既不同于80年代之前第三世界国家所青睐的追求小而全或大而全的进口替代战略,也不同于90年代以来流行的新自由主义方案,只重视自由竞争和产权保护,听任跨国公司占据国内各行各业的支配地位。比较优势战略所强调的是各国根据自身的资源禀赋,有所为,有所不为,并且在发挥比较优势的同时,积极主动实现产业升级。但比较优势理论也有一个致命的缺陷,那就是它的预设前提并不是给定的、无条件的、到处适用的。这个预设前提就是,一个国家或经济体在全球范围的资本主义世界体系中可以不受限制地与其他任何一个国家进行贸易往来,具有商品属性的资本和技术可以在国与国之间自由进出。但实际情况是,地缘政治,而不是纯粹的市场机制,在国际贸易体系中发挥了关键的乃至决定性的作用。

在世界经济体系中占据主导地位的大国,总是利用自己的军事、金融和技术优势,使用非经济、非市场的手段,对任何具有潜在威胁和竞争能力的国家或公司,进行打击和排挤。只有对某些在其全球战略中起关键支撑作用的盟国,霸权国家才会网开一面,允许后者引进或开发尖端技术,并且使之产业化,但前提是这种高端产业的引进和研发不会对其霸权地位构成威胁,并且只能作为维持和巩固其霸权地位的有益补充或辅助角色而存在;一旦构成威胁,即使来自盟国,霸权国家也毫不留情地加以打击。"亚洲四小龙"20世纪80年代的产业升级和90年代以来尖端制造业的崛起,正是在这种前提下实现的。中国从80年代开始之所以获得历时30年的快速发展,很大程度上也是因为这一时期中国的市场特征和产业定位，与大国主导的世界产业链具有兼容性，满足了发达国家低端产业外移的需求，使跨国公司的资本投入集中于高端产业，从而获得利润的最大化。与此同时，大量来自中国的低端廉价商品的涌入，也有效地抑制了西方各国尤其是美国的物价上涨和通货膨胀，有助于这些国家维持国内社会的总体稳定。

但是自从进入新千年以后，中国经济和政治发展的两大趋势，使得比较优势战略难以为继。首先是中国制造业转型升级的势头十分迅猛，尤其是在新经济领域，包括5G通信技术、可再生能源、机器人和自动化技术、电动汽车、无人驾驶等，中国的赶超速度令人惊讶，甚至在个别领域走在世界前列，从而让力图维持其全球科技、军事和金融霸权的美国倍感压力。

其次是中国的外交战略也已经发生根本变化。如果说在20世纪80—90年代乃至21世纪头十年，中国所奉行的是韬光养晦、决不当头的策略，在处理国际关系方面容忍美国的霸权地位甚至对其加以利用的话，那么，随着中国对外贸易和海外投资的扩张，中国的国家利益也在不断地向外延伸；随着总体国力尤其是财政和军事能力的上升，中国急需重构自己的地缘战略，使其对外战略在最大程度上服务于不断向外延伸的国家利益，从而也不可避免地与美国在东亚地区所建立的地缘秩序和军事战略发生冲突。阻挠、限制、遏制中国高科技产业的升级和突破，也成为美国对华战略的重中之重。在这种情况下，沿用比较优势战略的传统思路，通过资本和技术自由流通，实现产业升级，已经走不下去。至少在高端产业领域，全球化已经开始退潮。比较优势战略至此也走到了尽头。

总之，到21世纪第二个十年，中国的现代化进程已经进入关键阶段。探索中国特色的现代化道路也成为中国知识界所面临的前所未有的挑战。不仅经典的现代化理论早已过时，久为学界所遗弃，而且20世纪90年代以来曾经兴盛一时的全球化理论也已经成为明日黄花。那么，除了"现代化"和"全球化"，是否还有其他分析工具有助于我们认识中国的现代化道路？展望未来，中国的竞争潜力到底在哪里？中国是否有可能完成现代化，加入发达国家的行列？

五、走向成熟：中国现代化的经济逻辑之三

如前所述，自从20世纪70年代以来，只有两类经济体成功完成现代化转型。其一是日本和"亚洲四小龙"，靠的是它们在"冷战"时期东西方对峙中的特殊战略地位，以及由此所获得的美国在财政、技术、贸易、军事、政治上的全面扶植。当然，其内部在"发展型政权"（developmental state）主导下所形成的外向型战略，以及当地民众在传统文化影响下所形成的刻苦勤俭、崇文重教的价值观，也对工业化的成功起飞起到不可或缺的推动作用。其二是欧洲六小国，即北欧的立陶宛、爱沙尼亚和拉脱维亚，以及东欧的捷克、斯洛伐克和斯洛文尼亚。这些国家因为较早加入欧盟（2004年），文化上与已经现代化的西欧和北欧国家相近（基督新教路德宗或者罗马天主教），地理上相邻，所以，在加入欧盟之后，可以轻易引进来自西北欧和南欧发达国家的投资和技术，并且在金融和贸易体

系方面与欧盟完全融合，从而带动整个国民经济的升级和国民收入的提高。而人口规模和经济总量比六小国大得多的其他东欧国家，包括波兰、匈牙利、罗马尼亚和保加利亚，尽管也已经加入欧盟，但体量较大，很难一下子被欧洲发达国家的经济体系吸纳。不过，相较于其他发展中国家，上述东欧国家中已有三个（波、匈、罗）进入向发达国家过渡地带（人均 GDP 在 13,000 至 20,000 美元之间）。它们能否成为下一波加入发达国家行列的成员，尚需拭目以待。

中国的人均 GDP 在 2021 年达到 12,500 多美元，在"上中收入"国家中名列前茅。问题是，中国经济在今后一二十年的时间内，能否继续保持增长的态势，跨过发展中国家与发达国家之间的峡谷，实现经济和社会的全面现代化？

毫无疑问，在经历了四十多年的高速增长之后，从 2020 年开始，由于三年新冠疫情的冲击，中国经济的增长势头有所下降，从过去年增 7% 乃至 10% 以上，急剧跌至 2020 年的 2.3%，2021 年反弹至 8.1%，但是到 2022 年再次下滑到 3%。2023 年增幅缓升至 5.2%。疫情的结束并没有带来经济增长势头的显著恢复。相反，伴随着经济增长疲软乏力，各行业的就业机会也在减少，失业率居高不下，居民的收入水平和消费支出近年也呈下降趋势。曾经作为地方政府财政最主要来源和地方实体经济最主要支撑的房地产业，由于民众的购房意愿和还贷能力下降，也失去了往日的繁荣。

中国制造业转型升级的前景似乎也黯淡下来。自从美国总统特朗普 2017 年上台之后，美国频繁地对中国发起贸易战，通过大幅提高关税，限制中国商品大规模进入美国市场。2021 年拜登总统上台后，进一步强调在对外贸易上与中国"脱钩"，减少对中国商品的依赖。与此同时，美国还联手其在欧洲和东亚地区的伙伴，在涉及 5G 通信、人工智能的尖端科技领域对中国展开制裁、断供和封锁。中国国内的高端芯片设计、研发和制造产业受到严重挫折。多年以来中国对外贸易持续扩张的势头也减缓下来。到 2023 年，中国已经从原先美国的第一大进口国，下降到第三位，落在墨西哥和加拿大之后。基于这些新的情势，西方媒体已有言论认为，在未来相当长时间内，中国有可能重蹈日本在 20 世纪 90 年代的覆辙，陷入长期萧条状态，甚至会步大多数发展中国家的后尘，掉进"中等收入陷阱"。不少经济学家原本认为，中国凭借其现有的增长势头，可望在 2035 年前后在经济总量上赶超美国，现在这种前景似乎已经变得遥遥无期。

的确，中国在新冠疫情期间和后疫情时代面临多重困难。其中有些是短期的、暂时的，包括疫情对服务业的冲击所带来的就业机会和居民收入水平的下降，以及由此引起的普通消费者减少开支和市场不景气现象。有些则是长期的体制性因素所引起的，尤其是多年以来一直构成地方财政主要支撑的房地产业，由于总体规模的过度扩张和商品房价格的严重泡沫，已经难以为继，而失去最大财源和融资渠道的地方各级政府，背负规模庞大的地方债，也已构成当地经济正常运转和扩张的最大隐忧。此外更有地缘政治环境因素，特别是发达国家对中国在中高端产业领域转型升级势头的联手打压，对中国经济增长所产生的负面影响是十分深远和不可低估的。

尽管如此，中国仍然拥有普通中小发展中国家所不具备的一系列大国优势。长远来看，这些优势对中国今后经济的持续发展和国际竞争力的提升，仍将起到有力的支撑作用。

（一）中国的地缘优势

有一种说法，认为中国的地缘政治环境很糟，周边国家多对中国怀有戒备甚至敌意。持这种说法的，主要来自美国，因为后者两边濒海，北边和南边的两大邻国，即加拿大和墨西哥，在经济上依附于美国。反观中国周边各国，其地缘环境恐怕并不好过中国。在军事和外交上受美国霸权控制的日本，一直很难处理好与周边的中、朝、俄之间的关系。韩国直接面临来自朝鲜的核威胁。印度则需要面对来自近邻巴基斯坦的敌意和核威胁。其实，相对于美国乃至世界上绝大多数国家而言，中国的地缘环境有其独特的优势。

其一，中国地大物博，物产丰富，在数千年的历史上，早已形成根深蒂固的自给自足的农耕文明，无须像地域狭小、资源贫乏的欧洲国家那样，仰赖对外扩张、掠夺、殖民或海外贸易。这是因为中国的内地，尤其是华北、华东和东北地区，有广袤的平原，气候温润，土壤肥沃，适宜农耕。而千百年来形成的密集型农耕文化，使华夏民族能够以其有限的耕地繁衍世界上规模最大的人口。今天的中国依然强调保护耕地，以密集型农耕方式，确保14亿人的粮食自给和生计安全。因此，即使出现发生极端的地缘政治态势，也就是失去所有对外物资交流的渠道，中国依然可以凭靠本国的丰富资源和齐全的产业部门，维持整个民族的生存。对于那些已经

被深度卷入全球化过程、高度仰赖全球产业链和供应链的中小型
国家来说,要做到这一点,几乎是不可能的。

其二,中国不仅具有粮食安全的优势,从而为民族生存提供了
最基本的保障,而且具有自然资源的优势,为中国的工业化提供了
强劲的支撑和坚实的基础。这主要归功于千百年来中原王朝的开
拓、整合和华夏民族的同化、融合过程,从而形成东自整个长白山
脉和大兴安岭,中间横跨内蒙古大草原,西至新疆腹地,往南涵盖
整个青藏高原和云贵高原的辽阔边疆。边疆地区地貌各异,环境
多样,资源丰富,为整个国民经济的发展提供了木材、煤炭、石油、
天然气、矿石、水电、各种矿物质和稀有金属,总体上能够满足国家
工业化和全国经济建设的各项需要。尤其是在对尖端技术设备的
制造不可或缺的稀土开采和稀有金属的生产方面,中国更是占据
全球市场的主导地位。

其三,中国的辽阔地域和地缘格局,为整个国家的防卫安全提
供了世界各国当中独一无二的战略优势,这就是战略纵深和战略
延伸的完美结合。先看战略纵深的优势。虽然中国70%以上的人
口和经济活动都集中在东部,也就是"胡焕庸线"以东地区,但胡焕
庸线以西地区却为中国的国防安全提供了必不可缺的战略纵深。
表面上看,西部地区地旷人稀,价值不大。在晚清海防与塞防两派
的争论中,李鸿章即曾主张放弃新疆,将国家财力集中于沿海的防
卫。谭嗣同更主张把"内外蒙古、新疆、西藏、青海"全部卖掉,说这
些地方"大而寒瘠,毫无利于中国,反岁费数百万金戍守之"。[1] 但

---

[1] 谭嗣同:《报贝元征》,转引自袁伟时《晚清大变局》,北京:线装书局,2014年,第248页。

清朝上层精英对西北的重要性始终看得十分清楚：从西藏、新疆到内外蒙古和东北地区，这条半弧形的边疆地带，构成了内地安全的重要屏障。没有内外蒙古，则京师不保，而没有新疆和西藏，则内外蒙古的安全和向心力得不到保障。而在 21 世纪的当下，伴随着中国的崛起和大国竞争趋于激烈，在这个半弧形边疆地带制造混乱和离心倾向，也构成竞争对手制衡中国的必要杠杆。

西部的重要性不仅仅在于为内地提供了自然资源和安全屏障，在大国竞争趋于激烈并有可能发生军事对抗的条件下，西部还为整个中华民族的生存提供了机动的空间。在最不利的情况下，一旦东部地区受到战争威胁或战火摧毁，中国可以将人口和资源向胡焕庸线以西迁移，抗战时期的大西迁正是这一战略纵深优势的充分发挥。更不用说西部地区在尖端武器的研发和试验上所提供的纵深优势；可以说，如果没有这样的地理纵深，核武器的地上试验和远程打击力量的形成是很难做到的。

再看战略延伸的优势。中国独特的地缘格局为中国的国防安全和国家利益提供了朝海洋和内陆两个方向加以延伸的条件。就海洋方向的延伸而言，中国拥有由渤海、东海、黄海、南海四大水域组成的辽阔海疆，不仅为陆地安全提供了海洋屏障，同时也为陆地经济活动提供了丰富的海洋资源和海上运输的方便。经由上述海疆，中国可以将自身的军事和经济影响力，以海运的方式，延伸到整个太平洋西部，进而横跨印度洋抵达非洲和阿拉伯地区，横跨太平洋抵达美洲地区。就内陆方向的延伸而言，从新疆地区可以将中国的影响力延伸到整个中亚地区，再经过中亚达到中东地区乃至整个欧亚大陆的西部；从西藏可以将中国的经济辐射力和军事威慑力轻易地投射到整个南亚次大陆；从云贵两广一带，则可以与整个东南亚建立密切的经济纽带和交通运输网络。中国国内的战略纵深优势，与外部的双向（海洋和内陆）战略延伸的优势，形成完美的结合和互补，这在世界各国中几乎是独一无二的，为中国在 21 世纪的经济增长和建立全球影响力提供了得天独厚的条件。

当然，在 19 世纪和 20 世纪前半期国力衰弱的时候，如此广袤的疆域和漫长海岸线曾经为国防安全带来沉重负担，招致反反复复的外来冲击和创伤。但一旦中国的国力上升到足以自卫之后，其战略纵深和战略延伸的双重优势，就会成为中国经济全面崛起和走向世界的最强劲支撑。纵观全球，可以说找不到第二个国家具有这样的优势。局限于欧洲内陆的德国和困顿于东北亚一隅的日本，一旦国力上升到超过邻国的程度，都必然走上军事扩张的路线，但最终因为资源贫乏和缺乏纵深而成为战败国。美国的东西两岸被浩瀚的大洋包围，在绝大多数时间里只能搞孤立主义，并且在可以预见的未来，随着国力的衰退，还会回到孤立主义的窠臼。而中国的战略纵深和战略外延优势，注定中国不必靠军事扩张来进一步提升国力和扩大全球影响力。走和平主义和世界主义的道路，是中国的天然选择。

（二）中国的规模优势

首先是地理规模，也就是辽阔的国土及其所带来的经济多样性。东部沿海地区人口密集，交通便利，集中了全国大部分科技研发能力和高端制造业；中部地区获得东部的辐射，工业化水平紧随其后；西部相对落后，工业化程度也最低。这样的阶梯状分布，虽然产生各地区之间的发展不平衡问题，但也有助于在全国范围内形成高、中、低端产业互补优势。东部地区在产业转型升级过程中所淘汰掉的落后设备和所形成的过剩产能，可以通过转移到欠发达地区得到消化，带动中西部地区的工业化，从而在全国范围内形成相对完整的产业链。如果说在过去几十年，中国经济的快速增长主要靠所谓"国际大循环"，也就是对外贸易和外来投资的拉动的话，那么，在国际地缘环境和贸易形势骤然变化的情况下，把发展战略的重心转向国内，利用东、中、西部三个不同经济带之间的发展落差，实现国内大循环，将会为中国经济的进一步发展提供持续的动力。

其次是市场规模。直至 2023 年以前，中国一直拥有着世界上最大规模的人口。在劳动生产率低下的条件下，养活如此庞大的人口无疑是一个沉重的负担。历史上，庞大的人口消耗掉本可用于扩大再生产的资源；在缺少足够资金和技术投入的条件下，增加生产只能靠投入更多的劳动力，从而形成强大人口压力与低水平劳动生产率之间的恶性循环，这也是中国农业乃至整个经济长期内卷的根源所在。为了突破内卷化陷阱，中国政府不得不在 20 世纪 80 年代末采取人类史上最严格的人口控制措施，也就是一胎化生育政策。80 年代以后，中国的人口出生率稳定下降，加上外来投资的刺激和内部体制改革的激发，中国的工业化进程全面加速，带动劳动生产率和人均国民收入的稳步提高；中等收入阶层的规模也越来越大。伴随着城市化的加快，全社会的消费力也越来越强劲。巨大的人口不再是经济负担，而是转变为庞大的消费市场，有力驱动生产的扩张和经济持续的膨胀。

中国国内市场的优势，不仅在其规模之大，足以媲美整个欧洲经济共同体或者北美自由贸易区，更在于它的整合程度之高。所有参与这市场的生产者、营销者和消费者使用同一种语言、同一种货币，地区之间没有任何贸易壁垒，整合程度远远超过欧盟或北美自贸区，从而大大降低了生产和经营成本，吸引了几乎所有的跨国公司来华寻找投资的机会。与此同时，在国家产业政策的保护下，庞大的国内市场也在短短一二十年间孕育出众多在生产规模和技术水平上足以与同行业跨国巨头相抗衡的大型企业，这在互联网时代的新经济领域尤为突出。这些企业不仅在国内独占鳌头，而且在国际上也具有强大的竞争力。庞大的国内市场是这些企业赖以进行资本积累、形成技术优势并成功走向世界的最重要基础。可以说，如果没有国内市场的支撑，就不可能出现诸如华为、比亚迪、小米、腾讯、京东、阿里巴巴这些最突出的行业巨头。

最后是市场规模所带来的大国竞争优势。所谓大国竞争，指的是经济和军事强国之间为建立所在区域乃至全球范围的地缘政治主导优势、形成有利于本国利益的区域秩序或世界秩序而展开的争夺。大国兴衰的历史表明，大国竞争表面上是军事实力的较量。而军事实力的背后，是一个国家或国家集团的财政能力。财政能力归根到底又是由一个国家的可供汲取的经济资源规模（包括农业剩余、工商税收、金融借贷能力）决定的。在各项经济资源中，传统农业所产生的经济剩余（也就是维持人口生存所需之外的余额）最少，弹性最小，可汲取程度最低。制造业和国内外贸易通过缴纳各种税费所提供的资源，理论上具有无限的扩张潜力，因此在一个社会的现代化过程中，必然越来越多地取代并超过来自农业的剩余资源。而扩张性最强的，是基于银行储蓄、金融借贷和土地升值的巨大融资杠杆，其汲取能力远远超过实体经济，但也最容易形成泡沫，威胁一个国家的金融体系乃至整个国民经济的健康运行；但如果运用得当，则会使整个国家的综合实力如虎添翼，对国家的军事能力和国际竞争形成最有力的支撑。

自20世纪80年代以来，中国的崛起不仅仅是经济规模的迅速扩展，而且是实体经济的商品化、资本化和信息化所驱动的非实体经济的急速膨胀，以及货币发行量的急剧攀升。在此过程中，国家的汲取能力也快速提升。空前增强的财政能力使中国军事装备的升级和国防能力的大幅提高成为可能，也使国家有能力提出并逐步实施"一带一路"的倡议，从而增强中国在周边区域乃至全球范围的经济辐射力和地缘政治影响力，使得不断向外延伸的国家利益得到加强和保护。大国的竞争优势在此过程中显露无遗。

相对于普通中小国家，以及苏联那样完全依赖实体经济并且在计划经济体制下的缺乏财政扩张弹性的传统大国，近几十年来中国的国防投入在国内生产总值中所占的比重一直处于较低的水平。国防现代化并未带来沉重的财政负担。以2021年为例，在联合国安理会五个常任理事国当中，中国的国防开支占国内生产总值的比重仅为1.7%，低于法国的1.9%，英国的2.2%，美国的3.5%，俄罗斯的4.1%；也低于中国周边的越南（2.3%）、印度（2.7%）和韩国（2.8%）。① 庞大的经济规模使中国不仅不需要像资源贫乏、国

---

① https://data.worldbank.org/indicator/MS.MIL.XPND.GD.ZS？name_desc=false&view=map

土狭小的工业化后进国那样,通过对外军事扩张、穷兵黩武,来提升和巩固国力,而且也无须以牺牲国内民众的消费水平为代价,通过挤占越来越多的经济资源达到军事扩张的目的。

(三)中国的人力优势

中国的人力资源有两大特征。首先当然是庞大的人口规模所产生的众多劳动力。拥有一支庞大的劳动力大军有各种明显的好处。在20世纪80年代之前缺乏资金和技术投入的年代,增加劳动力的投入,走劳动密集化的道路,可以有效增加产出,满足国家的汲取需求,但代价是劳动生产率的低下和劳动者收入的停滞不前。在工业化初期,廉价劳动力的充沛供给,曾经是中国市场赖以吸引外资的重要杠杆,劳动密集型的低端制造业在沿海地区迅速发展。但庞大而廉价的劳动力的优势仅限于此。随着中国制造业从低端向中高端的升级和劳动生产率的提高,依靠大量雇用廉价劳动力的粗放式增长模式已经淡去。近一二十年来,随着中国人口出生率的迅速下降和劳动者受教育水平的提高,作为制造业劳动力主体的进城务工者(俗称农民工)队伍发生了变化,1990年以后出生的独生子女占据其中多数,他们不再像自己的父辈那样愿意忍受长时间的劳动、恶劣的工作环境和低报酬。廉价劳动力的充沛供给已经不再构成中国经济的竞争优势。

中国人力资源的另一个特征,也是其真正优势,在于劳动力的整体素质。有几种因素使中国的劳动力素质高于发展中国家劳动力的一般水平。其中之一是整个社会对教育的重视。尽管家庭背景和关系网络影响一个人的职业选择和升迁潜力，但中国父母普遍把子女教育视为整个家庭生活的重中之重，把就读排名靠前的学校视为影响日后子女发展前途的关键因素。因此大多数父母都愿意在力所能及的条件下，为子女教育创造最好的条件。激烈的竞争和较大的升学压力，导致中小学的教学量和课后作业负担的增加。虽然这种应试教育不利于学生创造力和想象力的培养，但严格的学校教育也为就业后的劳动技能训练打下扎实的基础。中国工人优异的学习能力和劳动技能，而不仅仅是其劳动力价格的低廉，构成众多跨国公司愿意来华投资的一个重要因素。

另一种有助于增进中国劳动力总体素质的因素是普通劳动者的职业道德和整个社会的工作伦理。这里有一种"三合一"现象，也就是三种价值观的同时并存，共同塑就中国劳动者群体的总体特性。其一是中国人普遍把就业，也就是从事生产劳动，掌握一门技艺，有一个体面的职业，当作天经地义的事，而不是像很多国家的底层民众一样，受其历史上的游牧或经商传统的影响，鄙视和规避日常生产劳动，崇尚通过投机取巧乃至敲诈勒索，达到快速致富的目的，并且把个人的家世背景和社会网络视作决定其前途和命运的关键因素，不相信后天的教育和个人的努力可改变一个人的命运。

其二是数千年来在农耕文化影响下，普通民众所养成的勤勉节俭的天性。秦汉以来的中国农业历来讲求精耕细作，走了一条不同于欧洲大陆粗放型农作或中东地区以游牧经商为主的道路。在有限的耕地上，通过增加劳动投入来提高农业产量，同时节省每一粒粮食，精打细算过日子，被普遍视为确保家族生计安全的基本常识。勤劳和节俭是刻在华夏民族骨子里的文化基因，塑就了中国人最基本的劳动态度和生活方式。尽管在 21 世纪的今天，随着工业化的推进、收入的提高和生活质量的改善，人们的就业机会和创收渠道已经多样化，年青一代的就业和消费观念也跟过去大不相同，但相较于其他国家不同文化传统影响下的同龄人，中国劳动者的就业观念和工作态度依然有着鲜明的特色；愿意为了个人和家庭的长期目标而勤奋工作，节省开支，依然是绝大多数民众包括年轻一代的基本生活态度。

其三是中国劳动者作为个人在其所属群体中的定位。中西文化的最大差异，在于西方基督教文化中，自从文艺复兴和宗教改革以来，个人被置于中心位置，个人的权利和自由被视为天赋人权，上帝面前人人平等，人类的自然权利神圣不可侵犯；任何来自国家或宗教组织的对个人自由和权利的侵犯，都被认为是不道德和不合法的。中国的传统观念中对个人的定位恰恰相反。作为家族的一员，个人所获得的尊重和所被赋予的权利，只有在家族内部的等级秩序和伦理规范中才能实现。家族之上更有国家或皇朝的权威和意识形态要求，而王朝的合法性又服从于整个宇宙的秩序（天道）和授权（天命）。在"天地君亲师"的道德秩序中，个人的地位是从属性的；个人对家庭的义务及对朝廷的忠诚，被视为做人的基本要求；愿意为家族、皇朝乃至天下人的整体利益而牺牲个人，被视为最高道德准则和个人价值的最高实现。服从权威、尊重上级、遵守规章律令，则是日常生活的基本准则。

虽然 20 世纪以来的历次政治和文化革命（从五四运动到以北伐为中心的国民革命，再到共产党所领导的土地革命战争和解放战争，以及以"破四旧"为重要内容的"文化大革命"）对上述传统观念造成了巨大冲击，但是集体取向的价值体系依然扎根在中国社会，塑造每个人的日常行为。尊重领导，服从上级，遵守规章，依然是全社会最基本的行为准则。体现在日常生活劳动上，服从工作场所的规则，为所在单位或团体付出常规要求之外的时间和精力，被视为一种道德追求。

综上所述，重视教育所带来的劳动者整体素质的提高，农耕文化所孕育的勤勉节俭的生活态度，以及集体取向的价值体系所塑造的非个人中心的行为规范，这三种特性的结合，使中国的劳动力大军在总体上更能满足现代企业的竞争需求，也是支撑中国经济的国际竞争优势的坚实基础。

（四）中国的体制优势

政府在现代化过程中的角色至关紧要。起步较早的国家在工商业发展和科技进步上遥遥领先于世界其他国家，并且能够把自身的财力转化为对外扩张和殖民的武力，只会给他国施加压力，谈不上有赶超他国的紧迫感，因此政府对本国工商业仅扮演守夜人的角色，也就是为日益活跃和趋于复杂的经济活动提供一系列基础性的保障，包括完善各项法律架构，保护产权，规范金融信贷，提供社会福利，化解各方面争端等，但无须直接干预各行各业的经营活动和发展方向。建立在私有产权基础上的自由市场资本主义，在这些地区有着根深蒂固的传统，对国家行政权力的介入有着严格的限制和防范意识。

起步晚的经济体要成功赶超的话,则必须有政府的介入,包括引导投资方向的产业政策,市场保护,各种间接或直接的补贴,由此形成流行于战后东亚的所谓"发展型国家"。一旦走过了工业化起步阶段,在科技上实现了赶超先进国家的任务,国家便退出经济领域,让位于私有化和民营化。近几十年来中国的实践,进一步突破了"发展型国家"的理念。相较于东亚其他经济体,改革开放以来中国经济体制的最大特色,不在于经过 20 世纪 90 年代中后期的企业改制和长期的招商引资,民营和外资企业为中国的国内生产总值(GDP)贡献了约 70% 的份额,并且吸收了 80% 以上的就业人口,[1]也不在于中国企业的经营活动已经深度卷入全球贸易体系,而在于它承袭了 1949 年以后形成的以社会主义公有制为主的经济基础,由中央或地方各级政府直接拥有国民经济关键行业的核心企业。20 世纪 90 年代以来的大规模企业改制仅仅带来了从传统的计划经济体制向市场体制转型所要求的企业所有制形式的部分调整和经营形态的变化,而这些核心企业的国有制实质并没有改变;国家依然控制涉及金融、交通运输、邮电通信、能源生产、航空航天、国防建设等关键部门,以及全国城市的所有土地资源和全国城乡的其他自然资源。

这些企业的管理体制虽然在某种程度上依然带有计划经济时代的特色和由此产生的弊端,但总体上已经融入整个市场经济体制,并且对整个国民经济的运转起到有力支撑和有效调节作用。正是在这一点上,目前中国的经济体制区别于所有欧美式自由市

---

[1] 陈永杰:《国有、民营、外资经济发展十年变局》,《财经》2022 年第 7 期。

场资本主义,后者当然也存在国有企业,但大多数仅限于公共服务行业,远不足以影响整个国民经济的运转,更无法支配各行各业。

这种体制在中国经济和社会现代化过程中,至少在以下三方面可以发挥其特有的优势。首先,不同于自由市场资本主义下的私营企业,只追求本企业(或者更具体地说企业股东和管理精英)的自身利益,其生产经营仅仅以追求利润的最大化为目标,中国的经济体制可以让关键行业的骨干企业超出对企业本身利益和短期效益的考虑,在投资目标和发展方向上,立足于全社会的长远利益。这是任何一个欧美自由市场资本主义国家都无法做到的。中国在一系列基础设施上的赶超和突破,包括全国范围的高铁网络、载人航天工程、全球定位系统、全国范围的医疗保险和社会保障体系建设,等等,都是这一优势的具体体现。至于所谓"集中力量办大事",更是这一体制优势的集中发挥。也就是对于事关国计民生的重大项目,或者事关国家竞争力的尖端科技和研发,在单个企业无法独自承担、短期内无利可图的情况下,由国家集中财力,重点投入协调各部门人力和物力资源,制定长远规划,有步骤地攻坚克难,最终达到既定目标。

再一个体制优势,就是国家层面发展战略和经济政策的顶层设计与特殊利益集团的切割。在以私有制为基础的自由市场资本主义条件下,充分竞争的市场可以为科技创新和企业家精神的培养提供充沛的动力和肥沃的土壤,但与此同时,企业在竞争中做大做强之后往往形成独占性的利润分配集团或分利联盟,要么通过游说立法机构,形成符合本集团利益的法律法规,要么通过组建卡特尔或其他共谋行为,操纵价格,垄断市场,限制劳动者的工资水平,妨碍经济创新,降低经济效率和人均收入水平。[1]

在整个改革过程中,政府通过"摸着石头过河"的试错方式,探索最符合实际和中国国情的经济政策和措施,在政策制定和执行过程中不断调整纠错,总体上避免了改革和转制过程中的重大政治动荡,在保持物价相对平稳、社会总体稳定的条件下,实现经济高速成长和人均国民收入的稳步提升,避免了第三世界国家常见的大规模社会暴力和流血冲突,以及物价飞涨、腐败现象遍及经济社会每个角落的现象。所有这些,不能不算是在中国特色的体制优势下所取得的一个奇迹。

六、中国 2050：最后一个现代化大国

展望 21 世纪前半期中国的现代化前景,可以就以下走势提出若干看法。

首先,毫无疑问,20 世纪 80 年代以来年均 9% 的高速增长时代,到 21 世纪第二个 10 年就已经渐告终结。就现代化的全过程而言,中国早已越过工业化起飞阶段的粗放式生长状态,进入罗斯托所说的"走向成熟"阶段,经济结构也早已从原来主要依靠劳动密集和高能耗的低端产业,转型为以中高端产业为主。农村人口向城市大规模转移的现象也开始退潮。随着产业转型升级和城市化进程减缓,经济增长速度放慢是必然趋势。

---

[1] Mancur Olson, *The Rise and Decline of Nations：Economic Growth, Stagflation, and Social Rigidities*, New Haven：Yale University Press, 1982.

　　然而,为期近 40 年的高速增长阶段的终结,并不等于说中国经济已经停止增长,更非如同西方个别媒体所声称的正在转向长期衰退乃至崩溃。不同于普通中小规模的发展中国家,中国经济依然具有进一步发展的充沛动力。普通发展中国家之所以无法维持本国经济的持续成长,掉入所谓中等收入陷阱,主要是因为它们的经济规模有限,对外依存度高,自我维持增长的能力薄弱,只能屈从于西方世界核心国家所主导的全球产业链分工。一旦受新自由主义思潮的蛊惑或扛不住西方国家的压力,放弃进口替代战略和关税保护政策,就会轻易地让来自核心国家的跨国公司占领本国市场,并且将其制造业和服务业锁定在全球产业链的中低端,卷走从中所获得的绝大部分利润,导致发展中国家的人均 GDP 长期处在13,000美元以下水平,无从突破 13,000 美元到 20,000 美元这一"峡谷",从而加入发达国家的行列。

　　中国的情况完全不同。中国的规模之大,足以形成并且已经建立比当今世界其他任何国家都更为完整的产业链。组成这一产业链的众多产业集群分布全国各地,在生产效率和创新势头上超过世界其他各地的同行业经营者,形成具有世界水平的竞争力。中国政府有选择的产业保护政策,也使跨国巨头无法占领国内市场的关键行业和关键部门。所有这些,加上中国业已具备的世界一流的基础设施,使中国经济在国家强有力的调控下,不仅可以摆脱跨国公司的支配,形成自我持续的能力,而且在制度和技术创新方面独具优势。从长远角度看,这些优势将支撑中国经济持续扩张和升级,并且保持比普通发展中国家和发达国家更快的增长速度。

中国经济之所以依然能够保持较快的增长速度，还有一个重要因素，即中国的现代化尚处在进行之中，城市化远未结束。中国的城市人口占全国总人口的比重，晚至 2011 年才超过 50%，到 2022 年也仅仅达到 65%。世界各国城市化的经验表明，只有在城市人口达到 80% 以上之后，城市化进程才会减缓。城市化所带来的家庭消费升级和基础建设的扩张，将对中国的经济增长起到关键性的拉动作用。如果中国的城市化保持现有速度，估计到 2030 年城市人口将达到 70% 以上，到 2035 年将进一步达到 80%。乐观估计，在城市化及其他因素的作用下，在 2030 年之前，中国经济的年均增长率应该能够维持在 5%—6% 之间；在随后的 2030—2035 年，经济增长率有所放缓，将保持在 4%—5% 之间。中国的人均 GDP 也将从 2021 年的 12,500 多美元，增加到 2030 年的 20,000 美元（按不变价计算），从而进入发达国家的门槛；如果经济增长受到难以预料的重大事件的干扰，最晚可能要拖到 2035 年才能达到这一目标。

从 2035 到 2050 年，日趋成熟的中国经济将进一步放缓增长势头，但依然能够维持 3%—5% 的增长率。虽然城市化的驱动作用将大大降低，但其他因素将共同驱动中国经济继续成长，包括：

（1）中国的规模优势，由此形成的完整产业体系和不依赖外部的自我持续能力，使得制造业和服务业所产生的利润绝大部分留在国内，转化为国民收入。

（2）中国的人力资源优势，尤其是庞大的人才队伍，与上述规模优势结合到一起，将对中国进军高科技领域形成强有力的支撑。如果说在 2035 年之前，中国在高、尖、新技术的研发上仍将面临西方核心国家的联手"围堵"及由此带来的瓶颈的话，那么，2035 年之后，这种瓶颈的限制效应将越来越小，中国在高端制造业的技术创新将进入喷发阶段，在诸多行业形成全球范围的竞争优势，带动中国制造业劳动生产率的快速上升。

（3）随着出生率的下降，中国的人口规模将有所缩小，人均 GDP 的增速将超过 GDP 总量的增速。到 2050 年，中国的人均 GDP 有可能达到 50,000 到 60,000 美元（按 2021 年不变价计算），从而进入高度发达国家行列。中国的"现代化"将走完全程，从此进入"后现代化"时代。

到 2050 年前后，中国现代化的全面实现将具有非凡的意义。在一个人口占全世界五分之一左右的国度实现现代化，将从根本上改变整个人类的命运和人类文明的面貌。自从 18 世纪晚期和 19 世纪早期产业革命在英国首先发轫以来，西方列强借助先进的科学技术和军事实力，几乎支配了整个人类的命运，也主宰了绝大多数非西方社会。主宰的方式随着时间的变化而翻新，从最初赤裸裸的抢占海外土地、屠杀原住民，毫不掩饰地实行殖民主义和种族主义统治，到霸权国家利用其军事、金融和高科技实力建立有利于己的世界经济和政治秩序，并且借助西方中心主义的话语体系为如此形成的世界秩序以及自身在其中的主导地位塑造合法性。在西方中心主义的影响下，欧美国家的制度和价值观被西方乃至非西方社会的知识精英理所当然地视为现代社会的标准；所谓"现代化"，实质上只不过是西方化的代名词。事实也近乎如此。直至中国崛起之前，在整个非西方世界，少数几个业已"现代化"的社会，都是在以美国为首的西方国家集团的保护和扶持下完成现代化过程的。它们的现代化很大程度上就是西方化。

中国将是人类历史上第一个不依赖西方霸权的扶持，并且在摆脱西方霸权支配的基础上，凭借自身力量走完现代化道路的国家。中国的现代化并不必然意味着对西方霸权国家所主导的世界秩序的挑战或解构。但毫无疑问，中国以自身实力和自己的方式所完成的现代化，必然意味着对自从 19 世纪以来欧美国家所主导的现代化模式的超越。它将表明，除了西方发达国家的经济、政治和社会文化所体现的"现代性"（modernity），非西方社会有能力在自身历史文化和制度选择的基础上，追寻和形成自己独特的现代性。西方标准不是现代化的唯一标准。虽然每个国家都有自己的历史传统和文明传承，由此形成的现代性也千姿百态，各有利弊，但一个高度文明、和谐稳定的现代化中国将会向世人显示，西方的现代性不是唯一的选项，甚至也不是最优、最理想的选项。随着中国加入高度发达国家的行列，"现代化"将最终摆脱西方化的阴影，成为全人类共同的愿景。这对所有非西方社会来说，都是一个好消息。

但是，对于所有其他非西方发展中国家来说，不好的消息是，在现有的世界经济和政治秩序没有发生重大改变的情况下，中国或许将是人类历史上最后一个现代化大国。迄今为止，世界上所有发达国家之所以能够实现现代化，都是靠两个最根本的因素：一是有利于己的国际秩序，二是自身的潜力和努力。欧美国家的现代化，从根本上讲，靠的是历史上自身的科学革命和技术进步，以及为现代资本主义生长所不可或缺的信用、法律、会计等基础设施制度；但是如果没有殖民主义和由此带来的世界经济体系及不平等贸易条件，它们便不可能获得来自外部的大量资源，也不可能有工业革命的成功和工业化的突飞猛进。如果说在世界范围的现代化进程中，内部潜质对于起步越早的国家所起的作用越大的话，那么对于起步较晚的国家来说，外部环境的重要性往往要超过内部潜质。战后日本和"亚洲四小龙"的现代化，固然受益于自身的儒家文化传统和政府的产业政策，但更主要的还是依赖美国霸权的保护和扶持。21 世纪初欧洲六小国的现代化，则基本上是靠外部因素，即加入欧盟所带来的整合效应。

然而，对绝大多数非西方发展中国家来说，要在 21 世纪的当下实现全社会的现代化，既缺少有利的外部环境，也不具有足够的内部潜力。首先，这些国家的经济体量不大，无法形成自成一体的产业链及自我持续的经济体系，结果只能接受现存的由西方核心国主导的世界经济秩序，在全球产业链的中低端求得生存的机会，很难具备向上突破的能力；更为严重的是，在这些国家，不仅高端产业很难发育成长，而且中低端产业部门也往往无法抗拒核心国家的渗透和支配，导致这些行业的大部分利润外流，无法转化为国民财富。因此，只要现存的世界经济体系依然存在并且起支配作用，普通发展中国家加入发达国家行列的机会渺茫。

同样令人不太乐观的是，这些国家内部的现代化潜质也很薄弱。其中很多国家是在西方殖民帝国崩溃之后人为地匆忙形成的，缺少族群融合的基础。不同族群、宗教团体乃至种姓集团之间的紧张、对立乃至骚乱和内战，严重拖累了这些新兴国家的经济发展。这些国家的宗教文化和社会传统，尤其是过于强调来世救赎、先天禀赋，贬低后天努力、个人业绩和物质利益，也不利于敬业精神和创业动力的培养。

相比之下，中国的现代化之所以有可能取得成功，恰恰是因为它具备了普通发展中国家所缺乏的诸多优势。首先是规模和体制优势，使得中国能够摆脱现存世界经济和政治体系的束缚，形成自主、完整的产业体系，具有从中低端向高端推进的能力；其次是中国历史文化传统所造就的人力资源优势，使中国完全摆脱了不同族群、宗教和语言障碍所带来的社会分裂，享受在其他国家所罕见的和谐和稳定，加上劳动者在传统农耕文明氛围中所养成的敬业、勤勉、节俭的价值观，所有这些，都为中国的经济增长造就了理想的人文社会环境。

发源于 20 世纪 50 年代美国的现代化理论，曾经试图让人们相信，现代化的美好前景将适用于整个人类社会；世界上所有国家，不分东西，无论大小，都可以依照美国的式样，按部就班地成长为发达国家。近 70 多年绝大多数非西方发展中国家的历史已经证明，"现代化"对于它们来说仅仅是一个画饼。只要西方国家所主导的世界经济和政治秩序依然存在，只要这些国家的经济依然局限在全球产业链的中低端，它们就不可能有真正意义上的现代化。从这个意义上说，现代化理论已经死亡。

中国的现代化在整个非西方世界将是一个例外。它表明，在不依赖西方霸权的条件下，现代化也是有可能成功的。但是要在中国这样一个大国实现现代化，必须有自己的规模优势、体制优势、人力资源优势和地缘政治优势。中国不同于其他发展中国家的地方，正在于它同时具备所有这些优势。中国现代化的成功，将向世界展示一个完全不同于欧美国家的现代化道路。现代化理论也将因为中国的成功经验而获得修正和再生。

如果说，在 20 世纪 50 年代，雄心勃勃的国家领导人对于中国这样一个大国尚未能对人类做出较大的贡献"感到惭愧"的话，那么，到 21 世纪中叶，当全社会的高度现代化目标已经实现，并且凭借独具特色的大国竞争优势，在全球产业链中占据主导地位之时，中国便将完全有能力在国际事务中发挥更大的影响，从根本上改变西方强权国家所制造的不公平的世界秩序，为增进全人类的和平和福祉做出足以令国人感到自豪的贡献。

"大学问"是广西师范大学出版社旗下的学术图书出版品牌。品牌以"始于问而终于明"为理念,以"守望学术的视界"为宗旨,致力于原创+引进的人文社会科学领域的学术图书出版。倡导以问题意识为核心,弘扬学术情怀、人文精神和探究意识,展现学术的时代性、思想性和思辨色彩。

截至目前,大学问品牌已推出《现代中国的形成(1600—1949)》《中华帝国晚期的性、法律与社会》等 80 多种图书,涵盖思想、文化、历史、政治、法学、社会、经济等人文社会科学领域的学术作品,力图在普及大众的同时,保证其文化内蕴。

"大学问"品牌书目

大学问·学术名家作品系列
朱孝远《学史之道》
朱孝远《宗教改革与德国近代化道路》
池田知久《问道:〈老子〉思想细读》
赵冬梅《大宋之变,1063—1086》
黄宗智《中国的新型正义体系:实践与理论》
黄宗智《中国的新型小农经济:实践与理论》
黄宗智《中国的新型非正规经济:实践与理论》
夏明方《文明的"双相":灾害与历史的缠绕》
王向远《宏观比较文学 19 讲》
张闻玉《铜器历日研究》
张闻玉《西周王年论稿》
谢天佑《专制主义统治下的臣民心理》
王向远《比较文学系谱学》
王向远《比较文学构造论》
刘彦君 廖 奔《中外戏剧史(第三版)》
干春松《儒学的近代转型》
王瑞来《士人走向民间:宋元变革与社会转型》

大学问·国文名师课系列
龚鹏程《文心雕龙讲记》
张闻玉《古代天文历法讲座》
刘 强《四书通讲》
刘 强《论语新识》
王兆鹏《唐宋词小讲》
徐晋如《国文课:中国文脉十五讲》

胡大雷《岁月忽已晚：古诗十九首里的东汉世情》
龚　斌《魏晋清谈史》

大学问·明清以来文史研究系列
周绚隆《易代：侯岐曾和他的亲友们（修订本）》
巫仁恕《劫后"天堂"：抗战沦陷后的苏州城市生活》
台静农《亡明讲史》
张艺曦《结社的艺术：16—18世纪东亚世界的文人社集》
何冠彪《生与死：明季士大夫的抉择》
李孝悌《恋恋红尘：明清江南的城市、欲望和生活》
孙竞昊《经营地方：明清时期济宁的士绅与社会》
范金民《明清江南商业的发展》
方志远《明代国家权力结构及运行机制》

大学问·哲思系列
罗伯特·S.韦斯特曼《哥白尼问题：占星预言、怀疑主义与天体秩序（上）》
罗伯特·斯特恩《黑格尔的〈精神现象学〉》
A.D.史密斯《胡塞尔与〈笛卡尔式的沉思〉》
约翰·利皮特《克尔凯郭尔的〈恐惧与颤栗〉》
迈克尔·莫里斯《维特根斯坦与〈逻辑哲学论〉》
M.麦金《维特根斯坦的〈哲学研究〉》
G·哈特费尔德《笛卡尔的〈第一哲学的沉思〉》
罗杰·F.库克《后电影视觉：运动影像媒介与观众的共同进化》
苏珊·沃尔夫《生活中的意义》

大学问·名人传记与思想系列
孙德鹏《乡下人：沈从文与近代中国（1902—1947）》
黄克武《笔醒山河：中国近代启蒙人严复》
黄克武《文字奇功：梁启超与中国学术思想的现代诠释》
王　锐《革命儒生：章太炎传》
保罗·约翰逊《苏格拉底：我们的同时代人》
方志远《何处不归鸿：苏轼传》

大学问·实践社会科学系列
胡宗绮《意欲何为：清代以来刑事法律中的意图谱系》
黄宗智《实践社会科学研究指南》
黄宗智《国家与社会的二元合一》

黄宗智《华北的小农经济与社会变迁》
黄宗智《长江三角洲的小农家庭与乡村发展》
白德瑞《爪牙：清代县衙的书吏与差役》
赵刘洋《妇女、家庭与法律实践：清代以来的法律社会史》
李怀印《现代中国的形成（1600—1949）》
苏成捷《中华帝国晚期的性、法律与社会》
黄宗智《实践社会科学的方法、理论与前瞻》
黄宗智　周黎安《黄宗智对话周黎安：实践社会科学》
黄宗智《实践与理论：中国社会经济史与法律史研究》

大学问·雅理系列
拉里·西登托普《发明个体：人在古典时代与中世纪的地位》
玛吉·伯格等《慢教授》
菲利普·范·帕里斯等《全民基本收入：实现自由社会与健全经济的方案》
田　雷《继往以为序章：中国宪法的制度展开》
寺田浩明《清代传统法秩序》

大学问·桂子山史学丛书
张固也《先秦诸子与简帛研究》
田　彤《生产关系、社会结构与阶级：民国时期劳资关系研究》
承红磊《"社会"的发现：晚清民初"社会"概念研究》

其他重点单品
郑荣华《城市的兴衰：基于经济、社会、制度的逻辑》
郑荣华《经济的兴衰：基于地缘经济、城市增长、产业转型的研究》
王　锐《中国现代思想史十讲》
简·赫斯菲尔德《十扇窗：伟大的诗歌如何改变世界》
北鬼三郎《大清宪法案》
屈小玲《晚清西南社会与近代变迁：法国人来华考察笔记研究（1892—1910）》
徐鼎鼎《春秋时期齐、卫、晋、秦交通路线考论》
苏俊林《身份与秩序：走马楼吴简中的孙吴基层社会》
周玉波《庶民之声：近现代民歌与社会文化嬗递》
蔡万进等《里耶秦简编年考证（第一卷）》
张　城《文明与革命：中国道路的内生性逻辑》
蔡　斐《1903：上海苏报案与清末司法转型》